城市文化与文化城市
CHENGSHI WENHUA YU WENHUA CHENGSHI

城市文化与文化城市

哈尔滨：城市记忆与文化思考

庄鸿雁 ◎著

中国文史出版社

序

　　哈尔滨应有一部文化史。哈尔滨作为新兴城市，有它的文化发生发展的历史。新世纪之初，在哈尔滨生活了 60 年的我，曾动手写哈尔滨文化史。无奈因病，只写了《哈尔滨历史文化纪元》一章就停了下来。在这一章中，我从旧石器时代哈尔滨闫家岗遗址出土的晚期智人头骨化石被命名为"哈尔滨人"写起，经 2000 多年前的宾县索离沟文化至金源文化，凸显了哈尔滨深厚的文化底蕴，其中还对哈尔滨城名的含义以及哈尔滨历史纪元的时间等问题进行了探讨，阐述了我的观点。

关于"哈尔滨的历史纪元"问题

　　20 世纪 70 年代，哈尔滨近郊闫家岗出土了晚期智人头骨化石，被命名为"哈尔滨人"。我认为，"哈尔滨人"的命名是哈尔滨历史文化纪元的第一个节点。

关于哈尔滨地名的产生问题

　　哈尔滨地名首次见于典籍是清同治四年（1869 年）的将军衙门档案。满文档案上的哈尔滨为哈喇滨（晒网场），因此有人认为它不是记的哈尔滨。哈喇滨是对它口语的称呼，当用汉文译成书面语时为哈尔滨，因为汉文没有颤音字，这种从口语译成书面语，应是一种常规，现哈市一些老人仍称哈尔滨为哈喇滨。魏声和先生于1913年写的《吉林地志》载：滨江县，土名哈尔滨。

地名释义：往为松花江右滩地，江左傍近郭尔罗斯后旗界（今为黑龙江省哈尔滨市呼兰区），蒙人以此地草甸平坦，遥望如哈喇，蒙语因称为哈喇宾。汉语讹传，又易喇为尔（土音喇、讷、尔、勒等字，俱无大区别）。设治此地临江，且就土人惯称，故名。

沿革：金为上京会宁府西北地，元明沿革与阿城同。前清宣统元年设滨江厅同知，仅在傅家甸一隅，面积数里。嗣割双城东北境附属厅治，仍嫌偏狭，今改县。

其对"喇"与"尔"语音上作解，可为一解；而"土人之惯称"，确指"哈喇滨"之为土语，为口语。本为满文说成蒙语，当属误解，其注释承认为女真语。

关于哈尔滨城的名称问题

关于哈尔滨城名出现诸多争论，先有满语"晒网场"、女真语"阿勒锦"之音转，后有"扁岛""天鹅"之说，还有蒙古语"平地"诸说。我们没有能力对上述诸说进行评论，但有一点，女真文、女真语并不是满文、满语，它们各自有自己民族的文化体系，而且更找不到蒙古族在这里的文化遗产。因此，我们同意李述笑、孟烈先生认定的哈尔滨为满文，其文化内涵为晒网场的论点和论据。

孟烈、李述笑二位先生还认为，曾就任哈尔滨滨江关道的萨荫图和于驷兴都认为哈尔滨源自满语晒网场。1907年，由滨江关道印制的《哈尔滨一带全图》出版。道员萨荫图在图志中提出："哈尔滨命名之一，一古晒网之乡也。"此乃官方首次明确解释哈尔滨为满语"晒网场"之意。

萨荫图是蒙古镶黄旗人，幼年就读于同文馆，20岁即入总理国事务衙门任翻译官，因在两次大考中成绩优异，推升为员外郎，加四品衔。光绪三十三年（1907年）四月出任滨江关道之第二任道台，至年底奉旨出使外国，后来曾在外交、军警等界出任官职。此人阅历不凡，曾两度朝见皇帝。

于驷兴，字振甫，安徽寿县人，原为东三省总督赵尔巽之幕僚。宣统二年（1910年）七月，滨江关道改称吉林西北路分巡兵备道，他被任命为道台。民国时期曾任黑龙江省教育厅厅长、政务厅厅长等职，并于1924年至1928年代理黑龙江省省长。

萨荫图在哈尔滨任职时，滨江关道曾印制一幅《哈尔滨一带全图》。道台大人亲自撰文曰："谨按哈尔滨命名之义，一古昔晒网之乡也。人烟稀少，榛莽荒秽。自边禁大开，交通便利，始商贾云集焉。近年以来，其屋宇之嵯峨，车马之驰逐，日盛一日，气象万千。游其地者抚今思昔，感慨系之。惟考其形胜，迄今善本，爰创斯图，以供众览。沧海桑田，于此可见。"最后落款是"蒙古萨荫图志于滨江道署"。请注意，开头的"谨按"二字，其全部含义为：经过慎重的考察研究之后，所下的结论。

在萨荫图离哈三年后，于驷兴接任吉林西北路分巡兵备道。他就职后曾接受一次日本记者的采访。该记者写了一篇名为《哈尔滨之地名》，附录于1910年出版之《哈尔滨便览》。文中写道："我对哈尔滨地名之义及产生缘由，曾做过一些考究，但至今仍存疑惑。最近与西北路兵备道道台于驷兴做过半日闲聊，试图了解一些情况。谈话中涉及地名问题。于道台所言非常浅显易懂，受益良多。他说：'哈尔滨依满语而言是打鱼网，即渔网之意。'"

清末满语仍属应用语言。两位道台均为饱学之士，在清王朝居官多年，其上司下属及同僚满人很多，而且其治下尚有无数满族民众，作为地方最高行政长官，他们怎敢妄自胡说、信口开河？

物证只有一件，就是前面提到的那张《哈尔滨一带全图》。该图为滨江关道印制，所附图志应该是对哈尔滨词义最早的官方解释。须知，在滨江关道设治之前，哈尔滨只有乡约地保，没有带顶子的官员。如果说到旁证，1898年俄国著名采矿工程师阿尔汉特在《1896年吉林下航记录》一书中就依据当时当地的调查，认为哈尔滨一词乃满语"晾晒地"；1922年哈尔滨东陲商报馆刊行的《哈尔滨指南》一书也认为"哈尔滨三字，系满语译成汉文，即打鱼泡之含义，或译为晒渔网三字"。1929年出版的《滨江尘嚣录》亦沿此说。1933年日本人编撰的《大哈尔滨案内》，将《哈尔滨指南》中的"打鱼泡""晒渔网"解作"晒网场"等等。

孟烈、李述笑先生的上述观点，有文献史料为证，有地方官员为证，应是哈尔滨地名文化的铁证。

关于哈尔滨城市新纪元问题

关于哈尔滨城市新纪元问题，在学界有争论，其中最强力的一种观点是以金上京为新纪元的起点。还有观点认为，考古发现的距今2000多年的宾县索离王国将哈尔滨的历史纪元提前了2000多年。我认为，考古学、文献学均可证明两三千年前的索离国远较金上京更具有历史文化纪元的意义。但是，900年前的金上京、2000多年前的索离国均属于哈尔滨文化圈的内容，均属于哈尔滨文化史范畴的内容，而不能认为是哈尔滨市纪元的对象。时空悬隔，内涵各异，名实不符。金上京即阿勒锦所在地，是金上京的纪元，不应是哈尔滨的新纪元。这个问题应由学界与政界充分论证方可。

哈尔滨地名文化一产生，就在国内国际引起极大关注。19世纪后，一些重大事件均发生在哈尔滨，最大的事件是建设中东铁路。

中东铁路的建设是中国和沙俄共同决定的，但它的缘起却是沙俄占领了我东北黑龙江左岸广大地区之后，进一步扩张其野心的结果。从1856年开始，沙俄帝国强迫清政府签订了一系列不平等条约——《瑷珲条约》《天津条约》《北京条约》等，强行鲸吞了我黑龙江左岸及乌苏里江以东的广大领土。对此，恩格斯从国际格局变化的战略高度进行了分析与批判（恩格斯：《俄国在远东的成功》，马恩选集第2卷第148—151页）。清光绪二十一年（1895年），沙俄、法国与清政府在法国巴黎签订合约，成立华俄道胜银行。此为近代唯一中国与外资合办的金融机构。1897年，清朝绘制《黑龙江舆地图》，是年，中东铁路开工。

正是在这种强力之下，被动地使哈尔滨（后来还有黑龙江省）结束了封建统治，快步进入世界体系，使哈尔滨逐渐成为带有殖民色彩的国际大都市。这是西方列强没有想到的。铁路建设成为地理交通与文化交流的大动脉，它推动着历史、社会向前发展，这不论是在东北、在中国，还是在世界范围，都是最具代表性的。中东铁路建设，强力地被动地推动哈尔滨进入世界体系，这是哈尔滨历史文化纪元的第二个节点。

1903年中东铁路全线通车，哈尔滨极具战略意义的文化地理位置，吸引国际力量强行介入，为哈尔滨的繁荣发展准备了条件，也给哈尔滨人民发挥创造力奠定了基础。1905年10月，清政府在哈尔滨添设滨江关道，设道员一员，正四品。滨江关道"专办吉江两省交涉，稽征关税"，并统辖依兰一带地方，隶属吉林将军。是日为哈尔滨设治之始。清政府认识到哈尔滨市的战略地位和价值，决定设立滨江关道，将之纳入清朝政治体系之中，权力由小到大，最后委以军政大权；黑龙江曾设呼伦、瑷珲道，而在一个新兴城市设关道，极大地提高了哈尔滨的高度战略价值和战略地位。

哈尔滨文化研究尚存诸多问题。存在争论是好事，哈尔滨各界均应关心这些事。

我虽然曾开始写《哈尔滨文化史》，但因心脏病突发而作罢。今天看到我的学生庄鸿雁的新作《城市文化与文化城市》，颇感欣慰。庄鸿雁对哈尔滨现代文化史的深入研究，了却了我多年未竟的夙愿。

哈尔滨作为国际化大都市，如何在新时代的历史征程中开创新的历史文化，哈尔滨党政领导和全市人民已经做了并在继续做着艰苦的努力。

我作为在哈尔滨生活了 60 多载的普通学人，最后不惮烦言，希望对哈尔滨的建设有些用处：首先，东北地区作为一个文化区系，可否以哈尔滨为首，大力发挥大都市文化优势，合力打造大都市文化链。加强合作，在经济上、文化上、地域上，各自发挥特长，取长补短，形成一个区域共同体。其次，建立全球化的国际大都市共同体，在"一带一路"倡议的带动下，从东北亚丝路、亚洲—北美洲文化带，扩大亚洲与非洲、欧洲的联系与交往，共同建立全球化的经济文化共同体。

在共建人类命运共同体的大背景下，我们需要大思维、大视野、大创新，这或许不是序言，只是对《城市文化与文化城市》的一个小小补充吧。

张碧波
2018 年 7 月 1 日

目　录

第一章　绪　论

第一节　关于哈尔滨的文化记忆与文化认同

土耳其诗人希格梅有一句名言："人一生中有两样东西是永远不能忘记的，这就是母亲的面孔和城市的面貌。"这就是人类对自己的母亲和故乡的记忆。

"记忆作为名词，是保留在脑海里的关于过去的事物的印象；作为动词，则是追思、怀念、记住某人与某事……将记忆从名词转化为动词时，意味着一个人物、一个事件或一座城市有可能从此获得新生。"[①]

对一个城市而言，历史城区是城市记忆保持最完整、最丰富的地区，它不仅是一个城市历史和文化的最好见证，也是人们的精神家园。它既体现着传统文化价值，也构成今天人们生活的重要背景。一个城市最真实、最宝贵的文化就存在于历史城区内人们的习俗、情感和生活方式中，存在于市井社会的细节之中。这些细节构成了一个完整的生命体系，她既是文化的"根"，又是情感的"魂"，因此，历史城区承载着这个城市人的家乡情结，使他们有了对所在城市的认知感和认同感。历史城区中的历史街道、建筑和院落等便是人们所有情感依托的重要载体。

哈尔滨近代城市的形成与发展与国内其他城市不同，它是在外来文

---

① 陈平原：《北京记忆与记忆北京》，《北京：都市想象与文化记忆》，北京大学出版社，2005年版，第1页。

1

化的强势介入下开始了它城市化进程的，在城市规划、市政建设、建筑风格以及街道命名等各个方面无不体现出俄罗斯以及欧洲文化的影响。虽然它的开埠和建设之初不可避免地带有殖民色彩，但它特定的历史文化积淀形成的独特的建筑风格和城市文化的浪漫气息，却是中国其他内地城市所没有的。作为承载哈尔滨城市历史记忆的南岗、道里、道外、香坊四大历史城区，历经120年历史变迁，尤其是20世纪90年代后的大规模拆迁，使保存哈尔滨城市记忆的历史街区的完整性遭到不同程度的破坏。进入21世纪后，在众多有识之士的呼吁下，哈尔滨的一些重要历史建筑和街区得以保存下来，而记录、保存和梳理哈尔滨的城市文化记忆显得同样重要。

有学者认为，不是只有通过城市的经济研究，才能揭示城市的发展规律的东西，文学想象和文化记忆，同样可以帮助我们进入城市。当我们努力用文字、用图像、用文化记忆来表现或阐释这座城市的前世今生时，这座城市的精灵，便得以生生不息地延续下去①。关于城市的集体记忆，不管是完整的，还是碎片的，不管是经济学家的数字，还是历史学家的实录，抑或是文学家带有想象的描述，都同样值得尊重。

现实世界的都市哈尔滨，关于它的文化记忆，因之仅百余年的历史和"外力"作用下的现代城市化的演进，它离我们更近，也更加色彩斑斓：东方莫斯科、东方小巴黎、冰雪之城、音乐之城、啤酒之城……因而，在它城市集体记忆形成的过程中，存在着巨大矛盾，当外侨所带来的西方文化与中国人的传统文化、内地移民带来的中原文化与哈尔滨土著文化等碰撞与交融时，也并非一开始就浑然一体，因此，它所形成的巨大张力才更具魅力。南岗、道里的外国侨民与道外的城市平民并不拥有共同的城市记忆，正如哈尔滨老谚语"南岗是天堂，道里是人间，道外是地狱"所描述的那样，同一座城市，因记忆群体的不同，更因个体的差异——新旧、贫富、高低、雅俗同时存在，相互制约，因此，关

---

① 陈平原：《北京记忆与记忆北京》，《北京：都市想象与文化记忆》，北京大学出版社，2005年版，第5页。

于哈尔滨的诸多城市记忆如多重变奏，并在变奏中形成中西合璧、多元文化融合的开放与包容的城市主旋律。这种多元文化融合后形成的开放与包容，经几代人的传承，已融入哈尔滨人的血脉之中，融入哈尔滨文化的肌理之中，融入哈尔滨人的生活细节之中，它已成为哈尔滨这座城市的文化之根和哈尔滨人的文化认同。

第二节　中东铁路的双重性与哈尔滨城市文化特征

城市化（Urbanization）是现代以来世界上最重要的社会、经济现象之一，历史学家认为"城市化是一个变传统落后的乡村社会为现代的城市社会的自然历史过程"，"是一个显示社会生活进步与否和现代文明程度的过程"[①]。城市的产生与发展是一种渐变的人文地理现象，是一种乡村聚落现象向城市聚落现象转化的过程，这一过程包括人口的集中，经济结构、社会结构、社会生活方式、土地利用方式、人文景观、基础设施等由乡村型向城市型的转换。城市是人类文明的集中体现，现代化是城市化的根本动力，城市化又是现代化的重要标识，无论是城市现代化还是现代城市化，其根本就是使之具有现代内涵和现代烙印。

"现代城市发展的两大主题：一是现代的城市化运动；一是城市的现代化运动。前者是突出现代城市在'量'方面的发展，后者则反映现代社会在'外力'的刺激下迅速崛起，即为现代的城市化运动；而原来就有的传统城市，到了现代社会对其进行改造，使之具备了现代功能，便可称为城市的现代化运动。"[②] 哈尔滨作为中东铁路枢纽，从一个散居自然的村落在 20 世纪初迅速崛起，无疑是在外力作用下，现代城市化运动的结果。

---

① 隗瀛涛：《近代中国区域城市研究的初步构想》，《天津社会科学》1992 年第 1 期。

② 石方：《20 世纪一二十年代哈尔滨多元文化研究》，黑龙江人民出版社，2012 年版，第 8—9 页。

哈尔滨区域在历史上作为金源之地和上京会宁府所在地，曾一度繁荣，进入 21 世纪后，上京会宁府所在地阿城划归哈尔滨所辖行政区，有学者提出哈尔滨建城史可上溯 800 年。对这一观点，笔者不敢苟同，因为这 800 年历史不是连续性的，也不具备由传统的城镇向现代城市转化的条件。众所周知，1151 年，金海陵王迁都，上京会宁府及其地区的女真人大部南迁，同时连同其宫殿宅第等随之夷为平地，灰飞烟灭，发展在此中断。尽管元明两代亦在上京故地和呼兰河域设镇管辖，然而至清人入关，将这一地区作为龙兴之地加以封禁，哈尔滨地区的人口数量急剧下降，社会经济发展迟滞乃至倒退，甚至难与相邻的呼兰、双城等城镇相提并论。哈尔滨"从人口与工商业的发展状况上比较分析，推定 1895 年时哈尔滨人口约 2 万~3 万人，'两个渡口，一个船口，两处网场，两间烧锅'，再综合其他史料的披露，有大车店、线香铺、小药店、打尖店等。而呼兰在光绪十三年（1887 年）时，'已有旗户四千九百八十七户，民户二万零一百二十户'，若通常的中国人口推算方法以每户 5 人计，应有人口 12 万人左右"[1]。石方先生认为："哈尔滨与呼兰、双城等城镇相比，在传统社会文化氛围下其自身功能不具备，周围的人文环境亦不允许其摆脱辖治而发展成传统城镇。哈尔滨在中东铁路修筑以前只是一个传统的以分散的自然村落经济占主导地位的社区系统。"[2] 笔者认同石方先生的观点，作为城市化的哈尔滨，无论是人口数量，还是经济社会发展的各个方面，都是从中东铁路的修筑开始它的城市化历史进程的。

　　1898 年哈尔滨被确定为中东铁路中心枢纽后，当年的 4 月 23 日，沙俄中东铁路局工程师施特洛夫斯基率领先遣队抵达香坊田家烧锅，并以 8000 两白银买下了这个地方作为中东铁路局的锚地。从此，这些怀着对中国政治、经济和军事目的的殖民者开始成为哈尔滨城市最早的规划设计者。在这种外力的作用下，哈尔滨从封闭的人文地理环境中走向

---

　　① 石方：《20 世纪一二十年代哈尔滨多元文化研究》，黑龙江人民出版社，2012 年版，第 13 页。
　　② 石方：《20 世纪一二十年代哈尔滨多元文化研究》，黑龙江人民出版社，2012 年版，第 13 页。

开放，掀起了以工商业化为主体的现代城市化运动。

一、人口结构快速增长

1898 年，中东铁路修建前，哈尔滨由自然村落组成的社区系统仅仅拥有三五千人口，随着 1898 年中东铁路的修筑及日俄战争、俄国十月革命等历史事件的影响，至 1930 年代，仅仅 30 年的时间，哈尔滨的人口已增至近 50 万人，主要包括国际移民和国内移民。国际移民主要有来自俄罗斯的中东铁路员工、家属以及日俄战争和十月革命后来哈尔滨寻求生存发展的俄国移民，还有其他国家的移民。据统计，仅 1921 年俄侨人数即达到 165857 人[①]，最多时达到 20 万，还有英、法、德、日、意、波兰、犹太等 28 个国家和民族的移民；国内移民则来自关内北方诸省，其中山东、河北移民占多数。据 1934 年伪满洲国对哈尔滨特别市户口调查，哈尔滨的中国人口总数为 420383 人，其中汉族人口占 91.8%，其余为满族、回族、蒙古族等其他民族人口[②]。这些脱离了原有社会关系和宗族束缚的关内移民来到这座新兴城市，新的政治、经济和文化生态环境为移民创造了更加自由的生存空间。仅仅经过二三十年的时间，这些移民便快速完成自我心理调适，重新组合成新的社会关系和社区系统，并逐渐形成现代社会价值观念与生活方式，完成了从安土重迁的乡民向新兴市民和都市人的转化和跨越。

二、花园城市——先进的城市规划与基础设施建设

1898 年哈尔滨被确立为中东铁路枢纽后，中东铁路规划工程师最初的规划设计是按俄国首都莫斯科的模式进行的。依据哈尔滨北临松花江、南靠马家沟的地势环境，进行了沿江和沿岗的规划设计，并利用滨洲、滨绥、哈大三条穿越城市的铁道线进行区域分隔，滨洲铁路线里为道里，线外为道外。随后，在全市最高点的秦家岗（今南岗）中心广场，开始兴建一座东正教尼古拉中央大教堂（俗称喇嘛台），并以此为

---

① 李述笑：《哈尔滨历史编年（1763—1949）》，黑龙江人民出版社，2013 年版，第 211 页。

② 石方：《20 世纪一二十年代哈尔滨多元文化研究》，黑龙江人民出版社，2012 年版，第 167 页。

中心，向东、西、南、北、西北和东北布置了六条放射形道路，并在街道旁修建了一批办公、住宅和商店等配套建筑，形成了以中东铁路管理局为中心的一个俄式风格的行政办公区和花园式住宅区。这是典型的西方市政布局，即以广场或中心建筑为点，向四面八方辐射，形成几何形街路，绿树掩映的民居散落其中，形成花园城市特点。1938 年，哈尔滨最流行的《界限》杂志载文："15 条新修的大道和在废墟、沼泽地上开辟出来的设施完善的大型街区连接各个零散居民点的独具特色的链条，哈尔滨逐渐变成了一座大理石连成的建筑之海。"①

中东铁路修建后，在哈尔滨中东铁路附属地建立泵站，抽取松花江水净化后，供铁路及新市街、埠头区使用。哈尔滨自治公议会成立后，中东铁路管理局附属地界内抽水泵站、水塔、净水设备、给水管道等一并交付使用。除自来水外，以道路、广场、公园、各种体育设施、绿化、电灯、排污工程、公共交通、电话通信等为主要标志的现代城市生活基础设施及符合现代管理理念的各种规章制度，不仅给人们提供了便捷舒适的生活环境，而且从城市意义上完成了由传统向现代的文明转型。

三、繁荣的工商业

自哈尔滨被确立为中东铁路枢纽后，资本主义得以安身立命的蒸汽机、动力机械便出现在哈尔滨，"外力"作用下的现代工业从根本上改变了哈尔滨的自然经济社会结构，给哈尔滨带来了一场"社会革命"。

中东铁路本身就是现代工业的产物，围绕中东铁路而出现的生产生活服务企业在中东铁路修建最初的十余年中，即把哈尔滨推向了快速发展的轨道。1898 年 5 月 8 日，俄国人维谢洛甫佐罗夫在香坊建立哈尔滨第一座气象站。7 月，华俄道胜银行在香坊开业。8 月 1 日，中东铁路第一艘轮船在伊曼安装完毕，开航松花江。12 月 18 日，中东铁路在香坊开办第一所铁路小学。同年，中东铁路制材厂、中东铁路临时机械总厂等在道里开办；俄国巨商秋林公司哈尔滨分公司在香坊开业；同时哈尔滨第一家咖啡馆、第一家法国理发兼化妆品商店等开业。

---

① ［俄］霍洛多夫：《哈尔滨新貌》，《界限》1938 年第 14 期，第 15 页。

以铁路俱乐部为视角的松花江畔（图片选自孟烈、李述笑、张会群主编《画说哈尔滨》）

1950年代末的尼古拉教堂广场（韩昭宽　摄）

位于尼古拉教堂广场（今博物馆广场）旁的意大利领事馆
（图片选自孟烈、李述笑、张会群主编《画说哈尔滨》）

1899 年，中东铁路松花江小学，哈尔滨第一所邮局，俄国阿盖耶夫商行，中国商号同盛隆、永和栈等在道里开业。同年，中东铁路临时俱乐部在香坊开办，置有钢琴和台球桌，这也是哈尔滨出现的第一架钢琴和第一张台球桌；捷克人爱尔米家庭小乐队来哈举办室内音乐会。1900 年，乌鲁布列夫啤酒厂、柴可夫斯基啤酒厂开办；第一松花江大桥开架；哈尔滨至哈巴罗夫斯克航运开通；中东铁路消防队成立；中东铁路中央病院建成使用……据有关史料记载，仅 1898 年中东铁路修建至 1905 年短短的几年间，哈尔滨约有近百家工商业企业、大型工程和管理机构创立、投产和运营。虽然这些工商企业除少部分直接服务于中东铁路外，大多以哈尔滨周边农副产品加工为主，如小麦制粉业等，但中东铁路带来的大机器生产方式和生产观念，不仅促使哈尔滨由传统社会向现代社会转型，也为民族资本和民族机器工业的兴起带来了机遇，以张廷阁（双盒盛火磨）、武百祥（同记商场）等为代表的民族工商业资本迅速发展。电灯、电话、电报、电影、洋钉、洋火、洋油、洋布、火车、火轮船、汽车、电车、自行车、传话器、扬声器、显微镜、钟表、照相机、纺织机、打字机、印刷机等西方工业革命的产物也随之让新兴市民阶层大开眼界，并对现代科学技术有了初步的认识。

四、东北亚金融贸易中心

中东铁路通车后，哈尔滨被确立为连接欧亚大陆大通道的枢纽。优越的地理位置，使哈尔滨成为进出口贸易的集散地，特别是 1905 年哈尔滨被开辟为国际商埠后，由于日俄战争、第一次世界大战等历史事件给哈尔滨带来的发展机遇，使哈尔滨快速崛起成为东北亚贸易中心。如 1928 年对全国 45 个海关贸易额的排序，滨江关（哈尔滨海关）为全国第六位。但"滨江关在全国贸易额中，虽位居第六，但它以 6238.6814 万海关两出超首位。也就是说，以出超实际利益论，滨江关实居全国六大海关之首位。而滨江关的贸易逐季逐年也均为出超"①。这说明，以

---

① 牛淑贞：《试析近代东北北部地区在对外贸易上的地位》，《兰台世界》2015 年 12 月。六大海关为江海关、大连关、津海关、江汉关、粤海关和滨江关。

哈尔滨为中心的地区贸易不仅在全国的对外贸易中占有重要的地位，亦成为东北亚重要贸易中心。

中东铁路开始修筑后，1898 年 7 月，哈尔滨有了第一家真正意义上的金融机构——中外合资华俄道胜银行哈尔滨分行。此后，随着哈尔滨的开埠通商，更多的国内外金融机构纷至沓来。至 20 世纪 20 年代，哈尔滨已拥有金融机构 350 多家，其地位跃居东北之冠，成为中国北部金融中心。

由于国际交往的需要，先后有俄、英、法、美、德、丹麦、意大利、日本、捷克等 20 余个国家在哈尔滨设立领事馆。

关于中东铁路的评价，1923 年哈尔滨出版过一本专门评述中东铁路建设的书，这本早已成为图书馆珍藏版的书中曾阐述过这条铁路的意义："这条中东铁路在 1898—1900 年之前曾是荒僻的地方，建成之后，使东西方不同的文化以和平的方式，富有成效地融为一体，就如同苏伊士或巴拿马运河将单独的两个大洋的水融在一起一样成为可能。另外，这条铁路还促进了曾经是荒无人烟的满洲地区的经济繁荣昌盛，使这片广袤的土地成为世界上新的产粮区，成为一个对世界经济产生深远影响的不可或缺的粮仓。"① 这本书的作者是站在中东铁路修筑者的立场来评价的，他回避了中东铁路作为沙俄对中国东北资源掠夺的媒介的一面。其实早在 1902 年，"沙俄政府财政大臣维特光临哈尔滨视察并监督中东铁路建设时，俄国人对未来这座城市建设的总体轮廓已十分清楚。维特在自己的总结报告中说：'由于哈尔滨处于十分有利的地位，因此它很快将发展成为大型工商贸易中心，它将是俄国设在满洲地区心脏的最大城市。这一点对于我们巩固和加强俄国在这一地区的经济乃至政治方面的优势地位具有十分重大的意义。'"② 几十年以后，中国学者对中

---

① 转引自 [俄] H. П. 克拉金《哈尔滨——俄罗斯人心中的理想城市》，哈尔滨出版社，2007 年版，第 6 页。

② 《中东铁路沿革史》第 51 页，转引自 [俄] H. П. 克拉金《哈尔滨——俄罗斯人心中的理想城市》，哈尔滨出版社，2007 年版，第 49 页。

东铁路作为帝俄对中国东北的侵略本质进行了全面的揭露和批判。但中东铁路作为一大历史事件，它的存在和历史作用往往又具有双重甚至多重属性。石方先生指出："过去论者把帝俄以中东铁路为媒介，对我国东北实行军事上占领、政治上侵略、经济上掠夺、文化上渗透均有述及，道出了'侵略的西方'的本质。但仅限于此就不够全面了，除了要讲'侵略的西方'的本质外，还要看到中东铁路亦是西方精神与物质文明传播的媒介，客观上起着开风气之先和资本主义生产方式先行的作用，由此体现出'文明的西方'的另一面。中东铁路的修筑，完全改变了哈尔滨社会的自然历史进程，在外来资本主义的强力之下，以硬性移植和强迫过渡为特征开始了其痛苦尤烈的社会文明转型。虽然帝俄殖民者在这里搞城建、开工商、办教育、兴文化等，都是为了自己卑劣的利益而服务的，但在客观上所形成的'恶的历史作用'也是显而易见的，给人们更为全面衡量历史提出了新的价值尺度。"① 笔者认同石方先生的观点，中东铁路作为中西方文明传播的媒介，具有双重属性，正如马克思在分析英国在印度的殖民统治对印度社会革命所起的作用那样，"英国在印度斯坦社会革命完全是被极卑鄙的利益驱使的，在谋取这些利益的方式上也很愚钝。但是问题不在这里。问题在于，如果亚洲的社会状况没有一个根本的革命，人类能不能完成自己的使命？如果不能，那么英国不管是干出了多大的罪行，它在造成这个革命的时候毕竟是充当了历史不自觉的工具。"② 从这个意义上也可以说，中东铁路的修建以及帝俄殖民者在哈尔滨的经略，不管其目的多卑鄙，却客观上传播了西方文明，刺激了哈尔滨现代城市的形成与社会的进步，充当了历史不自觉的工具。

---

① 石方：《20 世纪一二十年代哈尔滨多元文化研究》，黑龙江人民出版社，2012 年版，第 13 页。

② 马克思：《不列颠在印度的统治》，《马克思恩格斯选集》第二卷，人民出版社，1972 年版，第 68 页。

第三节　哈尔滨多元文化融合的城市文化特征

关于城市文化的定义，主要存在两种思路。一种从文化的定义推演，此观点沿用的是泰勒关于文化的经典定义，将城市文化定义为人类生于都市社会组织中所具有的知识、信仰、艺术、道德、法律、风俗等一切都市社会生活中所获得的任何能力及习惯，即城市人群生存状况、行为方式、精神特征及城市风貌的总体形态。第二种观点从城市本身的特征出发进行定义，即市民长期生活环境、生活方式和生活习俗的总和，它具有复杂化、多元化的特点。

哈尔滨是一座自然地理与人文地理都很独特的城市，地处中国东北边陲，作为现代城市，它仅仅具有百余年历史，且它城市的历史是从殖民者1898年修建中东铁路的步伐开始的，尽管殖民者的初衷是以掠夺为第一要义，但客观上却造就了它作为一个现代城市的快速崛起。由于沙俄殖民者要将中国东北建成"黄俄罗斯"，将哈尔滨建设成远东的"理想城市"，使哈尔滨在建设之初就带有强烈的异质文化特点。

一、现代化起步最早、程度最高的中国内地城市

哈尔滨作为现代意义上的城市是伴随着中东铁路的修建开始城市规划和建设的，哈尔滨成为连接欧亚大陆远东地区出海口（符拉迪沃斯托克和大连）的最大的交通枢纽，它既是中东铁路的枢纽，又是松花江通往哈巴罗夫斯克和符拉迪沃斯托克内河与海口航运的枢纽，优越的地理位置使其在城市规划与建设起步阶段就站在高起点上，其现代化程度高于中国内地城市。如1911年12月落成的中东铁路俱乐部，不仅楼体设计装修考究，而且大楼里有"能容纳900多名观众的剧场和豪华宽敞的舞台、贵宾厅和其他辅助厅，其中包括电影放映室、台球室、富丽堂皇的观众休息室、图书阅览室、棋牌室，还有小吃部（饭店）和酒吧……总之，大楼里的文化娱乐设施十分完备，应有尽有。此外，还配有电话，从这里甚至可以向世界任何国家拍发电报。每天晚上这里都是

人声喧闹，灯火通明"①。

1929 年，哈尔滨市全部安装更换了自动电话系统。仅仅是道外，就有电话 1500 余号，东省特别区有电话 3100 余号。

再如，1930 年俄国伏尔加建筑公司独家着手设计一栋新楼，这栋新楼已经安装了德国进口的净水设备。"这栋大楼的建设全部采用最新技术，是在借鉴欧洲和美国经验的基础上建设起来的。在谈到新技术时，公司老板说，房屋建设者以最普通的价格，却向未来的住房者（租户）提供了'迄今为止哈尔滨市民还没有听说过的异常舒适和方便的居住条件'。此前，他从德国订购了清洁水质的滤水装置，过滤后的水将供应到新楼中去。一时间人们对这栋大楼十分看好，致使预订房间的人数超过了住宅数量的一倍。"②

哈尔滨的汽车文明与全国相比，出现得更早。哈尔滨早在 1903 年就出现了营运的出租小汽车，至 1934 年，哈尔滨计有出租小汽车 486 辆。1917 年，哈尔滨开通公交汽车，至 1929 年，哈尔滨共有公交汽车 122 辆，运营线路 5 条，年运客量 537 万人。哈尔滨公交汽车开通的时间和运营线路确立的时间都早于上海。

1931 年朱自清先生赴欧洲游学途经哈尔滨时，曾亲自乘坐了哈尔滨的出租汽车，他自言第一次接触了"汽车文明"，对此，他在给叶圣陶先生的信中抑制不住兴奋，详细描述了自己的感受："因为路好，汽车也好，不止坐着平稳而已，又多！又贱！又快！满街是的，一扬手就来，和北平洋车一样。这儿洋车少而贵；几毛钱便可坐汽车，人多些便和洋车价相等。开车的俄国人居多，开得'棒'极了；拐弯，倒车，简直行所无事，还让你一点不担心。巴黎伦敦自然有高妙的车手，但车马显不出本领；街上的 Taxi 有时几乎像驴子似的。在这一点上，哈尔滨要强些。胡适之先生提倡'汽车文明'，这里我是第一次接触汽车文

---

① ［俄］H. П. 克拉金：《哈尔滨——俄罗斯人的理想城市》，哈尔滨出版社，2007 年版，第 226—227 页。

② 《霞光报》1930 年第 102 期，第 23 页。

明了。上海汽车也许比这儿多，但太贵族了，没有多少意思。"①

在物质文明方面，哈尔滨现代起步早，起点高，在精神文明方面，哈尔滨亦然。例如，哈尔滨不仅有中国乃至远东的第一家交响乐团，还是中国歌剧的发源地和芭蕾舞的摇篮。而作为工业文明成果的电影，诞生于1895年，此后的1899年，在中东铁路临时俱乐部就开始放映电影；1905年，在中央大街与石头道街交角处，哈尔滨第一座专业电影院——科勃采夫电影院建成并放映电影。而中国现存最早的电影院——奥连特电影院（今和平电影院）仍屹立在南岗区果戈理大街上。从1905年至1931年哈尔滨沦陷之前，哈尔滨的专业电影院数量一直超过上海②。

综上种种，哈尔滨从诞生之日起，"就以欧美一些大城市所特有的亢奋而狂热的速度"快速发展起来，同时，其现代化程度和现代社会的文明程度都高于国内其他城市。

二、中西方多元文化融合的城市风俗习惯

由于哈尔滨是一座在外力作用下快速形成与发展的现代移民城市，因受俄罗斯及欧洲文化的影响，形成了哈尔滨中西合璧、多元文化融合的独特的建筑文化、饮食文化、宗教文化以及生活方式和风俗习惯，使哈尔滨仅用20多年时间就从一个小渔村发展成为工业文明、商业发达和文化兼容的国际大都市，形成了哈尔滨洋气大气的市民文化特点，这是国内其他城市不可比拟的。

生活方式方面，哈尔滨人崇尚浪漫。这种浪漫的文化源头也许来自19世纪的法国，就像面包石铺就的中央大街两旁那些充满浪漫情调的欧洲古典建筑一样，尽管风格迥异，但浪漫的总体基调不变。以这条如"黄金铺就"的中央大街为例，作家刘醒龙曾这样评价："在那种年代，就算是最富有的纽约华尔街也不曾像哈尔滨这样，几乎是用黄金铺就一

---

① 朱自清：《西行通讯》，上海开明书店，1934年版。
② 张经武：《被遮蔽的哈尔滨：中国专业影院之诞生与早期电影文化格局》，《北京电影学院学报》2016年第1期。

条淌雨积雪烟云过眼的马路……在整个远东，不管是同时期的上海，稍后一点的香港，还有更晚一些的东京和汉城，都不曾有过这种将千万黄金掷于泥土的事情发生。除了富有，除了奢华，在当时，还应该有种只差一点点就会变成妄想的集群性的浪漫因素。那年那月，也只有满街都是嬷嬷和教士、街角的卖花姑娘曾是俄罗斯贵妇、玛达姆茶炉前拉手风琴的男人不久前还是只说法语的莫斯科绅士的哈尔滨，才能使喝完半瓶伏特加、两杯不加糖的咖啡的激情构想变成现实。"①

这种对极致浪漫的追求，体现在哈尔滨人生活中的各个方面。例如，当年哈尔滨居民院落不是像关内那样高墙深宅，深不可测，而是围以低矮、整齐、通透的木栅栏，院中栽满果树和花草，而非大葱大蒜，或许还会从这些开满鲜花的院子中随风飘来琴声或歌声。这种情境和画面一直持续到 20 世纪五六十年代，也因此在三年困难时期的背景下诞生了充满激情和浪漫的"哈尔滨之夏"音乐会。这种浪漫也深深地影响了哈尔滨的中国人。1930 年代初，萧红与萧军在哈尔滨生活时因贫困过着黑面包蘸白盐的日子，而非窝头蘸大酱，即使口袋里最后只剩两角钱，还花掉一角五分去松花江划船。20 世纪初，哈尔滨的中外女性即使在寒冷的冬季也普遍穿大衣、着长裙、蹬皮靴，不穿棉裤，这一传统一直延续到现在"90 后""00 后"的女孩们，即使在零下二三十度的严寒中，哈尔滨女孩仍穿着单薄的连裤袜秀着修长美腿。而哈尔滨男人对啤酒的豪饮，更体现出了哈尔滨男人的豪爽与气度，即使在物质紧缺的票证年代，虽没了优雅的啤酒杯，哈尔滨男人却发明了用透明的玻璃罐头瓶代替了粗陋大海碗的喝啤酒方式。凡此种种，累月经年，形成哈尔滨人骨子里的浪漫。

在风俗习惯方面，哈尔滨华洋杂处日久，渐渐形成中西合璧的风俗习惯，这些习惯体现在哈尔滨人的衣食住行的生活细节当中。如哈尔滨女性爱穿敢穿追求时髦并领时尚之先的衣着习惯；喜欢吃面包、喝啤

---

① 刘醒龙：《为哈尔滨寻找北极熊》，《名人眼中的哈尔滨》，哈尔滨出版社，2016 年版，第 402 页。

酒、吃西餐的饮食习惯；喜欢装修房子，讲究舒适、美观的居住习惯；喜欢野游（郊游）、看电影的休闲娱乐习惯；热爱音乐、舞蹈的艺术审美习惯；爱好游泳、滑冰的体育习惯等等。甚至出门喜欢"打的"，花钱大手大脚，不崇尚节俭持家的习惯，也是深受俄罗斯文化观念影响的结果。

在语言方面，来过哈尔滨的南方人曾惊诧哈尔滨人大多操着一口标准的普通话，与同为东北人的长春、沈阳人说话的口音，有着明显的差异。哈尔滨语言最早因受来自哈尔滨附近的呼兰、拉林等地的京旗满族人的语言影响，因此在发音上非常接近北京话，同时许多词汇也来自北京话。

哈尔滨语言的另一特点就是来自俄语的音译。如面包——列巴、汤——苏泊、监狱——巴篱子、桶——维得罗、苦力——老博带、机器——马神那等。

三、开放、包容的城市文化性格

哈尔滨是一座移民城市，来自不同地域的移民虽然摆脱了传统宗族关系的羁绊，获得了相对自由的生活空间，但面对西方文化及各种地域文化冲击，移民原有的传统观念和文化性格受到了前所未有的挑战。为了生存和交流的需要，移民们只能快速自我调适，以适应新的生存环境和文化环境，这种调适的过程，也就是从封闭的心理空间走向开放的心理空间的过程。所以，以新移民构成的哈尔滨人渐渐形成了开放、包容的文化性格，当面对各种新鲜事物和新思想、新观念时，他们善于接受；面对各种人群，他们善于接纳，不排斥，不歧视；善于取长补短，容纳百川。正因这种开放与包容的文化性格，让哈尔滨人在历史的机遇面前，获得了前所未有的大发展。

第四节 文化城市——新世纪城市文化的传承与超越

传统意义上，文化城市一般理解为是以宗教、艺术、科学、教育、文物古迹等文化机制为主要职能的城市，即历史文化名城。以教堂、寺院等为中心的宗教性城市，如以色列的耶路撒冷、阿拉伯的麦加等；以大学、图书馆及文化机构为中心的艺术教育型城市，如英国的牛津、剑桥等；以古代文明遗迹为标志的城市，如中国的北京、西安，日本的京都、奈良，希腊的雅典和意大利的罗马等；以音乐艺术著称的维也纳等。文化城市虽然是历史的产物，是以文化活动为主要功能，但伴随文化发展出现人口聚集、市场繁荣、交通发达等趋向时，城市的其他职能也应运而生，这就使一些文化城市向具有多功能的综合性城市发展转化。

关于"文化城市"这一概念，目前国内学者对其内涵和定义涉及甚少。2001年戴立然先生提出："城市文化与文化城市，既是一种概念，也是一种思想。它是在城市、文化、文化城市这些概念中所蕴含的。"[①]"城市文化"是名词，特指"已经存在的物质文化和精神文化的总和"；"文化城市"是动词，特指用文化"濡化"城市，即通过"以文化人、以文化城"，认为现代城市核心是市，市的核心是人，人的核心是文。文化是城市文化的灵魂或精髓，是"文化城市"的关键；城市规范性文化（人的行为模式、规范、生活方式、风俗习惯等）是"文化城市"的重点，语言和符号是"文化城市"的重要手段。即用城市文化提升城市居民的整体素质，用城市文化促进城市的发展，实现文化城市总体目标。[②]

2004年，在上海文化工作会议上，在全球化背景下，对文化城市的概念又做了粗略定义。一些学者提出文化城市是文明城市、学习型社会和国际文化交流中心，同时也是国家历史文化名城。

2010年，刘合林先生对国内外学者关于文化城市的论述进行了总结，在其论著《城市文化空间解读与利用——构建文化城市的新路径》中对文化城市的内涵、目标、构成框架、类型、实现路径等做了理论探索。刘合林先生认为："文化与城市的复杂性，决定了文化城市的难以定义性，但文化城市作为人们追求的一种理想图景，必须是一个可支持

---

① 戴立然：《关于城市文化与文化城市的辩证思考》，《奋斗》2001年第12期。
② 戴立然：《关于城市文化与文化城市的辩证思考》，《奋斗》2001年第12期。转引自刘合林：《城市文化空间解读与利用——构建文化城市的新路径》，东南大学出版社，2010年版，第51页。

城市文化多样性需求，充满人情味的生活空间。文化城市将生活而不是生产置于首位，也即是说，文化城市不以塑造生产性城市为根本目标，也不是简单地建设为消费性城市；而是将重心置于塑造高质量的、充满人情味的生活空间之上，将城市居民的心理感受置于首位，将营造令人愉悦的工作、生活、休闲环境与氛围作为其根本出发点。"① 在此基础上，刘合林先生将文化城市界定为"以城市文化为核心手段组织城市经济活动、社会网络与空间形态，支持城市文化多样性需求与城市增长机器本质，处于不断发展状态的充满人情味的现代城市生活空间"②。刘合林先生关于文化城市具有的两层内涵，既回答了当前城市发展应选择的理想图景，也回答了实现这一目标图景的基本路径。

在文化城市实践上，尽管还没有完全按照文化城市概念实践的成功样本，但欧洲早在 20 世纪 80 年代就将文化城市作为城市发展的战略目标进行了探索，日本东京、韩国首尔等也进行了卓有成效的实践。我国南京则在 2002 年提出"文化南京"的发展战略，以文化为切入点打造城市品牌，提升城市竞争力。2008 年，杭州明确提出了文化创意"新蓝海"战略，旨在将杭州打造成全国文化创意产业中心。

哈尔滨作为一座只有 100 多年的现代城市，我们在这里更多关注的是文化城市作为一种城市发展的理念和路径对它的重要性。哈尔滨作为年轻的文化城市，无法与上述传统文化城市比拼悠久的历史，但作为现代意义的城市，其独特的历史积淀所形成的城市文化，如今正面临着全球化浪潮的巨大冲击，因此，建设文化城市无疑是其城市文化保护和发展的最佳路径。

建设文化城市是一项复杂的系统工程，它可能需要几代人来实践。但无论怎样，文化都是一个城市的灵魂。如果一个城市失去了文化，无论它的经济数字多么辉煌和耀眼，它都将是一座空中浮城。

---

① 刘合林：《城市文化空间解读与利用——构建文化城市的新路径》，东南大学出版社，2010 年版，第 70 页。

② 刘合林：《城市文化空间解读与利用——构建文化城市的新路径》，东南大学出版社，2010 年版，第 71 页。

第二章　哈尔滨建筑——凝固的乐章与不和谐音

　　哈尔滨近代城市的形成与发展与国内其他城市不同，它是在外来文化的强势介入下开始它城市化进程的，在城市规划、市政建设、建筑风格以及街道命名等各个方面无不体现出俄罗斯以及欧洲文化的影响。虽然它在开埠和建设之初不可避免地带有殖民色彩，但它特定的历史文化积淀形成的独特的建筑风格和城市文化的浪漫气息，却是中国其他城市所没有的。

　　曾几何时，哈尔滨以"东方莫斯科""东方小巴黎"的盛名享誉世界。当年，无论是踏着方石马路，在欧式建筑林立的中央大街和东西大直街漫步，还是在一座座绿树掩映的俄式庭院旁驻足，白色的稠李、紫色的丁香、粉色的桃红，琴声随着芬芳飘来；无论是在钟声悠扬、绿树成荫的松花江畔远眺，还是在碧波荡漾、白帆点点的松花江上泛舟；无论是夏季在阳光明媚的太阳岛游泳、野餐，还是银装素裹的冬日，背着冰刀飞向滑冰场……哈尔滨独有的浪漫风情和异国情调，无不令人怦然心动。然而，半个多世纪过去了，近年许多漂泊在外的哈尔滨中外游子重返故乡，寻找儿时旧梦和记忆中的老屋时，他们除了能找到硕果仅存的一些保护建筑外，童年记忆已不复存在，这不能不说是件令人遗憾的事。不能否认，如今的哈尔滨已然发展为一座高楼林立的现代化都市，但随着大规模的开发与改造，哈尔滨独有的城市风貌和浪漫情调离我们渐行渐远。

第一节　哈尔滨城市文脉

　　哈尔滨是随着中东铁路的建设开始它的城市化历史进程的。1898年哈尔滨被确定为中东铁路中心枢纽后，当年的 4 月 23 日，沙俄中东铁路局工程师施特洛夫斯基率领先遣队抵达香坊田家烧锅，并以 8000 两白银买下了这个地方作为中东铁路局的锚地。从此，这些怀着对中国政治、经济和军事目的的殖民者开始成为哈尔滨城市最早的规划设计者。

　　1900 年，中东铁路工程局派 A. K. 列夫捷耶夫为首任工程师，对哈尔滨新市街进行规划设计。最初的规划设计是按俄国首都莫斯科的模式进行的。如前文所述，依据哈尔滨北临松花江、南靠马家沟的地势环境，进行了沿江和沿岗的规划设计，利用滨洲、滨绥、哈大三条穿越城市的铁道线进行区域分隔。在全市最高点的秦家岗中心广场修建一座东正教尼古拉中央大教堂，并以此为中心，向四面八方辐射，形成几何形街路。这种放射形街路起源于古希腊古罗马时期。受这一建筑规划思想影响，哈尔滨早期市政布局多呈放射形街路，如以哈尔滨火车站广场为中心，向外辐射出铁路街、松花江街、海关街、红军街、颐园街等，并在松花江街主线的中段，以北秀广场为中心再次辐射出民益街、满洲里街、上方街、公司街、上夹树街等，组成了另一个放射形街区。尤其是松花江街顶端，以教化广场为中心，以大直街为半径，辐射出教化街、木工街、铁街、瓦街、砖街等，并在这几条辐射街上横切出邮政街、夹树街、曲线街、铁路街等半圆形街路①。而埠头区（今道里区）则规划了密集的商业区，兴建了以欧式风格为主的西方古典建筑群，并在与道里隔江相望的太阳岛修建休闲度假区。从此，"初步奠定了哈尔滨以中

---

　　① 李五泉：《八卦街》，《生活报》1997 年 5 月 26 日。

东铁路哈尔滨附属地为中心的城市雏形"①。

　　第一次世界大战和十月革命后，大批俄侨和欧洲其他国家侨民以及闯关东的山东、河北等地的关内移民涌入哈尔滨，至1922年，哈尔滨俄侨数量达到历史上的高峰15.5万余人②。人口的快速增长加速了哈尔滨的城市化发展。从1908年至1922年，仅仅是哈尔滨俄侨，"在道里和南岗区计修建房屋2322所，其中一层砖房511所，二层砖楼542所，三层以上砖楼78所，其他各类建筑1151所。这些建筑均以西方风格为主，异国情调浓厚，基本上形成了哈尔滨有别于内地城市的独特的建筑风格"③。

　　19世纪末20世纪初，法国是欧洲文化艺术中心。沙俄历来崇尚法国文化，俄罗斯建筑深受法国文化的影响。因此，在哈尔滨的建筑风格中，19世纪欧洲流行的折中主义和19世纪末20世纪初的新艺术运动自然传入哈尔滨，使哈尔滨成为当时俄罗斯建筑师展示才华的实验场。哈尔滨的新艺术运动几乎与欧洲同步，且流行日久。无论是建筑规模，还是艺术形式，哈尔滨"东方小巴黎"的美誉都是名副其实的历史评价。

　　"东方小巴黎"是沙俄建设哈尔滨的文化标准，"东方莫斯科"则是沙俄建设哈尔滨城市形象的目标。哈尔滨建筑文化从诞生之日起，就站在了一个高起点上。它不仅汇聚了当时世界优秀的建筑师，也汇集了当时最新的建筑理念。"旅华俄侨中的建筑师们能够熟练掌握西欧的建筑设计理念和实践经验并不足为奇，因为很多在中东铁路和哈尔滨、大连及旅顺等城市领导机关中工作的工程师们，从前都在英国、比利时、德国等欧洲国家中接受过名牌学校的教育。"例如，曾设计了哈尔滨火

---

①　石方、刘爽、高凌：《哈尔滨俄侨史》，黑龙江人民出版社，2003年版，第575页。

②　石方、刘爽、高凌：《哈尔滨俄侨史》，黑龙江人民出版社，2003年版，第248页。

③　石方、刘爽、高凌：《哈尔滨俄侨史》，黑龙江人民出版社，2003年版，第247页。

车站和莫斯科商场等建筑的建筑设计工程师 K. K. 伊奥基，"'他受过典型的欧洲式专业训练，完全效仿西方的审美情趣和做法。'……作为技术部门的负责人，K. K. 伊奥基在制订哈尔滨城市建设和市内几处不同用途的大型建筑规划时，博采众长，用各种手段鼓励和倡导各类设计人员和具体工程实施人员的创作性自由。这种驰骋奔放的思想火花恰好注入到他所设计的城市规划中。这些设计方案的独特魅力及哈尔滨建市初期许多大型建筑别具一格的风范，正是以上这些建筑设计师们辛勤汗水及高深专业造诣的具体体现"①。因此，哈尔滨从一个无名渔村以"异乎寻常的发展速度以及地域的迅速扩充……只用了四五十年的短暂时间，就建造成一个达到欧洲水平的大都市"②。

哈尔滨工业大学建筑学院刘大平教授依据文化圈理论分析了哈尔滨城市建筑文化形成的原因。他认为："中原传统建筑文化与外来建筑文化双重影响下所产生的边缘文化源流是形成哈尔滨近代城市特色的主要动因，城市不同区域建筑文化景观的差异，亦是这座城市边缘建筑文化特质的物化表现形式，也是城市的特色所在。"③

刘大平认为："在文化地理学中，文化区是以地区文化的特征差异划分的一种空间单位，即在同一区域内某一种文化要素（语言、宗教、习俗、艺术形式、道德观念、社会组织等）以及反映文化特征的景观呈现一致性。建筑文化区即是以每个区域呈现出的建筑景观为线索进行分区……早期哈尔滨的城市文化区以南岗、道里、道外为主。虽然其建设基于同一规划理念，但是每个区域的边缘文化特质却各不相同。南岗区因为曾直接受控于外来文化，所以采取追求几何形态的典型的西方城市

---

① ［俄］Н. П. 克拉金：《哈尔滨——俄罗斯人心中的理想城市》，哈尔滨出版社，2007年版，第63页。

② ［俄］Н. П. 克拉金：《哈尔滨——俄罗斯人心中的理想城市》，哈尔滨出版社，2007年版，第2页。

③ 莫娜、刘大平：《哈尔滨城市边缘建筑文化特质解析》，《城市建筑》2008年第6期。

规划模式。当时的南岗区作为外国侨民的聚居地，建筑风格西化，形成了有别于中原文化的西方建筑文化景观。道里区当时主要承担商业功能，以中央大街为核心的商业区，为争取更多的街道空间和临街立面，布置了密集的横街与主街垂直相交。横街之间作为居住街坊，建造了一大批极富特色的大院式住宅。浓郁的异国情调和密集的商业发展，使中央大街成为哈尔滨乃至全国闻名的商业街区。近代中西建筑文化的碰撞与交融不仅使边缘文化特质更为明显，而且还衍生出新的建筑文化景观。在道外，中西建筑文化相互渗透与融合获得新的演绎方式，诞生了现在所谓'中华巴洛克'以及更多中西合璧的建筑样式。"①

新中国成立后，1950、1960 年代，哈尔滨的南岗、道里、道外三个老城区仍然延续这一历史文脉，增加了许多新的建筑，如西方古典主义建筑风格的工人文化宫、在整体西化建筑外表增添了中国传统装饰风格的友谊宫等。同时，由于苏联的影响，一些新建筑如哈尔滨工业大学主楼、东北林业大学主楼、黑龙江中医药大学主楼、黑龙江大学主楼、北方大厦等，又呈现出苏联社会主义时期的建筑风格。尤其是 1950 年代动力区的建设，三大动力厂、亚麻厂、量具刃具厂等，不论是工厂主体标志建筑，还是工人宿舍区建筑，都体现出苏联建筑的风格和色彩。"动力区以融贯中西建筑风格和居住建筑为主的建筑文化景观，已成为人们阅读新中国工业发展时期城市记忆的一本鲜活教科书。"② 同时，还增加了承续普育中学（今哈三中）用混凝土壁柱代替中国建筑中必需的圆木壁柱，但外表装饰上还要用纯粹的中国方式并且丝毫不破坏整体建筑的外观形象"③ 的中国传统风格式建筑，如哈军工（今哈尔滨工程大学）、哈尔滨医科大学及附属第二医院、哈尔滨工程力学研究所等，

---

① 莫娜、刘大平：《哈尔滨城市边缘建筑文化特质解析》，《城市建筑》2008年第 6 期。

② 莫娜、刘大平：《哈尔滨城市边缘建筑文化特质解析》，《城市建筑》2008年第 6 期。

③ 《霞光报》1927 年 12 月 7 日。

使哈尔滨中西合璧、多元文化共生的建筑景观得到进一步增强。

"在哈尔滨建筑文化生成过程中，涌现出各种建筑文化理念和形态，这些不同的文化既相互排斥，又融合、吸收，形成了当地中西融合的建筑景观。这种融合不是两种建筑样式的简单相加，而是表现为中西合璧的共生形态。"① 然而，令人遗憾的是，从 1950 年代末"大跃进"中新艺术运动的典型代表哈尔滨老火车站被拆，到"文革"中圣·尼古拉大教堂被毁，再到 1980 年代后期，随着大规模的城市开发和改造，这种建筑景观和城市文化风格遭到破坏，许多欧式建筑和街区被拆除。随着那些后现代建筑的崛起，杂乱无章的高楼大厦和千楼一面的住宅小区代替了风格各异的欧式小楼和绿树掩映的俄式庭院；立交桥代替了方石马路，使城市空气变得污浊的汽车代替了环保的有轨电车和无轨电车；黑洞洞的隧道口代替了浪漫的坡路，毫无个性的摩天大厦代替了千人滑冰场；斯大林公园的水泥墙代替了多少情人相依相偎、凭栏远眺的栏杆；一块块城市绿肺被侵蚀，代之以钢筋水泥的森林……除中央大街尚保存较好外，东西大直街的欧式建筑已所剩无几。哈尔滨独有的城市特色离人们渐行渐远。正如建筑大师梁思成所说的那样："到现在为止，中国城市多在无知匠人手中改观。故一向的趋势是不顾历史及艺术价值，舍去固有风格及固有建筑，成了不中不西乃至滑稽的局面。"②

进入新世纪后，"对于哈尔滨来说，21 世纪第一个十年是城市超快速发展的十年，开发新区越来越大，传统街区越来越新，可以说，城市同时撞上了'发展'和'破坏'两股力量。受快速城市化影响最剧烈的要数那些富含历史建筑的老街区"③。但同时，管理者开始意识到了哈尔滨老建筑的文化价值，把保护哈尔滨的历史文脉提上日程。在这样

---

① 莫娜、刘大平：《哈尔滨城市边缘建筑文化特质解析》，《城市建筑》2008年第 6 期。

② 梁思成：《中国建筑史》，百花文艺出版社，1998 年版，第 4 页。

③ 刘大平、李国友：《从时尚唯美走向地域理性——演进中的新世纪哈尔滨建筑创作启示》，《建筑学报》2010 年第 7 期。

的背景下，哈尔滨又出现了"建设力度越大，城市越混乱；欧风刮得越强劲，文化风貌越模糊"① 的现象。一方面，应该保护的老建筑被拆除；另一方面，对许多八九十年代建筑立面进行欧式装饰，出现了许多假古董；同时，在新的现代建筑设计上，混搭出各种洋葱头、帐篷顶，使哈尔滨的高层民居塔尖林立，不中不洋。一些建筑师概叹："在这种环境中进行新建筑创作，显得异常艰难和富有挑战性。"在此，笔者以博物馆广场的变迁、中央大街街区改造、索菲亚教堂的修复、道外中华巴洛克历史街区和中东铁路员工居住区的修复和改造为例，共同探讨哈尔滨城市历史和建筑文化的保护与开发中值得思考的问题。

第二节　凝固的乐章与不和谐音

一、城市之始与博物馆广场的变迁

哈尔滨城市的起点是从全市最高点南岗博物馆广场上建造圣·尼古拉教堂开始的。建于 1899 年哈尔滨最高点上的圣·尼古拉教堂又称喇嘛台，是哈尔滨最负盛名的东正教堂之一，它位于南岗中心广场（今博物馆广场）的正中央。教堂的设计方案在俄国圣彼得堡完成，教堂是为纪念圣徒尼古拉而命名的。它与莫斯科的圣·尼古拉教堂出于同一图纸。教堂于 1899 年 10 月 13 日举行奠基仪式，历时 11 年建成。建成后的教堂成为南岗区（当时为新城）乃至全城的制高点和标志性建筑。教堂全部采用木构架井干式构成。教堂内部围成巨大的穹顶空间，外部则运用俄罗斯民间木结构帐篷顶的传统形式。由于教堂处于广场中央，为使来自不同方向的人群都能有良好的视觉效果，因而建筑采用了近似希腊十字的八角形布局。

今南岗区是哈尔滨地势最高的区域，东西走向的大直街被老百姓称

---

① 刘大平、李国友：《从时尚唯美走向地域理性——演进中的新世纪哈尔滨建筑创作启示》，《建筑学报》2010 年第 7 期。

为"龙脊",大直街与红军街相交成中心广场,位于广场中央的教堂无疑成为全城的景观控制点。继圣·尼古拉教堂之后,中心广场周围陆续修建了巴洛克式建筑莫斯科商场(今黑龙江省博物馆)、秋林俱乐部(今少年宫培训中心、捷夫珠宝)、手风琴造型的日式建筑新哈尔滨旅馆(今国际饭店)、中东铁路原局长居住的新艺术运动小洋楼沃斯特罗乌莫夫官邸、意大利驻哈尔滨领事馆和哈尔滨运动体育俱乐部体育场(即南岗区体育场,今华融饭店双塔建筑),这些建筑风格比较统一,与周围合成良好的广场空间。至此,中心广场及广场中心的教堂成为名副其实的城市中心。当年,站在教堂的台基上,西侧莫斯科商场红色穹顶与东侧不远处秋林商行银灰色的穹顶相呼应;而南侧则与优美舒展的新艺术运动建筑杰作哈尔滨火车站遥遥相望。这座精致玲珑的八面体教堂,其尖尖的帐篷顶、小巧的"洋葱头"以及阳光下变幻迷离的光影,在任何角度观赏都会获得良好的视觉效果。

然而,令人痛惜的是,这样一座堪称精品的建筑"文革"期间被拆毁,人们再也无法目睹其迷人的风采。圣·尼古拉教堂被毁以后,在这块空地上竖起了具有那个时代特色的"念念不忘"红塔,因其外形酷似冰棍,被哈尔滨市民称为"冰棍塔"。1972年,"冰棍塔"被拆除,中心广场修建了圆形大花坛。随着时代的发展,博物馆广场几经变迁,先是将滑冰场变成旱冰场,1987年在原意大利驻哈尔滨领事馆小楼旁又建起了如一堵高墙一样的电力大厦,和与之相对应的现代建筑北方剧场。进入1990年代后,随着城市现代化的脚步,博物馆广场寸土寸金的价值便成为开发商争夺的目标,旱冰场变成了飞驰大坑,飞驰大坑上又建起了高耸的华融双子大厦,而广场中心花坛则建起了不知让多少专家和市民诟病的绿色玻璃阳光大厅及其上面的金属雕塑。进入新世纪后,随着政府对老建筑价值的重视,拆掉了国际饭店旁的旅游局"火柴盒"大楼,又清理了一些混乱的小建筑物,使博物馆广场变得大气了许多,但毕竟超高建筑破坏了它的整体感。"坐落在博物馆广场中心的红博阳光大厅散发着现代建筑气息,在周围协调的建筑群中'异军突起'，成为一个大煞风景的建筑音符，极大地破坏了原本和谐优美的氛围，导致城市面貌的不伦不类。"① 近年来，在专家和市民的呼吁下，加上地铁工程的修建，备受诟病的电力局大楼终于被拆除，在它重压下的保护建筑意大利驻哈尔滨领事馆终于露出了其秀丽的身影。但好景不长，随着松雷商场的扩建和地铁站的建成以及国际饭店楼顶出现的玻璃阳光房，人们期待的美景并没有出现，这一区域整体环境的平衡与和谐再一次遭到破坏。相比之下，历史和建筑特色远远逊于哈尔滨的大连中山广场建筑整体保护完好，不得不让哈尔滨汗颜。

说起博物馆周围的滑冰场和旱冰场，50 岁以上的哈尔滨人都记忆犹新。50 年代和 60 年代，哈尔滨有许多滑冰场，而南岗滑冰场是人最多的一个。当时，几乎每个孩子都以能拥有一双冰刀为荣，争先恐后地学滑冰。其实那时哈尔滨的天气比现在要冷得多，但滑冰场上却到处都是年轻人和孩子们飞驰的身影和欢声笑语。那时，只要是外地人来哈尔滨，走出火车站后，首先映入眼帘的就是一条有轨电车穿行其间的上坡路（原为车站街，现为红军街），坡路的顶端是圣·尼古拉大教堂。这条坡路是哈尔滨的交通要道，是火车站通往南岗、香坊、动力的必经之地，也是哈尔滨依地势而建的城市点睛之笔。不论是步行还是乘车，沿坡而上，坡路两旁都是风格各异的欧式建筑，左侧为原俄罗斯驻哈总领事馆（大和旅馆，今龙门大厦贵宾楼）、原华俄道胜银行（今省文史馆）、英国领事馆（今米兰婚纱摄影楼），右侧为滨江海关大楼、滨江关税务司公署（今北苑商场）、荷兰驻哈尔滨领事馆（今汇丰照相机商场）、日本驻哈总领事馆（今哈尔滨铁路局某公司）、莫斯科商场（今省博物馆）等，还有教堂旁边的充满活力和生机的南岗体育场（冬天为滑冰场），尤其是冬日的南岗滑冰场可以说是展示哈尔滨的魅力、活力和冰雪文化特色的一个窗口。令人遗憾的是，如今从火车站再向南岗

---

① 陈辉、刘松茯：《哈尔滨历史建筑保护的艺术性与原真性》，《建筑历史与理论》（2008 年学术研讨会论文选辑第 9 辑）。

方向，目之所及的却是一条车来车往的黑洞洞的隧道口，这条隧道以及后来通往南马路的车站广场隧道的开通，虽然缓解了交通压力，但却以破坏城市特色和环境美学为代价，也许是得不偿失的。

二、哈尔滨的"拆"从老火车站开始

提起哈尔滨老火车站，很多上了年纪的人都会对它记忆犹新。诚然，作为哈尔滨的门户，它曾迎来送往多少异乡宾客。每个初来哈尔滨的人都会对它留有深刻印象。曾设计了工人文化宫等建筑的著名设计师李光耀先生曾对笔者讲述过哈尔滨火车站建筑对他的影响。

1940年，李光耀从齐齐哈尔来到哈尔滨求学，当他走出火车站时，就被这座线条优美的建筑深深吸引。当时哈尔滨火车站不仅外形优美，内部功能和设施也非常完备，有旅馆和餐厅，装饰可谓金碧辉煌。李光耀先生在哈尔滨工业大学建筑系学习的几年中，走遍了哈尔滨的大街小巷，他称哈尔滨的建筑就是一部建筑系学生的活教材。

哈尔滨火车站始建于1899年，1903年竣工，由俄国著名建筑工程师基特维奇设计，是哈尔滨新艺术运动风格建筑的典型代表。哈尔滨火车站是哈尔滨修建最早的几座大型建筑之一，其选址是经过精心策划的。哈尔滨火车站位于南岗区与道里区的交界处，成为分隔并联系这两个行政区的纽带。由车站街（今红军街）、铁路街（今曲线街）、松花江街及医院街（今颐园街）相交形成半圆形的广场，交通便捷。这个半圆形广场为欣赏建筑提供了良好的视距和视点。火车站与南岗中心广场（博物馆广场）的圣·尼古拉教堂遥遥相望，互为衬托。这两个广场，两座优雅的建筑连成一条景观轴线，二者同时成为哈尔滨的标志。火车站的建筑立面设计非常精美，曲线装饰节奏感极强，与同时期西欧及俄罗斯的新艺术运动建筑相比有过之而无不及。它作为哈尔滨留给异乡人的完美的第一印象，是当之无愧的。遗憾的是，1960年3月，火车站扩建时将这座经典的建筑艺术品拆除，随后仿照北京火车站的样式修建新站舍，但由于资金不足，只修建了两翼即停工，直到1980年代末才将两侧连接起来。故当时人们称哈尔滨火车站："哈尔滨一大怪，

1950年代末博物馆广场

1950年代火车站广场（韩昭宽　摄）

圣·伊维尔教堂（韩昭宽　摄）

建于1950年代的哈尔滨工人文化宫（韩昭宽　摄）

火车站两边盖。"

哈尔滨火车站尽管经过四次修建改造，于1980年代末修建了中间的主楼，但造型平庸，立面灰暗，不尽如人意。随着电气化铁路交通的发展，2017年，火车站彻底拆除，在老哈尔滨火车站经典造型的基础上进行设计，新火车站北站广场已于2017年夏开始迎送旅客，北广场被毁坏多年的圣伊维尔教堂也得到了修复。但愿新哈尔滨火车站能够担当起哈尔滨新世纪城市建筑文化灵魂的重任。

三、中央大街的天际线

对于现在的哈尔滨人来说，当向外地朋友介绍哈尔滨时，无不以中央大街为骄傲，这条1400米长一直能望到松花江的百年老街可以说是哈尔滨建筑博物馆，它浓缩了欧洲建筑300年的历史精华，汇聚了哈尔滨城市历史前50年各种建筑风格。中央大街及其两侧的辅街组成的街区，曾构成了一首完整优美的协奏曲。但在城市大规模改造中，这首协奏曲中出现了许多不和谐音。

中央大街这条百年老街原名中国大街，这条大街与哈尔滨同龄。这里原来是沿江地段的古河道，为荒凉低洼的草甸子。随着中东铁路的修建，运送铁路器材的马车，在泥泞中开出一条土道。中东铁路工程局遂将沿江荒地拨给中东铁路修建后涌入哈尔滨的关内及邻省的中国劳工，至1900年形成了这条"中国大街"，意为中国人居住的大街。这便是今天中央大街的雏形。

中央大街的最初建筑是中国传统的旧式商行及住宅。随着中东铁路的延伸，充满异域风情的欧陆建筑渐渐形成了哈尔滨的城市肌理。中国大街优越的地理位置，很快吸引了俄国、美国、法国和日本的商人，他们纷纷在这里设立了一家家洋行商号。此刻，欧洲的城市规模及建筑空间已基本定型，而哈尔滨这座正在大兴土木的东方新城，使西方的建筑师们找到了施展才华的空间。风行于巴黎的新艺术运动，途经俄罗斯传到了远东新都哈尔滨，于是在中央大街两旁，穹窿突起，拱券高窗，一座座风格各异的欧式建筑拔地而起。从16世纪文艺复兴式（如中央大街 57 号的原哈尔滨犹太国民银行，今老凤祥银楼），到 17 世纪的巴洛克风格（如教育书店等），从 18 世纪的折中主义建筑（中央大街 92 号原伊格来纤维店、今杰西卡服装店、109 号原远东银行、127 号的原别尔维奇大楼等），到 19 世纪末 20 世纪初的新艺术运动建筑（如马迭尔宾馆、道里秋林、民娘久尔西餐厅等），犹如一条再现欧洲建筑历史的长廊。同时，"为争取更多的街道空间和临街立面，布置了密集的横街与主街垂直相交。横街之间作为居住街坊，建造了一大批极富特色的大院式住宅。浓郁的异国情调和密集的商业发展，使中央大街成为哈尔滨乃至全国闻名的商业街区"①。

中央大街原来为土路，路面时常翻浆，泥泞难行。1924 年，俄国工程师科姆特拉肖克设计并监工铺设了这条方石路。每块花岗岩石长 18 厘米，宽 10 厘米，其形状大小如俄式小面包，深达半米的石桩埋于地下，彻底解决了路面翻浆问题。铺设这条路的造价极其昂贵，据说一块方石的价格约为一美元，当时一美元为一般寻常人家一个月的饭钱，一里半长的中央大街，用了近 10 万块方石，可谓"黄金之路"。作家刘醒龙曾这样评价中央大街："在那种年代，就算是最富有的纽约华尔街也不曾像哈尔滨这样，几乎是用黄金铺就一条淌雨积雪烟云过眼的马路。……以黄金作为不变价格计算，中央大街建造之时，一盎司黄金大概相当于十八美元。我曾实验过，在中央大街，不管你是左脚，还是右脚，都会踩着一又三分之一块石头。这就是说，百年之后的我，每走十二步，就会将一盎司左右的黄金踩得闪闪发光。在整个远东，不管是同时期的上海、稍后一点的香港，还是更晚一些的东京和汉城，都不曾有过种种将千万黄金掷与泥土的事情发生。除了富有，除了奢华，在当时，还应该有种只差一点点就会变成妄想的集群性的浪漫因素。那年那月，也只有满街都是嬷嬷和教士、街角的卖花姑娘曾是俄罗斯贵妇、玛

① 莫娜、刘大平：《哈尔滨城市边缘建筑文化特质解析》，《城市建筑》2008 年第 6 期。

达姆茶炉前拉手风琴的男人不久前还是只说法语的莫斯科绅士的哈尔滨，才能使喝完半瓶伏特加、两杯不加糖的咖啡的激情构想变成现实。"①

随着街道两旁欧陆风情建筑的渐渐清晰，中国大街的中国格调荡然无存。1928年7月，中国大街改换街牌，更名为中央大街。

经过近半个世纪的发展和积淀，汇聚了西方建筑精华的中央大街赢得了建筑艺术博物馆的美名，又犹如一首完美和谐的交响曲，被形容为城市凝固的音乐。然而，随着20世纪80年代后期尤其是进入90年代大规模的城市建设，中央大街辅街进行了大面积拆迁，代之而起的是现代高层建筑。虽然中央大街只有少量现代建筑充塞其中，仍保留了70余栋老建筑，但现代高层建筑还是突兀地刺破了中央大街的天际线，使中央大街百年老街的韵味正在逐渐消失。站在中央大街极目望去，中央大街两侧辅街后耸立起来的高层建筑如庞然大物，挡住了人们视野，把那些小巧的老建筑压在了脚下，令人感到透不过气来。同时，新建筑使老建筑的背景显得失去平衡，杂乱无章。"保护老城区的城市天际线为保护建筑、保护街区提供发展空间方面，意大利的经验无疑值得我们借鉴。而在哈尔滨城市建设过程中，对于这方面的思考则比较欠缺，中央大街天际线的改变造成了这条大街整体尺度的变化。"②

为了保护百年老街历史建筑，再现百年老街的文化风韵，1996年8月中央大街开始改造，历时10个月完成，使之成为亚洲最长的步行街。同时，管理者对这条街进行了许多装饰，如对新建筑（中央商城等）进行了欧式改造，在新建筑的立面加饰了浮雕、铁艺等，甚至增加了欧式的穹顶。但那些改造后的新建筑毕竟不是历史，被市民戏称为"假古董""伪欧式"。而对原老建筑的保护则不尽如人意，如马迭尔宾馆等

---

① 刘醒龙：《为哈尔滨寻找北极熊》，《名人眼中的哈尔滨》，哈尔滨出版社，2016年版，第402页。

② 莫娜、刘大平：《哈尔滨城市边缘建筑文化特质解析》，《城市建筑》2008年第6期。

老建筑的窗户竟然换上了现代铝合金或塑钢窗，使老建筑的历史价值和审美价值大打折扣。对文物建筑的保护维修应坚持"修旧如旧，以存其真"的原则，真实保护所遗存的本来、真实的历史原物和全部历史信息，不破坏历史文脉和肌理的连续性和逻辑性。《保护文物建筑和历史地段的国际宪章》规定："任何地方，凡传统的环境仍存在，就必须保护。凡是会改变体形关系和颜色关系的新建、拆除或变动，都是绝不允许的。"中央大街辅街大面积的破坏，使中央大街建筑的整体环境和格局失去了平衡和依托。同时，中央大街原本南起经纬街北达松花江，站在中央大街极目远望，其尽头就是松花江防洪纪念塔。但近年，为缓解友谊路的交通压力，在中央大街与友谊路相交处中央大街地下修建了过街通道，中央大街与友谊路相交的路面被铁栅栏封闭。这样也许会部分缓解交通，但却阻断和割裂了中央大街与防洪纪念塔的整体性，破坏了中央大街的通透感和美感。

由于中央大街过分强调商业和旅游，其人文环境的保护亦让人忧虑。哈尔滨工业大学建筑学院刘松茯教授指出："（中央大街）由于街区商业的发展，使历史街区的保护未能得以可持续发展，带动旅游和文化发展的同时，不同程度地破坏了历史街区原有的格局，使旅游和商业发展成为历史街区的公害。因为大规模旅游业和商业服务设施如果规划不当、管理不严、设计不佳，就会破坏文物建筑的环境。过多游客涌进文物建筑，除了机械的磨损之外，人们身上和呼吸散发出来的蒸汽和二氧化碳对建筑墙面、陈设品、壁画和装饰都有很大的危害。在欧洲，有些国家已经开始限制一些文物建筑对普通游客开放，甚至旅游旺季关闭，即使损失大量收入也在所不惜。"① 而中央大街每天不仅人头攒动、摩肩接踵（旺季日人流量达50万人），且夏季支起的啤酒棚和露天烧烤带来的有害气体，更可想而知。

---

① 陈辉、刘松茯：《哈尔滨历史建筑保护的艺术性与原真性》，《建筑历史与理论》（2008 年学术研讨会论文选辑第 9 辑）。

中央大街的建筑格调，曾深深地影响了哈尔滨城市的轮廓线。这条陈列着 71 栋欧式建筑（其中 31 栋历史保护建筑）的建筑艺术长廊，浓缩了西方 300 年的建筑文化史。如今，历史已经成为这条大街的背影，留下的是哈尔滨这座城市的历史记忆和发展文脉。踽踽独行其间，青石的路面仿佛能敲击出历史的回声。

四、圣·索菲亚教堂修复后的得与失

哈尔滨多元文化的历史反映在宗教方面，就是教派众多，各种教堂寺院林立，诸神共处。"据 20 世纪 30 年代的统计，哈尔滨教堂、庵观、寺庙多达 128 座。其中最多的是东正教教堂，多达 19 座（1922 年俄国东正教哈尔滨教区成立，30 年代铁路附属地共有教堂 46 座，1939 年哈尔滨成为俄国东正教远东总教区牧首所在地）。此外，还有佛教、道教、基督教、天主教、犹太教、伊斯兰教、天理教、日本神教等。"① 但是，由于中东铁路的修建与通车，"哈尔滨的外国人口以俄罗斯移民为最，在历史的个别年份里甚至超过了中国人口"②，为了重建俄罗斯人的精神家园，慰藉俄侨的思乡之苦，哈尔滨东正教教堂不仅数量多，而且规模大，可以说，"哈尔滨记录了俄罗斯境外近半个世纪的东正教教堂建筑艺术发展史"。圣·索菲亚教堂就是现存的 5 座东正教教堂遗存之一。

圣·索菲亚教堂建于 1907 年，原为东西伯利亚第四步兵师的一座随军教堂，该军撤回俄罗斯后，将该教堂捐赠给哈尔滨东正教居民。圣·索菲亚老教堂原为全木结构，规模远小于现在的圣·索菲亚教堂。随着 1910 年代末大批俄罗斯流亡者的到来，老教堂已不能满足教民的使用，遂决定建一座像基辅老教堂一样"巍峨壮观"的新教堂，并于 1923 年 10 月 14 日在现地址举行了新教堂的奠基仪式，历时 10 年，一座富丽堂皇、气势恢宏的新教堂终于竣工。新教堂的设计出自 1904 年

---

① 李述笑：《论哈尔滨历史文化的共生性与多元化》，《黑龙江首届社会科学学术年会优秀论文集》，黑龙江人民出版社，2008 年版，第 614 页。

② 石方：《20 世纪一二十年代哈尔滨多元文化研究》，黑龙江人民出版社，2012 年版，第 301 页。

毕业于圣彼得堡尼古拉工程学院的建筑师 M. M. 奥斯科尔克夫之手，布拉戈维申斯克的圣三一教堂也是他的杰作，且二者有诸多的一致性。

圣·索菲亚教堂为典型的拜占庭式建筑。它通体高 53.35 米，土红色主体，墙体全部采用清水红砖，上冠为巨大的绿色洋葱头穹顶，统率着 4 个帐篷顶，主从有次。金黄色的十字架，在阳光下熠熠生辉。正门顶部为钟楼，巨大的铜制大钟和 6 口小钟恰好组成 7 个音符，由训练有素的敲钟人手脚并用击打出悠扬的钟声。由于众所周知的原因，圣·索菲亚教堂于 1958 年关闭。"文革"期间，教堂内部遭到部分破坏，后被作为哈一百的仓库使用，其周边也增加了许多棚厦，遮挡了教堂的外部空间。1996 年，圣·索菲亚教堂被列为第四批全国重点保护文物。1997 年，哈尔滨有关部门对教堂进行修复，并对教堂周边环境进行改造，拆除了遮挡教堂的建筑，使之重见天日，并开辟了 8648 平方米的休闲广场，圣·索菲亚教堂目前是远东遗留下来的最大的东正教教堂。

对圣·索菲亚教堂单体建筑的修复遵循了"修旧如旧，以存其真"的原则，在这一点上无疑是一个成功的范例。但圣·索菲亚教堂整体工程改造过程中，"在保护建筑单体的同时，还要保护建筑周边的环境，如建筑周围的道路、墙垣、树木等与被保护建筑共同构成整体环境的元素，这样才能保证历史建筑与周边环境完整的图底关系"。"要使历史建筑周边的环境形态尽可能地尊重历史，给历史建筑及其环境与现代建筑之间一个过渡的空间，使两者都与之相匹配，以此来保护建筑环境的整体性，珍惜不可再生的历史风貌，充分考虑到影响对历史文化遗产保护的各种因素，并合理地对历史文化遗产再利用，赋予新的内涵，才能使历史文化遗产获得更好的生机和活力，避免造成建筑与周边环境不和谐的负面影响。在修复圣·索菲亚教堂的工程中，对其周边的环境也进行了改造，完全拆除了周边的建筑，使历史建筑失去了原有的生存空间，辟建了 8648 平方米的广场，命名为圣·索菲亚广场。在此改造过程中，虽然广场配置风格以欧式为主，座椅、庭院、灯、附属建筑均为铁艺，水景以喷泉为主，绿化采用低矮绿色灌木及草坪，但是却破坏了教堂空间的整体性，忽略了教堂的主体地位。《威尼斯宪章》规定：'任何地方，凡传统的环境仍存在，就必须保护。凡是会改变体形关系和颜色关系的新建、拆除或变动，都是绝不允许的。''绝不能批准拆清邻文物建筑的邻接地段，以至把它孤立出来。'至于保护设施，《宪章》要求，'任何一点不可避免的增添部分，都必须跟原来的建筑外观明显地区别开来，并且要看得出是当代的东西'。很显然，新建筑物完全违背了历史，这种以牺牲教堂整体风格艺术性为代价的改造方式是不可取的"[①]。因此，索菲亚教堂广场新增的高大的铁艺回廊，不仅在审美上画蛇添足，且完全违背了历史，成为人们戏称的"假古董"。

五、真历史与"假古董"——老道外中华巴洛克街区改造

1920 年代末，时人刘静严在其 1929 年出版的著作《滨江尘嚣录》中对当时哈尔滨各区的建筑风貌做了较客观的评价："以哈尔滨全埠论，各区中比较建筑宏伟、街市整齐者，当推埠头区（今道里）与秦家岗（今南岗），若以繁华浮嚣论，则傅家甸（今道外）、四家子（今道外十六道街一带）尚焉。以哈埠全部街市中之著名者论，当以道里之中央大街、道外正阳大街为最。二街为全埠菁华荟萃之地，犹如沪江之南京路、北平之正阳门大街焉。车马络绎，行人塞途，哈埠之盛，叹观止矣。秦家岗之街市，亦颇壮丽，但以素雅称。而傅家甸、四家子，则以奢靡喧嚣胜，所称花花世界者，此之谓也。至其余各区，除八站外，殆无甚可观。埠头区最著名之街市，南北平行者，有炮队大街、中央大街、新城大街、水道大街、地段大街、买卖大街等，楼宇宏壮，商店栉比，建筑坚固，街道整洁，盖斯区多为当时俄人所筑，是以街市楼宇均有西洋之风。至傅家甸、四家子之建筑物，则华而不实，虽楼宇连互，光彩夺目，终不脱中国之故有式。主要街市为东西之正阳大街，与正阳大街平行者有南勋、太古等街。至南北纵横则以数目称，瞬息万变，正

---

① 陈辉、刘松茯：《哈尔滨历史建筑保护的艺术性与原真性》，《建筑历史与理论》（2008 年学术研讨会论文选辑第 9 辑）。

阳街西端之南北第一街起，依次向东平行者顺序称之，以次二道街、三道街，迄四家子东尽处之滨江公园止，共二十道街，均南北平行，与正阳大街成直角，俗称哈尔滨道外之二十趟大街是也。"①

刘静严先生对道外街区建筑特征归纳为"楼宇连互，光彩夺目，终不脱中国式"的建筑形式，后来被日本学者西泽泰彦冠以"中华巴洛克"的称谓。哈尔滨工业大学建筑学院教授刘大平认为，中华巴洛克建筑不是中西两种建筑形式的简单相加，而是两种文化在相互吸收融合过程中形成的中西合璧的建筑形态。"在哈尔滨建筑文化生成的过程中，涌现出各种建筑文化理念和形态，这些不同的文化既相互排斥，又融汇、吸收，形成了当地特有的中西融合的建筑景观。这种融合不是两种建筑样式的简单相加，而是表现为中西合璧的共生形态。这种共生在单体建筑的设计中表现为两种建筑语素的对话——利用中国传统建筑装饰语汇的欧式建筑并无突兀之感，而中国传统风格建筑配合欧洲古典建筑装饰同样相得益彰。在道外区这种建筑景象随处可见，并衍生出'中华巴洛克式'建筑风格。这种融合的建筑形态贯穿于哈尔滨城市建设。"②

巴洛克式建筑是 17 世纪意大利兴起的建筑风格，它豪华而富有激情，其外形自由，色彩浓烈，装饰富丽，雕刻细腻精美，常用穿插的曲面和椭圆形空间，具有浓郁的浪漫主义色彩，被公认为欧洲伟大的建筑风格之一，曾一度风靡欧洲。1920 年代，哈尔滨民族资本崛起，在傅家甸大兴土木，善于接受外来新鲜事物的闯关东的中国商人和工匠，结合南岗、道里大量的欧式建筑风格，修建了一批立面造型为巴洛克式，平面布局和功能则为民族传统式"前店后宅"的四合院，立面装饰以蝙蝠、石榴、金蟾、牡丹等具有吉祥寓意的图案，创造了极具特色的中西合璧的建筑。随着近年建筑界深入探讨，渐渐地形成共识，把这类建筑中"最奢华、质量高"的部分称作"中华巴洛克"建筑，其应同时

---

① 刘静严：《滨江尘嚣录》，中国青年出版社，2012 年版，第 138 页。

② 莫娜、刘大平：《哈尔滨城市边缘建筑文化特质解析》，《城市建筑》2008 年第 6 期。

具有三个特征：体现多层次的中西文化的交融、有模式化的外廊院和体现中国传统民俗意趣。目前，中华巴洛克建筑在哈尔滨、北京、武汉等城市都有遗存，但以哈尔滨为最，主要集中于道外区靖宇街两侧。

道外中华巴洛克建筑街区，为西起景阳街、东至十道街、北起升平街、南至南勋街的大片街区。在此，以靖宇街与南头道街交口的保护建筑纯化医院为解读范本，即可见道外中华巴洛克式建筑的繁复和精美。纯化医院原为同义庆百货商店，建于1920年，为砖混结构，通体布满了抹灰做成的浮雕装饰，为中华巴洛克建筑的典型代表。

哈尔滨工业大学建筑学院刘松茯教授曾致力于中华巴洛克建筑研究。"早在1986年他读研究生时，开始步入哈尔滨近代建筑研究中，他的身影经常出现在道外区。1989年，哈尔滨建筑大学、清华大学与日本东京大学三方合作一个项目——编写《中国近代建筑总览·哈尔滨篇》，其中道外区老建筑是一个重要组成部分。刘松茯在书中把道外区这种有着浓郁巴洛克建筑的构思原则，又有很强展现中国传统装饰文化特征的建筑称为'中西合璧式建筑'。一位叫西泽泰彦的日本学者看到他提出的这个名称后，将其称作'中华巴洛克'，随后该名称在建筑界越传越广。"[①]

刘松茯教授在解读纯化医院的建筑时介绍："其建筑采用L形平面，主入口设在靖宇街与南头道街交口处，两侧是两根西式爱奥尼柱头与中式鼓座式柱础相结合的双倚柱。蝙蝠和祥云图案在入口正上方的额坊中栩栩如生。再往上，两根装饰着中国结图案的单倚柱一直延伸至与拱券会合。在单倚柱和拱券包围的区域内，精雕细琢的菊花浮雕将纯化医院的牌匾团团包围。"刘松茯为中华巴洛克式建筑归纳了几个特征："首先，中国建筑的斗拱、台阶和栏杆与西方建筑的柱式、山花等构件交织在一起。柱式是西洋的，但装饰是中国的，这在西洋建筑上都是没有的。其次，在结构上，在西洋建筑立面背后，几乎全部采用中式院落，

---

① 《草根工匠创造中华巴洛克》，《新晚报》2010年10月19日。

这些中国传统装饰给人别有洞天的感觉。多组院落连在一起就构成了现在的保护街坊。再者，建筑大量使用民俗图案，浮雕装饰采用牡丹等花卉象征富贵吉祥；葡萄、石榴等蕴含多子多孙的文化内涵；而那些蝙蝠、鹿、仙鹤等图案，表达出户主祈盼福禄寿喜的心愿。"[1] 如纯化医院西洋的柱式加上中国的斗拱，并把西方古典柱子做变形处理。同时，这些中华巴洛克式建筑在西洋建筑立面背后，往往几座建筑构成一个独立的院落，院落有门洞，或一进，或二进，穿越门洞，便进入四合大院，给人别有洞天的感觉。大院中，外廊式栏杆，雕刻精美的楣子。这种院落被老哈尔滨人称作"圈楼"。

道外区的建筑基本上是由民间工匠自行设计和施工的，这些掌握了一些西洋建筑技术的来自山东、河北等地的工匠，在建造过程中，不自觉地加入了中国传统的审美习惯，完成了将外来建筑"本土化"的尝试。中华巴洛克式建筑的热烈与繁华正好迎合了它作为商业区的特点和新兴民族资本家高品质商住环境的要求和炫富心理，很快这种建筑成为道外区的主要建筑形式。

随着历史的演进，道外中华巴洛克街区的院落变成了大杂院。哈尔滨走出的著名作家、诗人巴彦布曾写道："道外所遗留下来的哈尔滨早期面貌，给我幼年心里打下的印记，实在太深太深：窄窄的马路，行驶着叮当作响的'摩电'（有轨电车）；全道外最高楼房为三至四层，一片灰暗老旧斑驳。这里，既有武百祥创办的同记商场，更有百多户人家蚁聚于一处的超大型民居（后来知道，被称为'圈里'的土地窑子，妓院亦在这里）。喧闹的商业景象，便利的市场商铺摊床鳞次栉比，又是后来60年代渴望而求之不得的。记得范记永的包子铺人气鼎盛，三友照相馆神奇浪漫，亨得利眼镜行明亮晶莹，老鼎丰糕点袅袅飘香……及至多年后，周总理亲自登临'三八饭店'。"[2]

---

① 《草根工匠创造中华巴洛克》，《新晚报》2010年10月19日。

② 巴彦布：《诗话哈尔滨》，《名人眼中的哈尔滨》，哈尔滨出版社，2016年版，第139页。

进入 21 世纪后，道外的巴洛克街区建筑年久失修，火灾频发。2010 年，道外中华巴洛克保护街区一二期项目开工，对景阳街、靖宇街、南四道街、南勋街的围合区域进行修护改造。该项目力图打造出集购物、餐饮、休闲娱乐、住宿、体验、城市公共服务、文化旅游七大功能于一体的院落式开放商业街区。该项目完成后，在南二道街迁入了一些道外的老字号商家，如张包铺、北三酒馆、红光馄饨等，但几年来，街区门前冷落，游人稀少，许多院落仍空空荡荡，年游客量不足 200 万人，与游人如织、日游客量达 50 万人的中央大街形成天壤之别。

梁思成先生认为，对古建筑的保护修缮必须坚持"整旧如旧，益寿延年"的方针，道外中华巴洛克在改造中并未完全遵守这一原则。究其原因，不难发现，这与当时中国出现的一股"创造旧街区和仿古建筑的潮流"不无关系。刘松茯教授指出："一些著名历史名城和古建筑，由于种种原因已残破不堪，但总体风格上仍能显示原有历史街区特色，在中国出现了一股'创造'旧街区和仿古建筑的潮流。如正在进行的哈尔滨道外区的改造，包括靖宇街和南北二、三道街等。道外区是典型的中西合璧的历史街区，装饰华丽，充分反映世俗情趣，是国内少见的中华巴洛克建筑集中地区。在这些历史街区的改造方案中，保持原有的鱼骨式街道形式、空间尺度、街道景观及界面连续，街区功能改造为限时步行街，在夜间与清晨允许服务性车辆进入步行街区。在历史建筑的改造上，南四道街拆除了所有老建筑，仿造中华巴洛克式的老建筑重新建造，院落空间也加入了现代元素，这样大拆大建，虽然保留了原有的艺术风格，但是所建筑的却是不折不扣的'假古董'，失去了原有老建筑沉淀的历史文化底蕴。……它们虽然能发挥文物建筑的一部分效益，但这种违背修复原真性原则的建造，无疑使历史建筑失去了饱经沧桑的生命力。"[1]《保护文物建筑和历史地段的国际宪章》中提出："修复是一

---

[1] 陈辉、刘松茯：《哈尔滨历史建筑保护的艺术性与原真性》，《建筑历史与理论》（2008 年学术研讨会论文选辑第 9 辑）。

项专门化的技术，它的目的是完全保护和再现文物建筑的审美和历史价值，它必须尊重原始资料和确凿的文献，它不能有丝毫的臆测。"

后定居在北京的巴彦布对道外的改造从人文的视角提出自己的建议："道外靖宇街和景阳街啊，被我后来视为北京南城的天桥和大栅栏，其共同之处是：最早又最老的商业街区。……由此，我又想到，在城市建设上，新建与保护大有学问，又大有文章可做。北京的潘家园和英国伦敦的旧物市场使我想到，在哈尔滨，建设有地方特色的现代化低价位市场，非道外莫属。道外，这座哈尔滨平民'展览馆'，其历史文化特色，绝不亚于北京王府井食品小街或前海和后海的'胡同游'地带，要害是文化和科技含量。限于财力，同时啃不动不要紧，要紧的是，有保存价值的，要手下留情。"① 沿着巴彦布先生的思路，道外巴洛克街区如果能发展一条像北京王府井小食街那样的小吃街，倒是与道外文化很契合。其实，哈尔滨并不是没有小吃街，如南岗和兴路哈师大西侧门学兴路自发形成的网红小吃一条街，那人声鼎沸的景象，不论美食地图，还是旅游攻略，它都已声名远播。而道外原来并不缺少物美价廉的小吃，如张包铺、红光馄饨火烧、扒肉街、更新烧饼豆腐脑、三八冰棍等，但改造后迁入了高大上新址的生意却冷暖自知。如果能将哈师大西侧门那样的网红小吃街与道外巴洛克文化街区结合，那将是怎样的景象呢？

2018 年，道外中华巴洛克保护街区第三期工程即将动工，三期工程将对景阳街、升平街、浴海街、丰润街、南四道街、北十道街合围街区进行修缮和改造。据道外区区长刘晶在今年两会上介绍，三期工程将"把'修旧如旧，原汁原味'作为修缮总原则，以修完的中华巴洛克还是当年的中华巴洛克为目标，原汁原味地保护，有根据地修缮，有脉络地创新。能不动坚决不动，能恢复原状的尽量恢复，不仅保留框架，而

---

① 巴彦布：《诗话哈尔滨》，《名人眼中的哈尔滨》，哈尔滨出版社，2016 年版，第 139 页。

且还原细节。在尊重历史的同时遵循现状，现存的其他非保护建筑也可以不拆，适当改建；现有街道走向不变，合理利用。充分保留老哈尔滨人童年记忆，保留城市记忆，保留时代变迁的痕迹和韵味"。刘晶区长建议，"坚持规划、建设、运营同步进行，统筹考虑老街的规划定位、周边环境、空间布局、动态交通、产业定向等。中华巴洛克三期的定位先要实现老街区的生活化，进而实现高层次的商业化。还原历史业态，保留现状业态，植入新业态"。

中华巴洛克不仅仅是一种建筑风格，它承载着哈尔滨城市的历史和记忆，它已深深融入哈尔滨的文化之中。《保护文物建筑和历史地段的国际宪章》："必须把文物建筑所在的地段当作专门注意的对象，要保护它们的整体性，要保证用恰当的方式清理和展示它们。"但愿道外中华巴洛克保护街区三期工程能兑现承诺，真正实现"修旧如旧，原汁原味"，避免一二期工程存在的问题的发生。不能让老街再在"无知匠人"（梁思成语）之手，陷入不中不西、不伦不类的尴尬之中。但同时，规划设计者在植入新业态的时候，不能脱离道外原有的人文传统，要将建筑的原汁原味与文化的原汁原味有机结合，这样才能保持其特色，才能吸引人们驻足。

六、俄侨民居及其对哈尔滨居住文化的影响

"哈尔滨俄侨的住房可分为官宅和私宅两种，因中东铁路与哈尔滨近代城市兴起的关系，一般地讲，官吏、职员包括铁路员工的住房，基本上都是由中东铁路管理局提供，而商人或者是自由移民哈尔滨的俄侨则要自己出资盖房或租用房屋居住。从宏观上看，除了少数的达官显贵、富商巨贾拥有楼房外，大多数的俄侨都居住在平房里。俄侨的住房可分为砖石结构、板加泥结构、纯木质结构及土坯结构等几种，具体取决于投资者、居住者的财力与身份。"[①] 在哈尔滨的俄侨民居中，中东

---

① 石方、刘爽、高凌：《哈尔滨俄侨史》，黑龙江人民出版社，2003 年版，第 246 页。

43

铁路员工住宅区占有相当大的比例，中东铁路员工住宅区大多为砖石结构，如今仍保存完整的大直街、花园街、北京街、海城街、海关街、木介街合围的区域，哈尔滨市民称之为黄房子街区；而位于偏脸子、沙曼屯、正阳河等地的则土坯结构和泥板结构房屋较多。但俄侨住房不论什么结构，"在房间设计上，都较为宽敞。一般分为卧室、客厅、厨房、卫生间等。客厅的房间相对较大些，采光条件好些，而卧室则安排在居间较小、光线稍暗的房间里。厨房一般都配有地窖，用以储存蔬菜等食物。炉台较大，在其后部安装上水包和烤炉，用炊事之余火烧热水和烤制食品，同时带动火墙取暖。卫生间里，配有坐便、盥洗室及浴缸等设施，俄侨的洗浴全在家里进行。俄侨的住房都带有凉亭或门斗，如没有亦以较长走廊以延缓冬季冷气的袭入，凉亭配有较大面积的玻璃窗采光，以便于夏季消暑纳凉。有条件的俄侨，都要在其房前屋后辟建花园，种上花草树木，经济较好的人家还要在园中打上水井，安上压力机以便汲水使用。由此创造较为优美的居住环境，以供闲暇时消遣之用"①。

俄侨叶·普·达斯金娜在《远逝的哈尔滨》一文中这样回忆："铁路职工的住房都是石块或砖砌成的平房，每座住宅都带有花园和院子。我家的房子在新市街教堂广场旁，我的童年是在那里度过的。房前是一座不大的花园，花园四周环绕着'满洲'特有的榆树和刺槐。院子是我们的天地，是回忆中的童话王国。邻家的孩子常来这里，我们在一起打俄罗斯棒球，玩'哥萨克'——强盗游戏，或者在院子里、屋子里没完没了地玩捉迷藏。"②

1935 年，随着中东铁路权益出售给日本人，俄侨叶·普·达斯金娜一家及其许多邻居陆续离开哈尔滨，这一区域的黄房子先是住进了日本人，战后又住进了中国人。哈尔滨作家李蔚在一篇回忆文章中写道：

① 石方、刘爽、高凌：《哈尔滨俄侨史》，黑龙江人民出版社，2003 年版，第436—437 页。

② ［俄］叶·普·达斯金娜：《远逝的哈尔滨》，《名人眼中的哈尔滨》，哈尔滨出版社，2016 年版，第 23 页。

"我上小学的时候，我们家曾在红军街上的一幢俄式平房里住过。当年，从喇嘛台到马家沟河之间，在宽阔的红军街两侧，整齐地坐落着一幢幢独立的俄式平房，虽然建筑风格各异，但都有着隆起的铁皮红屋顶和刷成奶黄色的外墙，都有一间三面玻璃墙的房间，我们叫作玻璃房；每幢房屋临街一面都围着白色的木栅栏，房后有很大的院落。我记得我们家住的那幢房子里有很多房间，进门有宽敞的前厅，走廊一头通明亮的玻璃房，厨房里有铁板做的大烤箱。我们住进去的时候房子都是空的……我记得那幢房子的前院长着两棵高高的山核桃树，掉下来的山核桃都包着绿色外皮，要想把山核桃砸开，外皮的汁液就会把手指染成褐色，很长时间难以洗掉。我记忆最深刻的是房子后面宽敞的院落，夏秋季节，茂密的树木、荒草和野花使院落显得幽深而又神秘，是我探险和寄托神奇幻想的天堂，那里珍藏着我童年的全部乐趣。我记得后院里除了高高的榆树之外，还长着李子树（稠李）和两棵樱桃树，我记得李子树能开花，能结出黑珍珠般的果实，果实酸酸甜甜的，能把牙齿和嘴唇染成紫药水的颜色。记得那时哈尔滨的街路两旁，到处长着李子树，这种树的神奇之处在于，一看见它，你耳畔就会响起苏联歌曲《喀秋莎》的旋律。"① 俄侨叶·普·达斯金娜和作家李蔚童年住过的红军街区域的俄式平房 20 世纪 80 年代初还大面积存在，后来随着城市的开发，那里隆起了几座高高的建筑，今天只在花园街新世界百货大楼（原北方大厦）对面还遗留下来几幢，虽然房子风格尚保持完整，但已成为哈尔滨现代街市中田园风景的孤品。

著名杭州知青作家张抗抗 20 世纪 80 年代在哈尔滨工作生活时，曾对哈尔滨俄侨民居也情有独钟："更吸引我的，是街道旁那一座座普通的苏式民居楼——绿色的木围栏，一棵矮矮的丁香或是樱桃树，隐隐地露出雕花的木屋檐，刷着油漆的门斗和阳台……那房子的一角总有一个

① 李蔚：《哈尔滨的"老照片"》，《名人眼中的哈尔滨》，哈尔滨出版社，2016 年版，第 164—165 页。

宽大的玻璃房间，几乎是三面透亮迎光，里面摆满过冬的花草，称为花房。这些精致的小楼许多年来大概已是几易其主，而哈尔滨的大部分市民都已住进了公寓楼房。虽然住房的外观与其相距甚远，但室内的装修和陈设，却保留了苏俄文化的影响。"

张抗抗从一个南方人的视角还谈到了哈尔滨俄侨居住文化对哈尔滨人生活的影响："我在几年前搬进作协配给我的单元房时，房间的墙壁已按照哈尔滨人的习惯，分别贴上了浅蓝、淡绿和银灰的壁纸。在接近天花板的上方，每个房间都印有不同的几种图案，或如水波，或如树叶，或如花卉，隐现出一种古典的雅致与宁静，如同置身于一个小小的宫殿，一抬眼便能享受艺术情趣。我留神观察了几家的墙，竟然没有一家的图案是重复或雷同的，这在南方的城市，定是一个时髦的新事物；而在哈尔滨，却是一个连'文革'都没有被破坏的传统。家家地板都是极干净的，进门必须换鞋，无论街上怎样泥泞，家里总是温馨又舒适。一般的卧室小小的，放一张大大的铁床。那铁床的栏镀金包铜，晶光锃亮的，还饰有精美的鸟形或天使的铜雕，感觉哈尔滨人睡觉很庄严。家具和南方也有很多不同，哈尔滨人重视喝酒，所以那笨重的酒柜占一席之地。最不可缺少的是家家必备一张大拉桌——椭圆形，黑或烟色，架着四根粗壮的桌腿，待客或合家团聚时，将桌子中央活动的长板拉开，便是一张其大无比、气派非凡的长餐桌了。任是吃锅子吃饺子还是喝老白干，都可痛痛快快地铺张。那桌子平日不用时，盖上绣花或是钩花的台布，蹲在屋角，如一头大象。哈尔滨的冬季长久，于是家家都爱养花。下雪的日子，从窗玻璃朦胧的冰凌中，隐隐透出一枝鲜红的绣球、一朵明艳的扶桑，那情景何等动人。到了夏天，满城的波斯菊、爪叶菊、金盏花迎风摇曳，还有从白色的门廊上垂挂下来的啤酒花绿色的瀑布，终令人心荡神怡。"①

---

① 张抗抗：《一个南方人眼中的哈尔滨》，《名人眼中的哈尔滨》，哈尔滨出版社，2016 年版，第 454 页。

道外中华巴洛克代表——纯化医院

中东铁路员工民宅

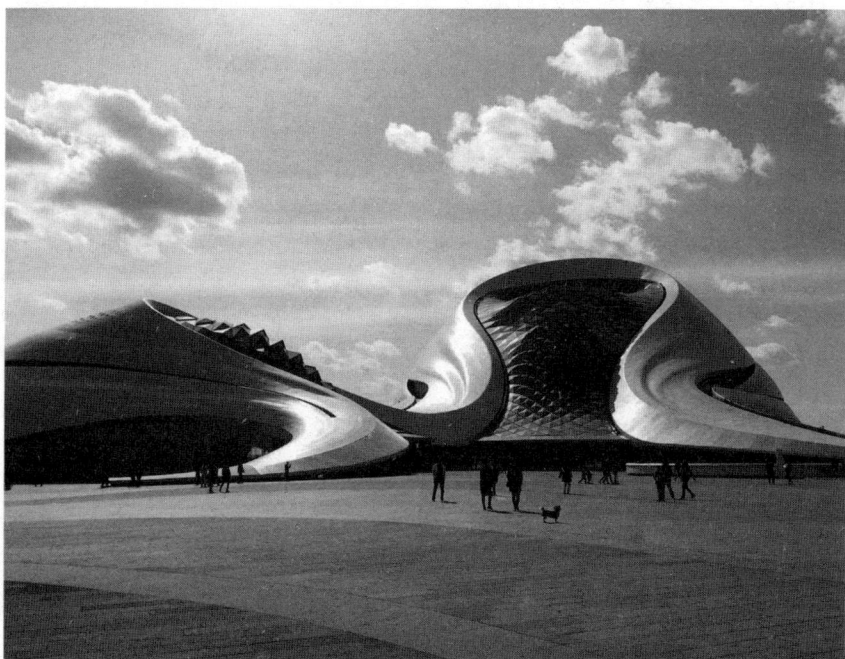

松北新区的哈尔滨大剧院

俄侨居住文化的影响一直持续到20世纪90年代初,地板、欧式雕花铁床、大拉桌、亚麻钩花桌布等,后来在各种装修风格的装修热中,哈尔滨的这种传统在渐渐弱化和消解。

如今唯一较完整保留下来的中东铁路员工住宅区——大直街、花园街、海城街、木介街等合围地区,2011年这里曾经做了历史街区改造规划,但住户迁出七年来,规划一直搁浅,如今街区内垃圾遍地,墙上到处涂鸦,满目凋零。但愿哈尔滨这处唯一保留下来的完整街区在未来的修葺和改造中,能遵循"修旧如旧,以存其真"的原则,真实保护遗存的本来历史原物和全部历史信息,不破坏历史文脉和肌理的连续性和逻辑性。在此基础上,能像上海新天地一样既保留了厚重的历史文脉,又焕发出新的青春活力,不再出现"不中不洋乃至滑稽局面"①。

第三节 新世纪哈尔滨建筑的遗憾与惊喜

一、新世纪头十年——欧风背景下的混搭

进入新世纪以来,哈尔滨的城市建筑又一次在数量上取得了重大的突破,决策者也开始意识到哈尔滨独特的建筑文化是哈尔滨城市的财富。在城区风貌建设上,哈尔滨开始打出特色牌,加强对具有东方巴黎景观的传统街区的历史建筑进行保护与更新,以期恢复和再现欧罗巴神韵。如哈尔滨西客站、太阳岛公园大门和将要建成的哈尔滨火车站新站舍,都是在延续哈尔滨历史文脉基础上创作设计的新建筑。而群力新区、松北新区的一些现代景观,如被评为"2015年世界最佳建筑之最佳文化建筑"的哈尔滨大剧院以及哈尔滨音乐厅等,又呈现出现代时尚的唯美色彩,为哈尔滨增添了新的城市地标和建筑景观。

但同时,我们也发现:"建设力度越大,城市越混乱;欧风刮得越强劲,文化风貌越模糊……哈尔滨的城市景观像一场建筑时装秀,各式

---

① 梁思成:《中国建筑史》,百花文艺出版社,1998年版,第4页。

西洋塔楼争奇斗艳的场景司空见惯，市民们对此也渐渐变得麻木。与此同时，真正的建筑文物却被轻易拆除，换之以与文脉毫无关联的现代高层住宅或办公楼……甲方意志、设计潮流、决策干预以及设计周期等多方面因素左右了创作的走向，哈尔滨十年间落成的新建筑中不乏这种遗憾之作。当开发商和普通市民忙于体味'现代大都市'的虚幻荣耀感时，城市也步入迷茫的变调交响之中，帮开发商实现错误的设计概念使设计师陷入一种尴尬境地。"① 以省政府附近的一个小区为例，这片街区原为亚麻厂，其由铁艺栅栏内绿树掩映的苏式建筑和开满丁香花的厂区，与隔街相望的量具厂黄色小楼和围栏构成和谐的图景。但亚麻厂被拆迁后，开发出这片现代高层民居建筑群，每栋板式高层都混搭着西式古典的帐篷顶，从远处望去，塔尖林立，如同水泥森林，给人以阴森的压抑感，尤其是其二期又增加了两座纯现代公寓式高层，更使和平路省政府路段的建筑景观失去了和谐。

在老城区建设改造方面，为恢复和保护城市历史文脉，哈尔滨市政府做了大量的工作。花巨资对一些历史街区进行保护、修缮和改造。"哈尔滨传统历史街区具体分为三种类型：以中东铁路办公、文化机构和高级官员宅邸构成的行政文化中心区；以商业、娱乐、商贾住宅为主的商业金融中心区；以中国平民、工匠艺人的民居、商铺为主的平民市井生活区。目前，传统街区设计项目主要是历史建筑周边建筑的改造和开放空间的综合整治，一些经典近代建筑群落的保护性改造同时承担着恢复城市历史记忆、浮现不同社会阶层历史街区风情的任务。如圣·索菲亚教堂广场周边环境改造、果戈理大街环境设计、道外中华巴洛克传统合院改造以及中东铁路花园住宅区俄罗斯风情园环境整治等。"② 但这些历史街区的保护和改造并不尽如人意。如对果戈理大街、文昌桥两

① 刘大平、李国友：《从时尚唯美走向地域理性——演进中的新世纪哈尔滨建筑创作启示》，《建筑学报》2010 年 7 期。
② 刘大平、李国友：《从时尚唯美走向地域理性——演进中的新世纪哈尔滨建筑创作启示》，《建筑学报》2010 年 7 期。

侧的邻街居民楼进行欧式改造，安装铁艺，贴上欧式浮雕，甚至安上帐篷顶和洋葱头，制造了一系列伪欧式、假古董。对此，曾设计了哈尔滨工人文化宫、友谊宫等著名建筑的哈尔滨建筑设计师李光耀先生曾对笔者表达了自己的看法："欧式建筑首先是比例的协调、韵律的变化和建筑符号（柱头、沿墙和线角），设计中讲究三段设计：基础、中段和屋顶。不能说在一些建筑上简单地加一些装饰就变成了欧式建筑，那只能是增加一些热闹，画蛇添足。果戈理大街上的这些建筑就是这样，其实大多欧式建筑是不加铁艺的。"① 相反，真正该得到保护的老建筑却被无情地拆毁或改变，如果戈理大街的日式建筑花园小学（原为日本领事馆）等没能保留下来，中国现存最早的电影院和平电影院被截去了三分之二后，被高大的江南春大厦（今黑天鹅电器商场）挤压在一隅，现已封闭多日等待修缮。建于1936年的日式建筑哈一百（今金太阳商城）改造成欧式立面，文昌街某学院内的二层俄式小楼立面被贴上了崭新的瓷砖，文昌桥两侧的1990年代的建筑改造成欧式立面后更是色彩鲜艳杂乱、缺乏主色调。更令人啼笑皆非的是，在南岗区人和街竟然建了一条与哈尔滨文化风马牛不相及的印度风情街……即使是2017年刚刚修缮完成的九站的铁路江上俱乐部，在色彩上，如同一座崭新的五彩斑斓的儿童乐园，丝毫没有百年沧桑的感觉。这种修缮混淆了历史建筑与新建筑的界限，让历史建筑失去了原有的珍贵价值。

二、群力新区、哈西、松北——新世纪第二个十年中的欣喜与遗憾

新世纪的第二个十年已走过了八年，这八年是哈尔滨快速扩张和发展的八年。在城市化进程中，新城和旧城的关系问题变得更加突出。城市发展实践证明，"跳出旧城，发展新区"的发展模式，有利于保护与建设互不干扰，相得益彰。哈西新区、群力新区和松北新区等拔地而起，在这几个新区的规划和建设上，摒弃了新世纪初期欧风背景下混搭

---

① 庄鸿雁：《哈尔滨：美丽背后的永久遗憾》，《黑龙江广播电视报》第1299期，第5版。

的现象，呈现了城市新区独立的特点，其中不乏哈尔滨新的城市地标式建筑，如被 ArchDaily 评选为"2015 年世界最佳建筑（the 2015 Arch-Daily Building of the Year Awards）"之"最佳文化类建筑"的哈尔滨大剧院、群力新区的哈尔滨音乐厅、群力音乐广场、哈西火车站和正在建设之中的哈尔滨火车站等，既显示了哈尔滨作为现代城市的张力，又表达了对城市文化传统的继承。

哈尔滨群力新区、哈西新区和松北新区的新建居住小区保留了大面积的绿地和公园，拓展了城市居住空间，使哈尔滨这座曾经的花园城市得到复苏，也使哈尔滨新的高端居住区向哈西、群力和松北转移。尤其值得称道的是群力新区在规划时，保留了松花江沿岸湿地的通透，开辟了外滩湿地公园，没有像道里那样沿江建起高层住宅，像一座座巨大的屏风遮住了松花江的美景。尽管哈西新区的一些小区环境曾领新建小区之先，但哈西新区的绿地相对较少，原有的一个公园也建起了住宅，显得过于拥挤。

而在老城区，对老建筑的保护和利用也积累了一些值得肯定和借鉴的经验，如犹太老会堂经修缮改造为室内音乐厅，铁路文化宫俱乐部成为铁路博物馆，老江桥变身为中东铁路桥上公园，使老建筑在保护中得到了最有价值的利用。

一个城市的历史与文化是它的灵魂，也是城市竞争力之一。哈尔滨是一座多民族多元文化融合形成的历史文化名城，它拥有不可替代的文化资源。要想参与全球化经济背景下的竞争，不能仅仅局限于"冰雪文化"上，更应该把目光放在打造"国家级历史文化名城"的高起点上。一个城市的价值不在于它如何现代，你有现代化的高楼和街道，其他城市也有，一个城市的价值就在于它的文化特色和韵味。如今，失去的已无法挽回，而对那些幸免于难的，亡羊补牢也为时不晚，希望哈尔滨那些珍贵的历史建筑不要再在我们的无视和短视中消失和改造得不伦不类，新区规划和新建筑在延续城市的历史文脉的基础上，再为城市锦上添花。

笔者在《黑龙江广播电视报》任职期间，从 2002 年开始曾多次发表呼吁保护哈尔滨老建筑和历史文化的文章，如《哈尔滨，浪漫已成往事？》（1206 期）、《秋林，哈尔滨不该忘记》（1282 期）、《哈尔滨，美丽背后的永久遗憾》（1299 期）、《美丽之下，浪漫不再》（1302）、《儿童公园，哈尔滨老"儿童"破碎的梦》（1307 期）、《尼古拉教堂——哈尔滨永远的痛》（1332 期）、《哈尔滨开发之痛》《再说哈尔滨"开发"之痛》（1316 期）、《别让哈尔滨之痛延续》（1337 期）等，希望通过呼吁，保护哈尔滨这座有着独特文化传统与民俗的城市在现代化发展进程中，不要失去它独特的价值和文化元素，不要变成千城一面的城市。在此，附上一篇 2005 年笔者采访的哈尔滨建筑专家及各界人士对如何保护、建设和管理哈尔滨这座具有鲜明特色的美丽城市提出的宝贵建议，尽管已过去13 年了，其中的真知灼见，在今天仍具有参考价值和意义。

附：别让哈尔滨之痛延续！

不要起于呼吁、止于呼吁，对保护老建筑要立法

阿　成

尼古拉教堂在历史上曾是哈尔滨这座城市的重要景观，现在，有市民呼吁复建，我觉得这首先不是宗教信徒的呼吁，而是哈尔滨百姓的呼声。尼古拉教堂以其独具的建筑之美成为哈尔滨市民怀念的建筑，所以恢复重建，不是复建教堂，而是恢复其建筑之美。在中国历史上不乏这样的先例，比如滕王阁等。但恢复尼古拉教堂与修旧如旧老建筑不同，我认为，如果有财力和热情，我不希望百分之百原样复建，应该在恢复其建筑特征的基础上赋予其新的内涵。

另一方面，对尼古拉教堂复建的讨论，是一种迟到的觉醒。哈尔滨这座有着独特的历史文化的城市对老建筑的漠视已几十年了，对老建筑只考虑现在做什么，没考虑它对这个城市的历史和发展的作用。都说建筑是凝固的音乐，但它还是凝固的历史，它在经济、文化以及各方面会

53

给后人提供很多思考，它会给城市树立自信心和自豪感，尤其是年轻的城市。无视那么多老建筑自然消亡和被破坏，是不该发生的，尤其是像我们这样的仅有百年历史的城市。

尼古拉教堂消失了，但是它会让我们想到另外一个责任，就是更好地保护好老建筑，守住我们这座城市历史。既然我们已经失去了那么多，我们更应该保护好现存的。现在留下来的老建筑越来越少了，有关部门要行动起来，对现有老建筑做个调查，对保护建筑不仅仅是给它挂个铜牌就完成任务了，而应对它进行修缮、保护、检查，对破坏者进行干预，并立法，用法律保护老建筑。现在，老建筑的研究者的经济支持太弱了，他们的声音也太弱了。虽然他们很阳光，很坚定，但他们步履艰难。

对这次关于尼古拉教堂复建的呼吁，我认为，不要起于呼吁、止于呼吁，如果这样就成了文化游戏，还不如不呼吁。我觉得从这件事上，我们应该反省：我们的有关部门能否真的积极行动起来，能更好地保护好老建筑，这才是最重要的。

政府的当务之急是保护好现有的老建筑，不让尼古拉教堂的悲剧重演

刘延年①

我说的第一句话是：当务之急不是复建，而是保护好现有的老建筑。我有拍老照片的习惯。最近，我发现，许多老建筑正在或已经被毁掉，比如民益街上的二类保护建筑省会计师事务所不知哪天已被扒掉；红军街的英国领事馆最近着了一把火，差点把老建筑给烧毁；邮政街上的二类保护建筑铁路法院也遭到了损坏；市文联的原丹麦领事馆去年被建筑工地野蛮施工搞得墙体开裂；一类保护建筑文化公园内的圣母升天教堂被用作游戏厅，造得不堪入目；中央大街的犹太银行只剩下一张

---

① 原波斯特酒店总经理，多年致力于哈尔滨老建筑保护与研究。

皮；大成街的一处非常漂亮的欧式民宅刚刚被扒掉……所有这些，说明我们的城市的管理者在保护老建筑上的力度远远不够。

我们在这方面的教训已经够多的了，而且许多做法让人不解。我觉得与其花巨资复制一些赝品，不如在保护老建筑真品上多下些功夫。让市民诟病的不伦不类的果戈理大街就是明证。用老百姓的话说，叫尿盆镶金边——劳民伤财。还有今年关于兆麟公园是否扒掉围墙的讨论也很可笑，公园有个门可以通行，干吗非要扒掉已承载了百年历史的围墙呢？这本是不应该讨论的常识。

对于尼古拉教堂复建的争论，我觉得没有必要。虽然玻璃大棚是广场的败笔，应扒，但是整个城市的环境已经变了，复建就没有意义了。如果说玻璃大棚该扒，电力大楼该扒，那么华融大厦该不该扒？尼古拉教堂复建，与之遥相呼应的老火车站该不该复建？我认为当务之急不是复建这些历史上已经失去了的东西，更重要的是保护好现有的承载着哈尔滨历史的老建筑。历史就是历史，不要让尼古拉教堂的悲剧重演。

现在我们已经进入了法治社会，政府应严厉执法。对于破坏老建筑的行为严厉处罚，不能让保护建筑说没就没了，悄无声息。老百姓的一个小棚子还不能说扒就扒呢，何况是国家保护建筑？

哈尔滨的城市基调早在百年前建城之时就已确定，所以现在再说请那些洋专家来论证就不免有些荒唐。我认为，我们应当珍惜现有的资源，把这些遗址遗迹（比如十六国领事馆、火车站后面的伊维尔教堂等）保护好，修缮好，不要再去破坏，这比重建尼古拉教堂更有意义。

有历史就会有文化，有文化就会有人气，有人气就有商机

刘松茯[1]

我刚刚从英国学习回来不久，在国外，法国、英国、意大利对老建

---

① 哈尔滨工业大学建筑学院教授、博导，曾多年致力于哈尔滨建筑文化研究。

筑的保护都非常精心，我们做得远远不够。我到法国考察时正赶上巴黎修缮巴黎圣母院，他们把被磨损的石头拆下来，放在展览室展览，再把旧石头上的菌注入新石头上，使新石头与旧石头在外观上一模一样。在法国，如果修缮老建筑，要花费许多精力，有的甚至需要数年。在法国有保护建筑的主持，他们都是著名专家，他们的权力很大，不论是市长还是总理，没有他的签字，谁也别想动保护建筑一块石头，那就是违法。相比之下，我们这里也有法，但却没人执行。我们哈尔滨多年前就制定了老建筑保护条例，但不仅没人遵守，更没人执行。如教育书店，记得当年换上了钢窗，有关部门曾经组织专家论证讨论，当时我也去了。论证完之后，我以为肯定会再换回来，但却始终没有人去换。

这次回到哈尔滨，我才离开了一年多，就发现与我走前大不一样了。尤其是令我们自豪的中央大街。80 年代末和 90 年代初，我曾骑着自行车拍了许多中央大街的照片，那些照片现在拿出来看，已经有许多建筑不存在了。那时，走在中央大街及其辅街上，街道两边都是风格各异的精美的建筑，高低错落，让人感到亲切。现在，整个哈尔滨，从南岗到道里再到道外，许多老建筑的面没了，剩下孤零零的点。比如，本来南岗奋斗路秋林一带，由秋林、七百（百货大楼）、江南春、和平电影院、亚细亚电影院和电报大楼组成的建筑群落非常完整，但后来，七百扒了，江南春扒了，和平电影院只剩下了一半。过去老哈一百、话剧院及地段街的建筑的面也很完整，现在被改得面目全非。所以，老建筑都保护不好，再谈其他的复建还有什么意义？作为研究者，我们也同样很无奈，越研究越痛心，只有等待历史去评价了。

第三章　哈尔滨中西合璧的
多元饮食文化

　　长久以来，外地人称哈尔滨有三大怪，尽管这三大怪在各个时期有不同的版本，但不论是"自行车把朝外，大列巴像锅盖，喝啤酒如灌溉"，还是"大列巴像锅盖，喝啤酒像灌溉，大裤衩子满街拽（花布缝制的拎包）"，抑或"反穿皮袄毛朝外（裘皮大衣），大面包像锅盖，喝啤酒像灌溉""面包像个锅盖，男人喝酒像灌溉，冬天都吃大冰块""面包像锅盖，红肠当腰带，喝酒像灌溉"，不论随着时代的发展"三大怪"怎么变化，其中的面包、啤酒、红肠，延续半个多世纪都没有改变。萧军在记述与萧红1934年离开哈尔滨前夕送别一位即将前往磐石参加抗日游击队的朋友时，曾写道："萧红买了面包、肠子和啤酒回来，他一面吃着面包和肠子，一面喝着啤酒，很快就吃喝完了一切，立起身子向我伸出那只粗大的手掌表示要向我们道别，我握了它，而后他也和萧红握了手道别……"[①] 这也许是一场没有再见的送别，尽管二萧当时在哈尔滨的生活非常清贫，但他们还是备了面包、啤酒、香肠送别友人。这段文字传递出的信息，一方面是面包、啤酒、香肠在哈尔滨人生活中的地位，另一方面也能看出萧军与萧红在哈尔滨生活时的饮食结构深受俄罗斯文化影响，反映出了哈尔滨人中西合璧的独特的饮食习惯和

---

　　① 萧军：《哈尔滨之歌》，《名人眼中的哈尔滨》，哈尔滨出版社，2016年版，第68页。

饮食文化。

第一节　大列巴像锅盖——俄罗斯饮食文化的影响

老哈尔滨人习惯称面包为列巴是缘于俄语面包 xлe6 的音译，因这种俄式大圆面包直径一尺多，重量达 2.5 公斤，被外地人形容像锅盖。哈尔滨人饮食习惯深受俄罗斯人影响，面包、红肠、苏泊汤是哈尔滨人餐桌上的家常便饭。苏泊汤也是俄语 cyn（汤）的音译，哈尔滨人习惯将牛肉、土豆、西红柿、大头菜做的红菜汤称为苏泊汤。

大列巴（大面包）是俄国人的传统主食。在俄罗斯，每个村庄都配有面包炉，俄罗斯人家庭日常吃的面包多是由村里的面包房烤制，家里储存，吃时切片食用，久之形成了特有的面包制作技术和风俗。这种大列巴以啤酒花三次发酵，以特有的椴木、柞木等硬杂木烘烤，外皮较硬，内芯松软，具有面香、盐香、酒香和木料的清香，最大的特点是保鲜期长。

1898 年，随着中东铁路的修建和通车，大批俄侨进入哈尔滨，为了满足他们饮食的需要，1900 年，俄国人伊万·雅阔洛夫维奇·秋林开办秋林洋行哈尔滨分行，并设面包厂，专门生产大列巴。此后，在道里中央大街两侧，一些外侨开办的面包厂相继诞生。如 1902 年，希腊人在面包街（1959 年改为红专街）开办了拉巴吉斯面包铺，面包街因此而得名；1922 年，俄国人在外国六道街（大安街）开办了伊盖·朱晋面包厂；1923 年，俄国人在道里河鼓街开办了阿·阿·连尼科夫面包厂；1927 年，俄国人在道里安宁街开办伊·尤金面包厂；1928 年，犹太人在道里安国街开办了耶·姆·卡妮林面包厂等。"至 1930 年，外侨在哈尔滨开办的面包厂 16 家，中国人开办的面包作坊 100 多家。面包年产量达 4000 吨以上。"① 那时不仅面包房很多，面包的种类也很

---

① 哈尔滨商业委员会地方志编纂办公室：《哈尔滨饮食服务志》，黑龙江人民出版社，1991 年版，第 414 页。

多。形状有圆形、长方形，最常见的为菱形，上面纵向开裂（塞克）。当时哈尔滨道里大坑街（今大安街30号）有一家梅金面包房特别有名，就在犹太小提琴家彼得·伯尔顿家的对面，由犹太人梅金兄弟开办，是哈尔滨第一家机械制作烘烤面包的厂家。"这是一家深受人们欢迎的点心铺，其制作各种各样的面包，口味也各有不同。梅金面包房点心品种很多，其中有小糖面包和各种夹馅面包，如奶油糖面包、果脯面包、果酱面包、奶渣饼、养喉糕、薄荷饼等。"[①] 其中犹太式的麻花辫面包流传至今。每天早晨，各面包房用四轮马车将新鲜的面包和点心送到各区的商场、西餐馆和杂货铺，梅金面包房为了方便顾客购买，在面包房临街的房子又开了零售的面包铺，每天早晨等待买面包的顾客都排起了长队。

民娘久尔（又译米尼阿久尔）咖啡点心店的列巴圈、小糖面包及各类甜饼也颇为有名，尤其是它的列巴圈。民娘久尔的列巴圈分为两种，"一种列巴圈细如筷子，香脆可口，另一种粗细如中指，外壳酥脆，内松软却有韧性。这两种列巴圈均用美国或双盒盛二号沙子面粉，清水洗去淀粉，用其面筋和牛奶做成，稍有甜味"[②]。

不仅是俄侨及欧洲人以面包为主食，在哈尔滨生活的中国人也渐渐喜欢上了食用面包。萧红在记述她与萧军在哈尔滨生活时的散文《饿》《提篮者》《欧罗巴旅馆》《黑"列巴"和白盐》等中多次提到面包，不论是寄居于欧罗巴旅馆食不果腹时对面门上挂着的列巴圈的诱惑，还是住在商市街时黑列巴蘸白盐的日子，萧红笔下的长形面包、圆面包都充满诱人的麦香。面包是萧红与萧军在哈尔滨生活时的主要食物。"送牛奶的人，轻轻带着白色的、发热的瓶子，排在房间的门外。这非常引诱我，好像我已嗅到'列巴圈'的麦香，好像那成串肥胖的圆形点心，已经挂

---

① 贺颖主编，赵喜罡、郭秋萍编译：《俄罗斯人回忆哈尔滨——他乡亦故乡》，黑龙江人民出版社，2010年版，第191页。

② 贺颖主编，赵喜罡、郭秋萍编译：《俄罗斯人回忆哈尔滨——他乡亦故乡》，黑龙江人民出版社，2010年版，第189页。

在我的鼻头了。几天没有饱食，我是怎样地需要啊！胃口在胸膛里面收缩，没有钱买，让那'列巴圈'们白白在虐待我。"① "我数着……三个、五个、十个……把所有的铜板给了他。一块黑面包摆在桌子上。"② "一直到郎华回来，他的胶皮底鞋擦着门槛，我才止住幻想。茶房手上的托盘，盛着肉饼、炸黄的番薯，切成大片有弹力的面包……"③ "他连忙又取一片黑面包，涂上一点白盐，学着电影上那样度蜜月，把涂盐的'列巴'先送上我的嘴，我咬了一下，而后他才去吃。……黑'列巴'和白盐，许多日子成了我们唯一的生命线。"④ 这就是哈尔滨给予萧红与萧军在贫穷日子中的浪漫，也是"列巴"与"窝头"在文化上的差别。列巴蘸白盐是斯拉夫语族人的传统吃法，在俄罗斯、白俄罗斯、波兰、捷克、芬兰等国家，面包蘸白盐是迎接尊贵客人时的一种传统礼仪。常常是当尊贵的客人到达时，主人将面包和盐放在刺绣毛巾托盘上，由穿着民族服装的女青年手捧到客人面前，客人掰一小块面包蘸上盐品尝。

哈尔滨沦陷后，日本人吞并了一些外侨的面包厂，继而又在炮队街开办池田面包厂，专门为日本关东军生产面包。1937 年，伪满洲国当局实行小麦统制法，面包被列为关东军军需品，只限量供应外侨，使哈尔滨的面包厂纷纷倒闭，面包的年产量下降至 2000 吨以下。

解放后，哈尔滨的面包厂逐渐恢复生产。1950 年代，哈尔滨面包年产量一直维持在 4000 吨左右，至 1970 年代，面包年产量达到 7000 多吨。改革开放后，哈尔滨面包的年产量已突破 1 万吨，面包已成为哈尔滨人饮食生活中不可分割的一部分。面包的品种也逐步增多，但最有特色的仍是大列巴，且以秋林公司生产的大列巴最受欢迎。从 1950 年代开始，排队购买秋林大列巴成为常态。外地人来哈总要带上一两个回

---

① 萧红：《萧红全集·他去追求职业》，哈尔滨出版社，1991 年版，第 985 页。

② 萧红：《萧红全集·提篮者》，哈尔滨出版社，1991 年版，第 989 页。

③ 萧红：《萧红全集·雪天》，哈尔滨出版社，1991 年版，第 983 页。

④ 萧红：《萧红全集·黑"列巴"和白盐》，哈尔滨出版社，1991 年版，第 996 页。

去，哈尔滨人也会把它作为礼物送给外地来的朋友。

近年来，随着家用电器的普及，自制烘烤面包走进寻常百姓家，面包配红肠更是哈尔滨人早餐桌上的绝配。面包不仅改变了哈尔滨人的主食结构，大列巴更成为哈尔滨特有的美食，它已超越了食品的概念，成为哈尔滨历史的见证和城市文化的象征。

第二节　喝啤酒像灌溉——中国啤酒的故乡及啤酒文化

哈尔滨作家阿成说："哈尔滨这座城市，除了有'音乐之城''教堂之国''东方的莫斯科''东方小巴黎'的雅称之外，我觉得她还应当有一个名副其实的称号，就是'啤酒之城'。"笔者以为，阿成之所以这样说，是因为哈尔滨不仅是中国生产啤酒最早的城市——它已有了118年的历史，而且哈尔滨是世界上人均消费啤酒最多的三个城市之一，另外两个城市分别是德国的慕尼黑、法国的巴黎。据统计，1984年哈尔滨人均消费啤酒20升，2017年人均消费66升，而2017年中国人均消费啤酒35.77升。哈尔滨三大怪之一的"喝啤酒像灌溉"即缘于此。哈尔滨这种因受俄侨文化影响而与众不同的啤酒文化，已深深扎根于哈尔滨人的生活当中。

1900年，俄籍波兰人乌卢布列夫斯基在哈尔滨花园街开办了中国第一家啤酒厂——"乌卢布列夫斯基啤酒厂"（哈尔滨啤酒厂的前身），年生产能力1200吨。此后，1901年俄德合资的"哈盖迈耶尔·柳切尔曼啤酒厂"在香坊小北屯开办，年生产能力300吨；同年，捷克人爱莫里开办的"东巴伐利亚啤酒厂"在埠头区开办，年生产能力1000吨。1905年，德籍俄国人科夫曼、克罗尔等合伙在道外南马路创办"哈尔滨联合啤酒厂"，当时音译为"梭忌奴啤酒厂"，年生产能力750吨。而由中国人创办最早的啤酒厂也是在哈尔滨，即1904年创办的"东三省啤酒厂"，后改名为"大兴啤酒厂"。同年，中国人又在哈尔滨开办了五洲汽水啤酒厂，年生产啤酒1000吨。而中国其他城市最早的啤酒厂是 1903 年英德在青岛联合开设的"英德啤酒公司"（青岛啤酒厂的前身），北京最早的啤酒厂则是 1915 年由中国人建立的"双合盛啤酒厂"，上海的"斯堪的那维亚啤酒厂"建于 1920 年。

1908 年，"乌卢布列夫斯基啤酒厂"易人，由俄人乌瓦列夫经营，改名为"谷罗里亚啤酒厂"。1920 年，德籍犹太人聂利逊在今南岗区文昌街创办"奥利亚啤酒厂"。1932 年，"谷罗里亚啤酒厂"又转由捷克人和中国人李竹臣共同经营，并改名为"哈尔滨啤酒厂"。此时该厂年产啤酒已达 1200 吨。"1921 年至 1931 年间，哈埠总计年产啤酒平均在 3000 吨左右。"① 当时主要供应哈尔滨当地及中东铁路沿线城镇的外籍人。

1932 年哈尔滨沦陷后，啤酒生产逐渐被日本人垄断。1934 年，日本人建立大满洲呼布麦酒株式会社，年生产啤酒 3500 吨，生产格瓦斯汽水 4000 吨。1935 年，日本人在香坊油坊街买地 6.6 万平方米建啤酒厂。大日本麦酒株式会社组建的哈尔滨麦酒株式会社在道里买卖街 139 号成立，建立了哈尔滨麦酒株式会社香坊工厂（即哈尔滨啤酒有限公司现址）的同时，吞并了大满洲呼布麦酒株式会社及其下属各厂。"1937 年 3 月 12 日，香坊工厂采用德国和日本生产设备，以年产 5 万箱啤酒的能力开业。5 月，11.5 度日文商标的'哈尔滨牌'瓶装啤酒上市。"同时，还生产木桶装生啤。1937 年，哈尔滨共有 8 家啤酒厂，其中麦酒株式会社有 5 家厂，年产量 10000 吨以上，其他几家年产量在 3000 吨左右。产品种类由原来的桶装生啤为主转变为瓶装的熟啤为主。熟啤主要品牌有"哈尔滨牌"（俄文商标）、"地球牌""大兴牌""敖连特牌""塔牌"等。

新中国成立后，香坊啤酒工厂正式收归国有，定名为哈尔滨啤酒厂。1956 年，位于花园街 1 号建于 1900 年的最后更名为前进啤酒厂的中国第一家啤酒厂并入哈尔滨啤酒厂。自此，哈尔滨啤酒厂成为哈尔滨

---

① 季树太、赵彤：《哈尔滨啤酒历史沿革》，《酿酒》2016 年第 6 期。

傅家甸送啤酒的马车（图片选自孟烈、李述笑、张会群主编《画说哈尔滨》）

太阳岛餐厅（图片选自《哈尔滨》）

1940 年代啤酒广告（图片由宋兴文提供）

唯一的啤酒生产厂，这也是"哈啤1900"这句简洁的广告语的历史渊源。1900不仅是哈啤的生日，也是中国啤酒业诞生的纪元。

哈尔滨生产的啤酒最初的消费者是哈尔滨及中东铁路沿线的俄国人及欧美其他国家的人。由于啤酒的销量大增带来的经济效益，中国人也开始进入啤酒业。哈尔滨中国人开办最早的啤酒厂是1904年创办的东北三省啤酒厂。中国人不仅进入了啤酒生产业，在俄侨的影响下，也开始品尝啤酒，逐渐形成了爱喝啤酒的习惯，乃至20世纪60年代哈尔滨就有了"喝啤酒像灌溉"的说法，并逐渐形成了哈尔滨特有的啤酒文化。

20世纪二三十年代，在道里中央大街两侧有几十家西餐厅和啤酒馆，在中央大街上每天都有送啤酒的马车，马车上有铁制的或者橡木制的啤酒桶，上面标着俄文或英文，后来则标有俄文和中文。那些赶着马车的俄国人，每天都把新鲜的啤酒送到每个啤酒馆，而喝啤酒的常客也早早地聚在那里，准备好大杯子等待啤酒车的到来。在喝啤酒的人群中，最初基本上都是以俄国人为主的外国人，有绅士，也有醉汉，还有女人。在外侨的影响下，中国人喝啤酒的也渐渐多起来。前文中提到的萧军与萧红送别友人时，即以啤酒话别。笔者的一位长辈1930年代考入哈工大，他同学中有许多俄侨，他就是在一位俄侨同学家做客时第一次品尝到啤酒那种沁人心脾的清凉，从此与啤酒结缘的。那时不论是夏日的太阳岛的民娘久尔餐厅，还是松花江南岸帆船俱乐部的回廊，抑或是江畔卡恩考吉亚餐厅的小凉亭，都有三三两两的人们，喝着冰镇啤酒，望着江上的落霞，消磨哈尔滨黄昏最美的时光。"在上世纪60年代，中央大街还没有现在这么多人，还比较安静，在那座有名的巴洛克建筑——哈尔滨教育书店旁边，有一家啤酒馆。这家啤酒馆不大，有趣的是，它像欧洲的啤酒馆一样，所有喝啤酒的人都坐在啤酒馆外面的人行道上喝，人行道上摆着原木色的桌子和凳子……上世纪初，去马迭尔或国际旅行社那样的餐厅喝啤酒可是很气派的。那里有一个开啤酒的'池子'，池子的上方有一面大镜子，男服务员将啤酒瓶斜对着那面大

65

镜子，用起子猛一开盖，啤酒沫一下子喷到镜面上，然后顺着镜面流到池子里——要的就是这个劲儿，显示着一种气派。之后，再给餐客斟上。"[1]

令哈尔滨人最郁闷的当属物质供应的票证时代，不仅粮油肉蛋糖凭票，购买啤酒也须凭票。那个时期，即使在饭店点杯啤酒，还须每杯酒搭一盘菜才能卖。夏天，松花江两岸的餐厅往往一杯啤酒配一盘炒松花江蛤蜊肉，所以，这杯啤酒显得特别珍贵。后来，物质紧张渐渐缓和，啤酒供应也多起来，但是瓶装啤酒仍很少，饭店和副食店供应的仍是生啤。20世纪60年代中期以后，由于"文革"砸碎一切"封资修"，哈尔滨人喝啤酒特别讲究的大玻璃啤酒杯也被砸碎，取而代之的是大瓷碗，但终究大瓷碗喝啤酒既不讲究又不舒服，不知谁发明了用罐头瓶子喝啤酒，外形既像啤酒杯，玻璃质地又通透，能看到啤酒赏心悦目的颜色，还能找到雪白泡沫溢出瓶口的感觉。故从60年代末到80年代初，在哈尔滨大街小巷的国营饭店乃至开放初期的街头小吃摊，随处可见就着一碟红肠甚至一盘花生米或豆腐卷，用罐头瓶子盛满啤酒痛饮的哈尔滨汉子。也有打发孩子端着盆去把啤酒买回家来喝的。那个时代，没有冰箱，但哈尔滨大多数人家都有地窖，为冬天储存白菜和土豆用，菜窖冬暖夏凉，夏天则为藏啤酒派上了用场。只要在菜窖里镇上几个小时的啤酒，再拿出来喝，冰爽的口感绝不亚于冰箱。即使在当时啤酒供应紧张的年代，哈尔滨人喝啤酒也是全国的一大特色。

走遍全国乃至世界的邹静之曾总结："哈尔滨人饮酒绝对没有北京人的谨慎、上海人的矜持、广东人的随意。哈尔滨人在端起酒杯的瞬间好似回到了童年，复杂被净化去了，功利被滤走了，只剩下单纯与豪爽。在招待客人时，哈尔滨人的热情也全都注入清澄的啤酒之中，不一醉方休绝不会让你走人。""单纯豪爽""热情好客""一醉方休"也许就是外地人眼中的哈尔滨啤酒文化的一部分，而"喝出浪漫"也许才

---

[1] 阿成：《哈尔滨人与啤酒》，《光明日报》2014年2月21日。

是哈尔滨啤酒文化骨子里的精华。从上世纪初方石马路上走过的啤酒马车，到啤酒馆那溢满雪白泡沫的晶莹剔透的大啤酒杯，再到太阳岛野餐畅饮中的载歌载舞，虽然物质匮乏时期晶莹的啤酒杯曾退化为大海碗，但以大罐头瓶代替大海碗仍不失为一种浪漫和情怀。

自1988年哈尔滨举办首届啤酒节到2008年发展为"哈尔滨之夏"国际啤酒节，"相聚百年啤酒文化之都，传承浪漫啤酒文化传统"已成为其主题。

第三节　西餐对哈尔滨人饮食结构的影响

随着中东铁路的修建和通车，大批俄国人及欧洲人涌入哈尔滨，他们也将西餐带到哈尔滨。1898年，Ю. П. 纳齐耶夫斯基在香坊开办了哈尔滨第一家咖啡茶食店。1905年，随着中东铁路俱乐部由香坊迁到新市街（南岗），中东铁路俱乐部西餐厅开业。这是哈尔滨第一家功能比较完备的大型西餐厅，能举办大型西餐宴会，因此，当时许多国际交往活动都在此举行。据《哈尔滨商业指南》载其广告云："本店备有华欧式上等厨房，定做宴席外卖，与本店无异。每日一点至四点半由妓伶吹拉，自晚九点半至三时为跳舞。本店菜蔬之价目，较市内非常低廉。"此后，许多高级西餐厅、西餐舞厅、西餐风味店纷纷兴起，鼎盛时期达到上百家。如同为1905年开办于松花江街的格兰德旅馆西餐厅；1906年开办于义州街99号（今南岗果戈理大街百货大楼）的埃迭姆西餐厅是最早的俄式大菜馆之一，主厨均为俄侨，带有爵士乐队；1913年犹太人卡斯普开办的经营高档西餐的马迭尔西餐厅；还有号称远东第一流的同时可容纳80张餐桌、500人就餐的带夜总会的凡达基豪华西餐厅；以小面包驰名的白俄古鲁塞洛夫兄弟于1918年开办于中央大街北端的扎朱熬成西餐厅；1920年开办于中央大街与商市街（今红霞街）交角处以高加索风味闻名、一次能容纳150人就餐的塔道斯西餐厅；1923年开办于马街（东风街）的美国饭店；1926年开办于中央大街的以茶点著名的民娘久尔西餐厅；以及以风景取胜的太阳岛民娘久尔西餐厅、临江傍水的亚道古鲁布（江上俱乐部）西餐厅、江畔餐厅等等。据1923年出版的《滨江时报》记载："本道里之俄人饭馆不下数十家，各饭庄内热闹异常。"[①] "最盛时西餐厅达百余家，仅哈尔滨中央大街两侧即有30余家。"[②] 这些西餐厅有俄国人、波兰人、希腊人、德国人、俄国犹太人开的，也有中国人开的。这些西餐厅既有经营传统的俄式大菜、法式大菜的，也有经营英法式西餐风味的，连同茶食店、咖啡馆、啤酒馆、街头冷餐亭等达到400余家。时至今日，由俄国人1925年开办的华梅西餐厅（原名马尔斯西餐茶食店），与北京马克西姆西餐厅、上海雅克红房子西餐厅、天津起士林大饭店并称为中国四大西餐厅。

哈尔滨西餐业发达，当年哈尔滨西餐种类繁多，菜品取料考究、食材新鲜、味道浓郁、造型精致。如甜品类，仅仅苹果就有烤苹果、炸苹果、苹果排、什锦苹果、奶皮苹果、煮大米苹果、烤苹果配凉牛奶等。据《哈尔滨饮食服务志》对西餐菜点名录的统计，哈尔滨西餐计有572种菜式，其中凉菜50种、汤菜56种、水产137种、肉类108种、野味类50种、禽类41种、面盘19种、菜盘41种、甜品52种、冷饮料18种[③]，等等。"马迭尔西餐烹调技艺和摆台服务质量要求极其严格。厨房上菜，必须经过'打头的'检查，合格的才能上去。有的顾客要品尝法式大菜肉带血筋、蛋黄稀软的绝嫩风味，就必须做到火候恰当，不差分毫。夏天的凉菜必须冰凉，冬天的热菜必须滚热，冬天盛菜的盘子要经火烤，烤热才能盛菜，上菜时垫白手巾端上。"[④] 马尔斯西餐厅"精美成套的餐具全是在日本订制，餐厅摆台即有中俄犹日籍服务员40

① 《俄国饭店之发达》，《滨江时报》1923年2月25日。

① 《俄国饭店之发达》，《滨江时报》1923年2月25日。
② 哈尔滨市商业委员会地方志编纂办公室：《哈尔滨饮食服务志》，黑龙江人民出版社，1991年版，第225页。
③ 哈尔滨市商业委员会地方志编纂办公室：《哈尔滨饮食服务志》，黑龙江人民出版社，1991年版，第264—269页。
④ 哈尔滨市商业委员会地方志编纂办公室：《哈尔滨饮食服务志》，黑龙江人民出版社，1991年版，第256页。

多名，人员衣着讲究，夏日白衫，一日两换，保持洁白。桌前开票，一切菜名均用俄文"。①

哈尔滨西餐不仅有高档精美的大餐，也有价格便宜的套餐便餐。即使马迭尔这样的高档餐厅，也同样重视低档便餐的经营，因此它受到各阶层哈尔滨人的欢迎。1934年1月1日《国际协报》登载的马迭尔西餐厅广告云："午饭1汤1菜1杯咖啡，哈洋3角。晚餐3菜，哈洋1.25元。宴会每人自3元起码，菜价（凉热随便）每菜哈洋5角。酒肴3种，大洋3角。"位于马街（今道里东风街）的美国饭店于1935年12月5日在《国际协报》刊登的广告云："美国饭店每日开售午饭：一汤4角；一等菜（肉及鱼）5角；二等菜（一汤、一肉及咖啡）7角；三等菜（一汤、一肉、鲜果带咖啡）8角；四等菜（一汤、一鱼、一肉、鲜果带咖啡）1元。每夜聘的管弦乐队弹奏动人音乐，并有婀娜美丽的舞女伴舞，全晚舞费收5角。"

1929年朱自清在给叶圣陶的信中，曾评价哈尔滨的西餐"价廉物美"："这里还有一样便宜的东西，便是俄国菜。我们第一天在一天津馆吃面，以为便宜些，哪知第二天吃俄国午餐，竟比天津馆好而便宜得多。去年暑假在上海，有人请吃'俄国大菜'，似乎那时很流行，大约也因为价廉物美吧。俄国菜分量多，便于点菜分食，比吃别国菜自由些；且油重，合于我们的口味。"②

萧军和萧红在哈尔滨时虽然生活窘迫，但为了庆祝他们合作的第一部作品《跋涉》出版，"那天预先吃了一顿外国包子"，又到酒馆喝了两杯"哦特克"酒（伏特加）③。萧红在街头偶遇堂弟时，堂弟请萧红

① 哈尔滨市商业委员会地方志编纂办公室：《哈尔滨饮食服务志》，黑龙江人民出版社，1991年版，第271页。

② 朱自清：《西行通讯》，《名人眼中的哈尔滨》，哈尔滨出版社，2016年版，第38页。

③ 萧红：《册子》，《萧红全集·第一卷》，黑龙江大学出版社，2011年版，第213页。

在一家咖啡馆喝咖啡并劝萧红回家①。

哈尔滨西餐多年不衰，俄式西餐的罐牛、罐羊、罐虾、红菜汤、各种烤肉和烤肉串等流行至今，对哈尔滨人的饮食结构和饮食文化均产生影响，经过多年历史交融与沉淀，许多西餐元素尤其是俄式西餐元素已融入哈尔滨人的日常饮食当中。以俄罗斯经典汤品红菜汤为例，哈尔滨人俗称苏泊汤。苏泊即为俄语 cyn（汤）的音译。俄式红菜汤是由牛肉炖成浓汤，配以土豆、圆白菜、洋葱、胡萝卜、西红柿、红菜头及香叶胡椒等调料，出锅后再浇上少许酸奶油。哈尔滨由于不产红菜头，哈尔滨人便用番茄酱代替，这样做出的苏泊汤同样色香味俱佳。萧红虽然并不怎么会做饭，但却会包饺子，并做得一手好红菜汤。由此可见，从20世纪二三十年代起，哈尔滨人的饮食生活中已融入了许多外来饮食文化元素，开始形成中西合璧的饮食习惯，西餐厅也不仅仅是只能富人出入的场所，西餐也开始进入了寻常百姓家。

在哈尔滨这些西餐厅中既有俄国和其他国籍的大厨，更培养了一大批中国西餐名厨，如擅长俄式大菜的赵希舜、盛克寿、李帮庆、张裕荣、史广鞠、李兆梦等，也有擅长法式大餐的李鼎铭、吴云高、张春山等，他们的厨艺驰名中外。1949 年中华人民共和国成立后，外事活动大量增加，首都和各大城市都需要西餐厨师，哈尔滨一批优秀西餐厨师先后调入关内。如李帮庆调到北京人民大会堂，杨兰调入天津，李兆梦、王凡文、刘明礼等调到外交部。1950 年代，苏联曾为援助中国派出了大批专家和顾问，为保证苏联顾问和专家的生活需要，哈尔滨西餐厨师分赴部队、工厂以及朝鲜前线，哈尔滨为全国输送了大批西餐人才。

除了西餐外，红肠和干肠也是哈尔滨人餐桌上常见的冷盘和外出郊游的必备，且红肠是哈尔滨所独有的美食，它虽然由俄侨带入哈尔滨，

---

① 萧红：《初冬》，《萧红全集·第一卷》，黑龙江大学出版社，2011 年版，第 213 页。

70

但味道又与传统的俄式香肠稍有区别。作家张抗抗在一篇文章中写道："哈尔滨红肠是哈尔滨家庭餐桌上常见的一道冷盘。那红肠外面皱皱着犹如树皮，切开却是鲜嫩的粉红色，缀着一星半点雪白的凝脂，肥而不腻，吃着有熏肉的香味；干肠细如手指，极长，因而卖时便将其盘成一卷或切成段，吃时无须蒸热，切片就可入口，全没广东香肠的甜俗，也不知用何配方制作，香味极怪，含义颇深，又韧又硬，可嚼性较强，费时琢磨，却余香满口，回味无穷。"①

红肠原产于立陶宛，在19世纪末由俄国人带到哈尔滨。这种带有蒜香和烟熏味的灌肠制品，因其外表呈枣红色，被哈尔滨人称为红肠，也是哈尔滨人最喜欢的西式肉灌食品。曾多次返回哈尔滨居住的澳大利亚俄侨尼古拉·扎伊卡（爱称科利亚）的祖父1905年在哈尔滨道里买卖街曾开办一家灌肠厂。2006年笔者采访科利亚时，他曾告诉笔者："我的爷爷奶奶是乌克兰人，他们来哈尔滨后，1905年在道里买卖街开办了一家灌肠肉制品厂，当时秋林公司还没有自己的灌肠厂，都是从我爷爷的灌肠厂上货。直到1909年，秋林才有了自己的灌肠厂。我至今还保留着爷爷工厂的执照。"② 20世纪上半叶，哈尔滨西式灌肠有20多个品种。萧红在多篇记述1930年代哈尔滨生活时的散文中都曾有对这种食品的记载，如"我们就在铺子里消费了三角五分钱……从玻璃门出来，带着三角五分钱的面包和肠子……"③ 等。

哈尔滨的西式灌肠最初都是俄语的谐音，1964年统一改为汉语名称。如里道斯改名为红肠；依大连斯肠改名为松江肠，也就是意大利肠；俄罗斯人早餐时食用的茶依那改名为茶肠；格拉布斯肠改名哈尔滨

---

① 张抗抗：《一个南方人眼中的哈尔滨》，《名人眼中的哈尔滨》，哈尔滨出版社，2016年版，第452页。

② 庄鸿雁：《哈尔滨，我永远的家》，《黑龙江广播电视报》2006年1月9日第1355期，第6版。

③ 萧红：《门前的黑影》，《萧红全集》，哈尔滨出版社，1991年版，第1030页。

71

肠；还有依斯班斯（西班牙肠）、莫斯科肠等。后来有些品种因其不适合哈尔滨人的口味，如肥肉较多的西班牙肠等逐渐淡出市场。现在仍保留的有红肠、茶肠等，最受人欢迎的是红肠。

干肠是在中式香肠基础上融合了一些西式灌肠元素，由山东掖县人王孝庭发明的。王孝庭曾经在北京南牌楼福星斋学习过酱肉，1909 年来到哈尔滨，与朋友宋文治在傅家甸合伙开酱肉铺，后取名京都正阳楼酱肉铺。京味近似南味，不受哈尔滨人欢迎。王孝庭便精心研究，不断改进，终于研制出特别适合哈尔滨人口味的风干香肠和松仁小肚，正阳楼也因此名扬全国。后来，秋林、肉联等厂家也开始生产干肠。现在家庭自制干肠在哈尔滨也很流行。

第四节　冬天都吃大冰块——哈尔滨的冰棍

哈尔滨三大怪还有一种说法就是"面包像个大锅盖，男人喝酒像灌溉，冬天都吃大冰块"，这个大冰块就是指哈尔滨的冰棍。如果你走在哈尔滨的中央大街，无论炎炎夏日，还是数九寒冬，马迭尔宾馆冷饮厅门前总是人头攒动，买冰棍者络绎不绝。马迭尔冰棍甜而不腻，冰中带香，深受中外游人喜爱。徜徉在中央大街的人们几乎人手一支冰棍，多年来这已成为中央大街一景。据统计，马迭尔冰棍平时日均销售在 1 万多根，旅游旺季日销量达到两三万根，2017 年元旦日销量竟突破 4 万根。哈尔滨不仅马迭尔冰棍名声远播，老鼎丰冰棍（原三八饭店冰棍）、华梅冰棍、香坊冰棍、南极冰棍、国际饭店冰棍等，也曾经深受哈尔滨人喜爱，20 世纪七八十年代，哈尔滨有一句顺口溜"道里马迭尔，道外有三八"，指的就是哈尔滨马迭尔冰棍和三八冰棍。哈尔滨冰棍不仅品牌众多，销量巨大，尤其是在物质匮乏年代，"三分五分一棍"，推着冰棍小车走街串巷的卖冰棍大娘的叫卖声曾融入哈尔滨这座城市的文化记忆之中，成为哈尔滨饮食文化的特色之一。

冰棍属于冷饮业的范畴，20 世纪初，哈尔滨的冷饮业并不是独立的，很多是由西餐厅、点心水果店制作和销售，其中有冰糕、冰激凌、格瓦斯、酸牛奶等。夏季在繁华街市也有季节性冰糕、冰激凌冷饮摊。

网传马迭尔冰棍始见于1906年，笔者认为这一说法是不准确的，因为马迭尔宾馆和西餐厅开业于1913年，在马迭尔西餐厅开业前，马迭尔冰棍不会诞生，而马迭尔西餐厅开业后，虽有冰糕、冰激凌、酸奶等，但没有冰棍。据记载，冰棍是法国奶酪商夏尔·热尔弗发明的。1928年，热尔弗在美国旅行，看到美国当时正在流行紫雪糕，人们把紫雪糕盛在盘子里，用一根小木棍拨着吃。热弗尔回到法国后，准备投产紫雪糕，他想到了一个更便于人们边走边吃的办法，于是把雪糕凝固在一根小木棍上。1931年，在巴黎国际博览会上，带把儿的紫雪糕大受欢迎，从此，世界上有了冰棍。

据《哈尔滨饮食服务志》介绍，"哈尔滨冰棍的生产是从'伪满'时期开始的"，在此之前，多为冰糕、冰激凌类。萧红在她的文集中有关于市立公园卖冰激凌的描写。1934年夏，二萧为庆祝他们合作的小册子《跋涉》出版，二人去了公园（今兆麟公园）。"因为是上午，游园的人不多，日本女人撑着伞走，卖'冰激凌'的小板房里洗刷着杯子。"①

《哈尔滨饮食服务志》载："冰棍制造工艺及其设备主要是从日本经过大连传到哈尔滨的。1935年，钟玉瓶在道外区纯化街开设玉记号冰棍厂；1938年，贾子通在道外南大六道街开设亨记号冰棍厂。以后贾子通曾任1941年4月成立的哈尔滨市冰果制造贩卖业组合的组合长，成员共有36名（户）。这些早期的冰棍厂都是小型的，冷冻机都是5马力以下的，年产量不超过10万支。解放前，哈尔滨最大的冰棍厂是合发祥，3台冷冻机，制冷能力1.6万大卡，最高日产冰棍4万支。"② 哈

---

① 萧红：《册子》，《萧红全集·第一卷》，黑龙江大学出版社，2011年版，第213页。

② 哈尔滨市商业委员会地方志编纂办公室：《哈尔滨饮食服务志》，黑龙江人民出版社，1991年版，第278页。

尔滨虽地处寒温带，夏季仅仅只有两三个月，但与当时中国最大的城市且高温酷热的上海相比，冰棍销量也是相当可观的。1936 年，上海《申报》曾报道上海冰棍的热销场面："冷饮品中常以冰棒行销最广。"1938 年，"本埠冷饮业酸梅汤冰棒，供不应求"，销量"打破历来纪录，某新品牌冰棍刚一上市，每天就销到十万多根"。当时上海媒体称冰棒方便食用，"虽走在路上、坐在车上、卧在榻上"，都可以"一支在手，取凉去暑"。

1947 年，哈尔滨解放后，"全市冰棍厂达 50 多家，冰棍最高日产量一百四五十万支"①，尽管这一数字与后来不能比，但在当时以哈尔滨不足 80 万人口②计，哈尔滨每日人均消费冰棍 2 支，且作为北方城市，哈尔滨的夏季格外短暂的情况下，足见哈尔滨人对冰棍的喜爱程度。夏天人们喜爱吃冰棍消暑自不必说，但在漫长的数九隆冬，哈尔滨人仍对冰棍爱不释手，就不能不说是哈尔滨的一道奇观。

总之，哈尔滨人的饮食习惯深受俄罗斯人的影响，形成了中西合璧的多元饮食文化结构。这种营养丰富的饮食结构，加之优胜劣汰的闯关东人的生命基因，造就了哈尔滨男人健美的体魄和女孩高挑的身材，并一代代遗传下去。

---

① 哈尔滨市商业委员会地方志编纂办公室：《哈尔滨饮食服务志》，黑龙江人民出版社，1991 年版，第 278 页。

② 李述笑：《哈尔滨历史编年》，黑龙江人民出版社，2013 年版，第 598 页载："1947 年 9 月，据市公安局户口调查，哈市总人口 729185 人，其中男 3991732 人，女 330012 人（所有军事机关、学校、公营企业、群众团体住宿没有户口者和外侨 38134 人未统计在内）。"

第四章 西风东渐的窗口——哈尔滨时尚之都的文化渊源

哈尔滨被誉为中国美女第一城，这不仅仅指美女的颜值、身材，更有气质，而这种气质的形成离不开哈尔滨人敢穿会穿、大气洋气的服饰文化的熏陶，这种服饰文化的形成是哈尔滨多年城市文化积淀和几代人文化传承的结果。服饰作为一种重要的文化符号，它从一个侧面反映出不同地域的不同历史阶段的政治、经济、社会文化、生活方式、消费习惯、审美观念的变迁。

辛亥革命是中国服装文化发生巨大变化的节点。此前康有为曾上书呼吁服饰改革，他在《请断发易服改元折》奏折中说："今则万国通交，一切趋于尚同。而吾以一国，衣服独异，则情谊不亲，邦交不结矣。……且夫立国之得失，在乎治法，在乎人心，诚不在科服制也。然以数千年一统儒缓之中国，褒衣博带，长裾雅步，而施之万国竞争之世……诚非所宜矣。"① 康有为认为传统服饰不利于社会变革、国家进步，建议清光绪帝"断发易服"，对传统服饰进行改革，但戊戌变法的失败使服饰改革流产。随后光绪帝发布谕旨："国家制服，等级分明，习用已久，从未轻易更张。"宣统初年，外交大臣武廷芳再次建议："朝廷明降谕旨，任官商士庶截去长发，改易西装。"但真正带来传统

---

① 康有为：《不忍杂志汇编·初集》，台北华文图书公司，1987年版，第413页。

服饰变革的是辛亥革命，它不仅结束了几千年的封建帝制，也终结了服饰"贵贱有级，服位有等"（贾谊：《新书·服疑》）的作为不同等级和阶层标志的历史使命。

在哈尔滨，由于中东铁路的修建和大批俄侨的进入，西风东渐带来的服饰变革早于内地其他省份。早在 20 世纪初，内地各省"京津仍循宽博，沪上独窄小，苏杭守中庸，闽与浙类，汉效津妆，粤则独树一帜，衣袖较短，裤管不束，便利于动作也，时人称京式、广式、苏杭式"[①]。中国男人或长袍或短打甚至穿免裆棉裤的时候，哈尔滨男人已是"中国人外国装"，西装革履，獭貂皮帽呢大氅；当关内许多女人还以三寸金莲为美之时，哈尔滨女人已足蹬高跟皮鞋，身穿呢子大衣、布拉吉（连衣裙），即使穿旗袍，也要戴一顶呢帽，插上羽毛，有若西洋贵妇。正如时人刘静严（辽左散人）所言："凡未曾至滨江之人士，每臆度斯地既位于塞北，去中土甚遥，其风俗衣着，当然鄙陋现象，何意竟有大谬不然者。斯土交通便利，东省铁路与西伯利亚大铁路，相互联络，欧风东渐，首当其冲；纵开辟未久，地属边关，文物不及江南，然繁华都市，衣冠俗尚，又乌可以塞北目之。以风俗奢靡之影响，本埠妇女之衣着，尤钩心斗角，五光十色，辉煌刺目。"[②] 20 世纪初，哈尔滨人服饰不仅不粗鄙，而且走在全国服装改革的前沿，并引领全国服饰文化之先。

第一节　西风东渐，俄侨服饰对哈尔滨人服饰的影响

哈尔滨的城市之兴，源于中东铁路的修建和通车，它为哈尔滨城市的发展提供了历史机遇，中西文化在此碰撞交融，仅仅 20 多年的光景，哈尔滨就从一个名不见经传的小渔村发展成为远东著名大都市。哈尔滨

---

① 屈半农：《近数十年来中国各大都会男女装饰之异同》，《清末民初中国各大都会男女装饰论集》，台北中国经政研究所，1972 年版，第 38 页。
② 刘静严：《滨江尘嚣录》，中国青年出版社，2012 年版，第 138—139 页。

的人口开埠之前"不过三五千人"①，1898年中东铁路开建，大量俄国铁路技术人员、工程师、护卫队及其家属来到哈尔滨生活，闯关东的山东、河北等地的下层百姓也来此谋生。1899年，哈尔滨人口数达到约3万人。1903年，中东铁路全面开通时，"哈尔滨人口总数为44765人，其中男人38983人，女人5593人，中国人28338人，俄国人15579人，日本人462人，其他200人（不包括附属地外的中国村落）"②。"1912年哈尔滨人口数量为68549人，1916年为157379人。"③"1923年，苏俄内战结束后，定居哈尔滨的俄侨达20万人，相应哈尔滨总人口为31万余人"④，俄侨数量一度超过中国人数量。哈尔滨俄侨中来自贵族、上流社会、工程技术人员和文化艺术群体的占有相当大的比例，他们的到来，不仅带来了俄罗斯传统民族服饰，更带来了欧洲时尚前沿的服饰文化和信息，对哈尔滨人的服饰产生了巨大影响。

"哈尔滨俄罗斯侨民服饰明显带有当时欧洲时尚特征，欧洲男子服饰自18世纪以来就以英国为样板，这也构成了现代男装程式化格局的基础。哈尔滨俄侨男子服饰显现了当时欧洲的服饰风貌，服饰类型包括燕尾服、大礼服、正式礼服、西套装以及外套等，这些服饰类型至今仍是男装长盛不衰的服饰，在上个世纪初即随着侨民走进了哈尔滨这座城市。"⑤ 使哈尔滨成为国内最时尚的城市。

日常生活中，哈尔滨"俄侨男士西服为其基本装束，配以领带、衬衫和马甲，下着西裤，头戴礼帽，足蹬皮鞋。秋冬季节，外面穿上各式质地的大衣，配以水獭、貂皮帽子或普通皮帽。穷富及社会地位的区

① 薛连举：《哈尔滨人口变迁》，黑龙江人民出版社，1998年版，第49页。
② 李述笑：《哈尔滨编年史》，哈尔滨出版社，1986年版，第20页。
③ 林军：《哈尔滨——帝俄对华进行经济扩张的大本营》，东北三省中国经济史学会《东北经济史论文集》下册，1984年版，第249页。
④ 綦岩：《渔村到城市》，《佳木斯大学学报》2012年12期。
⑤ 宋溪等：《哈尔滨城市历史服饰形态研究》，黑龙江美术出版社，2014年版，第50页。

分，在于衣服的质地与面料的做工精细，在式样上则无大的差别"①。

"哈尔滨俄侨女士服装，更能体现出其民族的特色。依资料的零星记载，俄侨女士除在特殊场合外，一般均以其民族装束为主，即夏季的'布拉吉'（俄语'连衣裙'）与冬季的毛呢长裙。俄侨的夏季服装，除庄重与华丽、体形与款式、质地与色彩外，倒无甚特殊之处，而冬季的毛呢长裙却着实令人瞩目。在严寒的冬季，哈尔滨俄侨妇女身着毛呢长裙，足蹬皮靴或毡靴，外罩以裘皮或羊绒大衣，头裹各式方巾或绒帽，予人一种俄侨妇女特别耐寒的惊诧。"②

俄侨妇女夏季服装以布拉吉为主。布拉吉是俄罗斯传统民间女装，是俄语 платье（连衣裙）的音译。布拉吉的造型结构为 X 形，简洁、轻盈、飘逸。布拉吉 20 世纪初即随俄侨进入哈尔滨，很快被哈尔滨年轻女性接受，成为街头的时尚。20 世纪 50 年代，布拉吉风靡全国之时，在哈尔滨，布拉吉已流行了几十年。

毛皮大衣是俄侨妇女的冬装之一。"中国传统礼仪场合，毛皮服装的毛锋不能露在外面，外面要罩一件衣服，起到罩衫的作用，只在领口袖口等部位，露出毛锋，这种罩衫是褙衣；或者将毛皮朝里做里料，外面用华绸锦缎做面料，制成华贵的千金裘。"③ 哈尔滨是西方裘皮进入中国最早的城市之一。"19 世纪下半叶，欧洲服饰的黑貂皮、海狸皮、海豹皮、俄国羔羊皮、哈卡拉库尔大尾羊皮非常流行。毛皮材料也不仅局限于做衬里和饰边，还出现了大量外穿型全毛皮服装，毛皮服装成为身份、地位的象征和时髦女性必备的重要服饰。"因此，在哈尔滨寒冷的冬季，外穿毛皮大衣，内穿呢裙，脚穿长靴，再配以毛皮帽子和手

① 石方、刘爽、高凌：《哈尔滨俄侨史》，黑龙江人民出版社，2003 年版，第 425—426 页。

② 石方、刘爽、高凌：《哈尔滨俄侨史》，黑龙江人民出版社，2003 年版，第 427 页。

③ 宋潆等：《哈尔滨城市历史服饰形态研究》，黑龙江美术出版社，2014 年版，第 66 页。

1941年哈尔滨街头穿各式服装的人们（图片由宋兴文提供）

冬装行人（图片选自孟烈、李述笑、张会群主编《画说哈尔滨》）

哈尔滨街头穿西式裙装的女性外侨（图片选自孟烈、李述笑、张会群主编《画说哈尔滨》）

拢，成为俄侨妇女和哈尔滨时髦女性的典型装束。萧红在《商市街》中多次提到房东的女儿汪林，冬天穿着毛皮领子大衣，春天戴着嫩绿色的小檐帽子，"卷皱的头发，挂胭脂的嘴"，脚上的高跟鞋"很响的鞋底打着过道"。汪林也是小萧红几岁的东省女中的同学，她不仅衣着时尚洋气，喜欢打篮球、滑冰、拉琴、看电影，还请了家庭教师学习俄语。集多种时尚元素于一身的汪林无疑是当时哈尔滨很多富裕家庭中年轻女性的代表。即使是生活清贫的萧红，夏天也穿着小短裙子去松花江游玩①。

在哈尔滨的人口构成上，俄罗斯及欧洲移民占相当大的比重，而中国居民又多来自内地的闯关东者，社会结构中缺少宗法社会传统和士绅阶层，因此这些中国移民少有根深蒂固的传统观念的束缚，更具开放的心态，易接受新鲜事物和外来文化。反映在服饰文化上："中国人外国装"早已见怪不怪。由于大批俄罗斯移民和文化的影响，华洋杂处，使哈尔滨的服饰文化呈现出中西文化交融的多元文化特点。男士"以服装论，中人以上者，穷极奢丽，夏季纱绸，冬季呢绒，习为见惯，吾人于冬季一莅街头，见夫熙来攘往者，头戴獭貂等皮帽，身披青呢大氅水獭配领之人，触目皆是；夏季应时之绸衫纱褂，巴拿马式草帽，尤难指数。夏季生活最易，非唯中人以上者，豪华奢丽，即中人以下，月入二三十元者，率皆备一袭应时衣服，以示阔绰。故吾人于夏季斜阳返照之际，一莅消遣场所，或繁华街市，触入眼帘者，莫不属豪华之现象也。盖繁华社会，以奢相竞，由来已非一日矣。……其俗尚衣者，诚弗逮兹繁华叫嚣之滨江，噫！"②

女装则"短袖旗袍、筒式毡帽、平底断腰鞋"风靡一时。"夷溯其源，多师自北里，闺阁淑媛，争相效尤，青出于蓝，殆有甚焉。短袖旗袍，以瘦为美，普遍须稍过膝部，帽子须及耳下，后缘与领相接，只余

---

① 萧红：《册子》，《萧红全集·第一集》，黑龙江大学出版社，2011年版，第213页。

② 刘静严：《滨江尘嚣录》，中国青年出版社，2012年版，第138页。

粉面桃腮，彰彰外露。帽上多围以反光甚强之各色花绫，并斜竖一鹅雁等属禽类之羽毛，此则普通价值低廉之禽类者。最近因短发盛行，帽式亦随之而改，多用呢制者，以赭黄色为最时髦。鞋之最称时髦者，必须断腰式外，且须有漆皮之花纹。……妇女之装，日新月异，昔日之时尚者，今则目为陈腐，又安知异日不谓今之时尚为陈腐乎？"① 这与北京妇女的衣裙宽阔、颜色鲜艳、文绣斑斓的特点形成鲜明对比。1924 年出版的《中华全国风俗志》仍然有述北京妇女"衣必红绿，北京庙会，旗装妇女，面部则燕支如血，衣服则文绣斑斓，举目皆是"。20 世纪 20 年代末，作家爵青在小说《某夜》中亦有对夜晚的哈尔滨中央大街行人服饰的描写："穿着黄色鹿皮猎衣的青年，领着年纪像朵花似的小恋人慢慢地走着，随着一个胖得如木桶一样的老妇人，作笑声摇撼着那惶惶的颈项独自踱了过去，留小胡子的绅士衔着昂价的瓷烟斗伫立在路旁。对面马迭尔饭店吃茶部的窗子上，摇着琴师的影子，在那影子所印的窗子前面年青的无赖汉们，不是少一条领带，便是斜顶着帽子，一面倾听着扩音机里的'青色之瞳'，一面鉴赏着由十五岁至三十五岁的过路女人的腰腿姿势，来满足斯拉夫族对音乐和猎奇的爱好。汽车现在像机警的夜光虫，时时被那横过石街的人们拦住，车夫便呜呜地响着喇叭……"作家爵青笔下的中央大街的夜晚流光溢彩，时尚斑斓，充满着大都会喧嚣的节奏。

哈尔滨的服饰西化的特点很快辐射到周边地区，对周边地区产生影响。据 1920 年的《呼兰县志记》载："毛织品颇盛行，半属舶来物，利权外溢，识者忧之；而服洋服、履革履者亦日多。"② 这一时期，哈尔滨服装特点不仅使其衣着服饰在材料、色彩和样式上发生了根本的变化，就连其功能亦由实用转向华丽奢侈，突出了装饰与美观的效果。俄国长裙在街头随处可见，俄式皮大衣、皮帽、高筒皮靴等受到哈尔滨上

---

① 刘静严：《滨江尘嚣录》，中国青年出版社，2012 年版，第 139 页。
② 《呼兰县志·礼仪风俗》，1920 年哈尔滨铅印本。

层社会人士的普遍欢迎。身穿俄式衬衣、扎个腰带、戴着平顶小帽是1920年代哈尔滨非常流行的装束，直襟的"哥萨克"式上衣和立领套头的"高加索"式衬衣均风靡一时。萧军在哈尔滨曾有过一张穿"哥萨克"衬衫的照片。时人刘静严对此现象进行了总结，他在《滨江尘嚣录》中说："华人发明力虽小，而模仿性则甚大，盖由来已非一日矣。本埠华洋杂处，服装各异。吾国人本有固定之衣服，即所谓普通便服，夏凉冬暖，且异常轻便，着用时尤省时间，其各项优点，初无待不佞喋喋也。但本埠之好事者，及自命维新人物者则不然，举固有华服而不用，多着用西服以为美观。至供给斯等西服之场所，除一部分较高级人员外，其余大部分均购自于道里之八杂市之小商店。该处皆小本经营，专备偷工减料之洋服，出售于俄之下级社会及华人之号称时髦者。考西服之式样及质料，冬季既不及华服之温暖，夏季更不及华服之凉爽，且与穿着时煞费时间，领巾也、纽扣也、汗衫也、背心也，皆画蛇添足。不知华人之着用者，因何尚以为适宜焉。概自海禁大开，欧风东渐而来已数十年，华人涎其强盛，而每不察其真确之主因，谬谓一事物亦当效法，于是拾其唾弃，习其皮毛；通商以来，未或稍懈，故名都大邑，尤在足以表现华人模仿性之强大，每将吾华固有之点，根本推翻，完全法自西欧，且自号维新，雌黄故国，可耻孰甚。"①

服饰作为社会变迁的重要符号，哈尔滨服饰文化特点正反映出这座新兴的现代城市人们的生活方式、审美观念和消费心理。哈尔滨华洋杂处，中西并存，社会开放，人员流动，商业发达，生活节奏早已打破了农耕社会的传统，呈现出一种多元化的消费理念；在审美观念上，则一改实用主义传统，由简及奢，更重装饰性，同时也催生出一种虚荣、浮躁的社会心理。即使身无分文、囊中羞涩，借钱也要置办一身西装，装点门面。"衣服为吾人之门面，决不可忽略者也。况繁华社会，人俗眼俗，观人每重皮相，取士不论文章，纵文人名士，布衣便服，谦谨过

---

① 刘静严:《滨江尘嚣录》，中国青年出版社，2012年版，第147—148页。

市，常人必以白眼加之，若衣服丽都，即无赖游民，市侩胥役，横行市街，行人又自然恭而敬之。"①正如鲁迅先生在《上海的少女》一文中写的那样："在上海生活，穿时髦衣服比土气的便宜。如果一身旧衣服，公共电车的车掌会不照你的话停车，公园看守会格外认真地检查入门券，大宅子或大客寓的门丁会不许你走正门。所以，有些人宁可居斗室，喂臭虫，一条洋服裤子却每晚须压在枕头下，使两面裤腿上的折痕天天有棱角。"

尽管如此，西风东渐带来的服饰上的自由与平等，打破了几千年传统社会"贵贱有章，衣服有别"的礼制规范，衣服不再是身份等级符号，"中国人外国装，外国人中国装，男子装饰像女，女子装饰像男，妓女效女学生，女学生效妓女"之现象，不仅不再见怪不怪，还争相效尤，形成追求时尚之风。

发式与服饰密切相关，在发式上，哈尔滨人也走在时代的前列。早在1902年，在南岗义州街（今果戈理大街）113号就开办了法兰西烫发馆，这也是哈尔滨第一家烫发馆。最初这家烫发馆由法国人经营，1917年，由曾经在道里外国四道街俄国理发馆学习了三年的中国人何庆山与法国人布里姆共同经营。何庆山也是哈尔滨最早的中国烫发师和假发制作师。何庆山精通烫发和假发的全部技艺，不仅在哈尔滨，在全国也颇为有名。20世纪20年代，哈尔滨妇女剪发之风盛行。尽管最初妇女剪发曾遭到保守派的禁锢，认为是"无知妇女，谬学时髦，以出风头"，甚至"剪发者不准充女教员；女生剪发者，令其停学"，但也未能阻挡女性们对新生事物和美的追求。"夫剪发者，岂止娼妓与淫荡妇女，考良家女士，闺阁淑媛，剪发者正大有人在。"哈尔滨女性剪发多选择"道里南岗一带之俄国、日本等理发处"，为此，中国人开的"诸理发处为投机起见，咸易其旧式招牌，大书特书最新男女理发等字样，

---

① 刘静严：《滨江尘嚣录》，中国青年出版社，2012年版，第180页。

且绘成各种之图形，以引人注意"①。萧红在《商市街》中多次提到房东的女儿汪林披着"鬈发，很红的嘴，绿绒衣……"。汪林作为东省女中的毕业生，不仅烫发，且化妆，每天穿着高跟皮鞋，"带着西洋少妇的风情"②。

早在1906年，南岗义州街（现果戈理大街）就出现了专营法国化妆品的商店。1920年代末，道外正阳八道街还开设了一家专门的女子商店，经营瓷器、书画、鞋帽、化妆品等，营业员均为十六七岁的县立女子高等学校毕业的学生，一时间颇受哈埠各界的欢迎。而1935年的北京还上演着"由官方执行禁令，军警把守戏院等公共场所，下令凡衣薄如蝉翼，裸腿不穿袜之一般摩登妇女一律出园，不准听戏，俟换衣后再来。……凡奇装异服一律挡驾"的闹剧③。杭州甚至发生"摩登破坏团"用镪水毁坏妇女摩登衣服的野蛮行为。相比之下，哈尔滨人的思想和文化观念要开放很多。

第二节　哈尔滨服饰文化对全国的影响

由于哈尔滨在20世纪初开埠之时即以开放型的国际化移民城市面向东北亚，"俄人之商肆林立，贸易皆用俄语。吾国人至权之事，实在彼等，亦视哈埠为其第二圣彼得堡矣"④。20世纪初至40年代间，"世界各地的商品，在这些外国人开办的店铺中均可购到。这些店铺的货架及橱窗里，商品琳琅满目，有来自日本的东洋花布，西伯利亚的毛皮，巴黎的香水，瑞士的钟表首饰，英国的花色呢料，德国的药品、机械产品与工具，美国的'津克'牌缝纫机，古巴的雪茄烟，荷兰的奶酪，

---

① 刘静严：《滨江尘嚣录》，中国青年出版社，2012年12月版，第165页。

② 萧红：《一个南方姑娘》，《萧红全集·第一集》，黑龙江大学出版社，2011年5月版，第228页。

③ 曾迭：《摩登破坏的重演》，《人言》第2卷第23期，1935年8月17日。

④ 殷兆瀛：《哈尔滨指南》，广东省特别区东隆商报馆，1922年版。

意大利香肠等"①。哈尔滨"东方小巴黎""东方莫斯科"的称谓不仅来自建筑，也包含着服饰等时尚元素。

一、服装文化观念的引领

现代服装业起源于欧洲，20 世纪初的欧洲是世界服装技术与时尚潮流观念的引领者。来自俄罗斯贵族和上流社会以及文化艺术界的俄侨及欧洲各国移民的到来为哈尔滨带来了欧洲当时最新的服饰文化观念、时尚信息与技术信息。移民们引进当时时尚的服饰或服装材料在哈尔滨加工、销售，不但满足了外国侨民的需要，也影响了中国民众的服饰观念与穿着习惯，使哈尔滨成为当时东北亚的时尚之都和中国服装潮流的引领者之一。以新艺术运动和现代主义风格女装为例。

新艺术运动兴起于 19 世纪末的欧洲，20 世纪初在欧洲曾风靡一时，以英国、法国和比利时为中心，涉及建筑、美术等几乎所有艺术领域。这一时期，崇尚法国文化的俄罗斯人把新艺术运动带到哈尔滨，尤其体现在建筑风格上，以中央大街为最，包括道里秋林、马迭尔宾馆、民娘久尔餐厅等，其他如哈尔滨老火车站、博物馆、哈工大后楼、铁路局大楼等都是新艺术运动风格建筑的杰作。新艺术运动在欧洲流行时间很短，至 1910 年即已消退，但在哈尔滨却延迟到 1920 年代末，也正是哈尔滨建筑等文化体现出的浓重的新艺术运动风格，才有了"东方小巴黎"的美誉。

新艺术运动体现在服饰上，服装的整体造型一改古典女装的紧身束胸，过度强调女性的曲线美的特点，转而强调服装结构适合人体自然形态，以优美、流畅的线条和自然元素装饰性图案为表现手段，造型强调腰身纤细，侧面呈简洁的 S 形特点。这一时期哈尔滨的俄侨女装与欧洲女装同步，经历了从古典样式向现代样式过渡的时期。

"新艺术运动的重要影响，使女装从传统的繁复和约束之美向简洁

---

① 贺颖主编，赵喜罡、郭秋萍编译：《俄罗斯人回忆哈尔滨——他乡亦故乡》，黑龙江人民出版社，2010 年版，第 188 页。

而自然的现代美转化。东方服饰的简洁、宽阔、流畅、飘逸和表现人体自然线条之美的特点，使刚从非自然的服饰桎梏下解放出来的西方人感到无比亲切和赞赏……日本和服、土耳其宽袍、中国旗袍的袖式和裙式，很快被西方设计师巧妙运用和表现在西方女性的服饰中。哈尔滨以其独特的地理位置，成为新艺术运动的典型城市，在接受西方新艺术运动风格的同时，赋予新艺术运动以东方情调和风格，对20世纪现代女装的发展起到推动作用。"① 受俄侨新艺术运动女装的影响，哈尔滨妇女即使穿旗袍，也要戴一顶插着羽毛的夸张的帽子，这是新艺术运动风格女装的典型配饰，体现出中西合璧的特点。

1920年代，新艺术运动女装很快消退，让位给更加简洁、轻便的现代主义风格女装，这种风格女装流行直至今日。

现代主义思潮产生于19世纪后期，至第一次世界大战后趋于成熟。这一时期的女装形态向简洁、轻便的方向发展。哈尔滨俄侨女装也和欧洲女装同步，现代主义风格服饰引领了此后几十年的流行时尚，使哈尔滨这座新兴的城市更加具有时尚和现代感。在造型结构上，欧洲女装流行了数十年的S造型逐渐消退，线条趋于直线，女装从装饰华丽的繁冗风格中解脱出来，样式开始模仿男装，出现了女衬衣、女长裤、女套装、女外套等。西方女装从此趋于功能化和轻便化，呈现出简洁大方的形态，初步完成了从传统向现代形态的转变。面料上，棉、麻、毛等成为常用面料，体现华丽感的刺绣、镶珠等，渐渐不占主流。"一战"后流亡到哈尔滨的俄侨妇女带来了欧洲现代主义女装，很快成为哈尔滨妇女追捧的时尚，呢外套、长筒靴等现代风格的服饰，也穿在了哈尔滨妇女身上②。秋冬季节，即使是传统的中国女性，内穿旗袍，外面也配以风格简约的呢外套和西式棉大衣，再配以简便时尚的呢帽。青年女性则

① 宋溪等：《哈尔滨城市历史服饰形态研究》，黑龙江美术出版社，2014年版，第40—42页。

② 宋溪等：《哈尔滨城市历史服饰形态研究》，黑龙江美术出版社，2014年版，第46页。

内穿裙装或裤装，外着风衣或外套。这种简约的现代主义风格服饰一直延续到 1940 年代末，并形成哈尔滨现代与时尚的服饰文化传统，这种传统一直延续至今，使哈尔滨成为时尚之城，并引领东北及周边地区。

二、服装原料的采集地之一

由于哈尔滨地处中东铁路的枢纽，商业贸易繁荣，来自俄罗斯及欧洲的纺织品和衣料不仅畅销哈尔滨，亦在全国炙手可热，使哈尔滨成为全国衣料的采集地和中转地。据当时媒体记载，俄商经营的来自欧洲的呢绒从哈尔滨卖往全国，供不应求。"道里俄商麦而世满杂货店，近来鉴于呢绒之畅销，特由俄国运来各种新式呢绒五火车，现已到哈，当日即行卸下运入货厂，由经纪持得货样向中国各商店求售。各华商以价值既廉，式样又新，前往批买者极多，闻两日之内已批出三火车有余云。"①

当时位于道里中央大街的松浦洋行、奥昆大楼、秋林商场等是当时最著名的商场，其经营的商品琳琅满目，许多国外优秀厂家生产的化妆品直接在这里登陆，每天都有各类应季商品不断充实柜台。当时一份松浦洋行的广告云："松浦洋行，百货俱全。这里经营各种布匹、针织品、日用小百货、内衣、化妆品、妇女服装、鞋帽、男女成衣、皮包、旅行用品及儿童玩具等。所有商品都由欧美知名厂家直拉进货。公司在横滨还设有批发仓库，专门储存自己厂家生产的日本丝绸，同时还承办由日本向苏联的委托订货。"② 由此可见，当时哈尔滨的欧美进口商品极为丰富，不仅供应哈尔滨，也从哈尔滨走向全国其他城市。

哈尔滨人对服饰等时尚产品的需求也为民族资本创造了机会。如民族资本裕庆德毛织厂、武百祥的同记商场等迅速崛起。裕庆德毛织厂由在海参崴（符拉迪沃斯托克）经商多年的张道友于十月革命后在哈尔滨集资 100 万创办，注册商标为"太少狮"。"其设备极称完善"，"发

---

① 《俄商运来大宗呢绒》：《吉长日报》1925 年 11 月 8 日，第 4 版。

② ［俄］H. П. 克拉金：《哈尔滨——俄罗斯人的理想城市》，哈尔滨出版社，2007 年版，第 238 页。

动机全部系购自德国最新式之出口，其他弹毛、喷油、拆线、撮绒以及烘洗、染色、打捆、提花、轧花等各种机器 88 部，亦均购自欧美名厂"①。裕庆德毛织厂生产的毛毯与呢绒最初仅销哈尔滨及附近地区，几年后，行销东三省及内地几省，至 1926 年则行销全国、朝鲜和日本。职工人数达 420 多名。这一时期，哈尔滨生产的各种棉布在东北也极其畅销，有棉织工厂 47 家，织机 1382 台，年生产额 495980 匹。"其数目已相当可观，故自近三四年来，哈埠布匹类之畅销，除苏联国产之花布及东洋产之印花布因俄人之爱着尚有少数之销路外，其他即津、沪之种种布匹，亦均绝迹于哈埠，且并绝迹于北满各地方焉。"

三、服装技术和人才的输出

哈尔滨开埠之初，俄侨的服装如西服和皮衣主要从俄罗斯进口，有来自莫斯科、下诺夫哥拉德、维尔诺、维尔特卡、彼尔姆、库兹涅茨克等地的成装、皮衣、短皮袄、毡靴、皮鞋、长筒靴、皮便帽等②。"一战"后，俄罗斯商品出口受战乱的影响大幅下降，无法满足哈尔滨俄侨服装的需求，这给哈尔滨俄侨和中国民族资本带来了商机，秋林公司、同记商店等纷纷开设服装部，开始接受订制，生产服装鞋帽。同时，一些来自俄罗斯和欧洲的服装技术人员也纷纷开办服装店，这些服装店按照欧洲最时新的样式，进行裁剪制作。同时，这些服装店"大多招收中国人做学徒或做工，他们自己裁剪再由中国师傅制作，而中国人则从这一途径学习到洋装制作技术；另外，早期还有一些中国裁缝去海参崴、莫斯科等地学习'俄国派'西服技术，这些人后来多落脚于哈尔滨从事服装业，成为哈尔滨西服业的主要力量；还有一部分人是在上海等地学习了'英国派'的西装技术，后来到哈尔滨创业谋生；稍后，日本式西服技术也传入哈尔滨。这些外国服装技术的传入及多流派技术的融

① 云峰：《哈尔滨国货工厂调查》，《中东经济半月刊》第 1 卷第 8 号。

② ［俄］什捷英费利德：《俄国在满洲的事业》，第 71—73 页。转引自刘爽、石方、高凌《哈尔滨俄侨史》，黑龙江人民出版社，2003 年版，第 426 页。

合、互补使哈尔滨的西装生产技术达到了相当高的水平"①。

20世纪前半叶,哈埠的服装商业非常活跃,各种商店、摊档繁多,服装的档次、价位齐备。一般市民不论贫富,多以买衣或订制为主。因此,服装加工业十分兴旺。"至供给斯等西服场所,除一部分较高级人员外,其余之大部分均购自道里之八杂市的小商店。"② 此时哈尔滨"服装作坊的规模从两三个人到百余人的都有,其中同记商场洋服科是哈尔滨成衣生产的佼佼者。它在经营上采用了西方先进的生产技术与管理方法,制定了明确的、人性化的规章制度,为民族服装工业起到了良好的示范作用。据当年从事服装加工的老一辈师傅讲,作坊无论大小,凡是为中高档商店做成衣,都是按照规定的号型进行加工。每个店都由专门的裁剪师傅按统一号型裁剪,然后分发给工人制作。所用的号型是来自巴黎的,每一款衣服的号型很多"③。武百祥在回忆录中说:"在民国成立以前,哈尔滨的皮帽业差不多都是我包办,不仅哈尔滨的买主,远在黑河、海拉尔、满洲里站和江北一带,都买'同记'的皮帽子。'大头'(俄式)、'英式'两种,在哈尔滨没有第二家手艺铺,有的帽子直接卖到海参崴。"④ 同记工厂很快成为一个占地400多亩、雇用员工800多人的大企业,同时还拥有同记、大罗新和大同三家百货商场。可见当时哈尔滨服装业已不同于传统的手工作坊,其发展水平在当时是比较先进的。

由于技术与观念的领先,哈尔滨成了当时全国服装行业的一所大学堂,很多人到哈尔滨学艺之后又去各地发展,他们在哈尔滨学徒的经历就是进入中高档服装行业的金字招牌。如在上海开创了女式西装"红祥

---

① 张殊琳:《试论哈尔滨近现代服装业的历史影响》,《艺术研究》2013年第3期。

② 刘静严:《滨江尘嚣录》,中国青年出版社,2012年版,第148页。

③ 张殊琳:《试论哈尔滨近现代服装业的历史影响》,《艺术研究》2013年第3期。

④ 武百祥:《五十年自述》,《哈尔滨文史资料》第3辑。

时代"的金鸿祥、创办上海帕斯特西服店的张定标、创办北京兴鸿祥洋服行的石成玉，都是在哈尔滨学习了西装技术之后，在上海和北京开创了自己的事业，成为那个年代高级定做服装较有影响的人物，客观上扩大了哈尔滨在中国服装业的影响。

第五章　哈尔滨汽车文明与早期

市内公共交通

　　随着中东铁路的开通和哈尔滨城市人口的急剧增长，哈尔滨快速迈入现代城市的行列，城市基础设施和公共交通逐步完备。至1928—1929年间，哈尔滨开埠仅仅30年，这座拥有38万人口的现代都市，其公共交通已拥有汽车线路5条，运营汽车112辆，年运量537万人次；有轨电车3条，运营电车30辆，日客运量16859人次，年运量615万人次；出租汽车近700辆，马车3000余辆，人力车3400余辆，可见当时市内交通的发达与便捷。

第一节　独冠华北的方石马路

　　1898年之前，哈尔滨只有几条乡间小路，其中一条从香坊田家烧锅经马家沟河到达南岗，虽然冬季可直达道里江边，但一到夏季小路即泥泞不堪，无法通行。1898年由于中东铁路的修建，大批铁路建设器材由松花江航运至哈尔滨，堆卸在道里区九站一带，而工程局总部设在香坊的田家烧锅，为了沟通道里与南岗、香坊之间的交通，工程局首先在松花江边与南岗之间的低洼泥泞的荒地上修筑了一条石头马路，并于1899年建成，因铁路工程局第九施工段驻扎在这条路上，故称之为"地段街"。从此，哈尔滨有了第一条方石马路，这在当时的整个东北地区独领风骚，绝无仅有。

相比之下，现在唯一保存下来并让游客叹为观止的中央大街，其铺石的历史远比其他街道要晚，它原来也是在一片荒凉而低洼的草甸子上开辟的一条小路。直到1924年5月，才由俄国工程师科姆特拉肖克设计、监工，铺上了方石，使中央大街显得华丽起来。至20世纪30年代，哈尔滨道里、道外、南岗的许多街路都铺设了方石，使哈尔滨的街路独具特色，独冠全国。

"铺设街路的石料多取自哈尔滨周边山区，有花岗岩雕就的面包石、扇面鱼鳞状石块及不规则石料等，美观耐用规范整洁为之特色。"①1920年代末，曾游历过许多大都市的刘静严先生对此有过详尽的描述："以马路之建筑论，哈埠之一部分马路，可谓独冠华北。凡道里道外秦家岗各区，稍著名之街市，均铺以长方石，长约尺许，阔约半尺，厚约半尺。其筑路法，先坚其地基，次铺以碎石，厚约尺许，各石罅均灌以灰汁，用重量最大之机器轮碾，往复压之。迨拳石平如水面，然后再铺以粗沙，和以灰汁，仍用轮碾压之，往复多次，使沙石合一，此即各都市之普通马路也。此外再铺以长方块石，则告成功。此种马路，既无尘土飞扬，又免雨天泥泞，且坚固耐久，虽历数年，犹平坦如初。非若普通之土石马路，无风三尺土，有雨一街泥，建筑后未经年，拳石历历可数，倾侧凹凸者可比也。不佞宦游平津者有年，从未见如是之马路，即日人经营之旅大市街，亦弗逮远甚。至马路旁之水道沟渠，尤称便利，均以石砌成，永无淤塞坍塌之患。虽夏日大雨如注，顷刻间宣泄无遗。此哈埠之一路政，所以胜于其他都市也。"②朱自清先生1931年赴欧洲途经哈尔滨时，原以为"从北平到这儿，想着尘土要多些，哪知适得其反；在这儿街上走，从好些方面看，确是比北平舒服多了"③。对哈尔滨的方石马路给予了高度评价。

① 石方：《20世纪一二十年代哈尔滨多元文化研究》，黑龙江人民出版社，2012年版，第336页。

② 刘静严：《滨江尘嚚录》，中国青年出版社，2012年版，第14页。

③ 朱自清：《西行通讯》，《欧游杂记》，上海开明书店，1934年版。

令人遗憾的是，20 世纪后半叶，随着"大干快上"的蒸蒸日上，有人觉得这样的石头马路汽车跑起来不方便，跟不上"大干快上"的速度，方石马路有的被直接拆除，有的在石头路面上铺上了沥青。直到 20 世纪末和平路扩建时，在柏油路下还挖出了许多埋在下面的方石。方石马路的拆除，使哈尔滨这座城市独特的街市风景被破坏，幸运的是中央大街的方石马路被保留了下来，成为哈尔滨吸引无数游客的城市文化符号。

第二节　领先全国的发达便捷的公共交通系统

一、有轨电车：哈尔滨人的集体记忆

30 多年前，在哈尔滨的街道上，一辆辆有轨电车（哈尔滨人俗称摩电）伴着压在方石马路上发出的清脆的节奏，叮叮当当地驶过一座座教堂、一座座欧式建筑，此情此景已定格为哈尔滨早期城市生活的经典画面和老哈尔滨人的集体记忆。

"摩电"不仅是哈尔滨街头一景，也是哈尔滨人生活中必不可少的出行伴侣。上海第一条有轨电车诞生于 1908 年，此时的哈尔滨也开始筹备建设有轨电车。据 1910 年 9 月 17 日出版的《远东报》记载："董事会开特别会议，研究专设电车、电灯各问题。兹定设立车站及车厂之事，车厂拟设在巴列而莫饭馆对面，其电车之线共分数路如下：秦家岗一路，由秦家岗大桥经新商务街至莫家郭街为第一路；由大桥经车站街至大教堂为二路；由大桥经松花江街转布利至大街为第三路；由客里窝经大街至齐齐哈尔街为第四路。江沿之路，由车厂往奥夫才街经大桥入秦家岗为第一路；由车厂经吉阿哥街转向新城街至巴厘司街为第二路；由车厂经吉阿哥街转阿尔列街至巴厘司街为第三路；由梅哈尼街至傅家甸租界为第四路。以上八路共约十四俄里，须提前经营。以后再由修车厂经乌查街转莫斯街至新城街一路。此外于各街须安设电灯四万盏。该会现估约共需银九十万卢布。"但之后哈尔滨爆发了鼠疫，再加上第一

次世界大战开战，计划因此而搁浅。1918 年，哈尔滨自治会董事会再次筹划铺设有轨电车线路："其初步方案是，每辆车内分二等，计二十四个座位，车手二人，查票者二人，每站停五分钟。"并向社会征集方案，"最优等计划书奖给一万卢布"①。又由于俄国十月革命等的影响，哈尔滨电车铺设的计划几度搁浅。至 1921 年，哈尔滨又成立了有轨电车筹备处，直到 1926 年，从南教堂街（今革新街）至警察街（今友谊路），喇嘛台（今博物馆）至哈尔滨铁路局两条有轨电车线路开始动工铺设，并于 1927 年 10 月 10 日"双十节"举行了通车典礼，使哈尔滨成为全国最早有有轨电车的城市之一。

　　1927 年，有轨电车通车时共投入德国西门子公司生产的车辆 14 台，车厢里铺着绿色的地毯，每个座椅下都有一排排的电阻，车开动后，即使在冬天，座椅也是温暖的。电车通车后即受到哈尔滨市民的欢迎，人们争先乘坐，体验现代交通之快感。1927 年 10 月 23 日，《滨江时报》载文："市民欢迎电车十分热烈，守候于各停车站者为数至多，一经开到，争先登车，颇为拥挤，故一般市民极望电车公司增加车辆。"② 时人刘静严在其《滨江尘嚣录》中有详细的记载："哈埠通行电车，在于民国十六年国庆日，第一期工程告竣，即开始通车。其主司机关，为哈尔滨电业公司，辖于吉林署，总办一缺，为简任职待遇。初该公司系由吉林省政府与商民集股设立，然省政府之投资，为数甚巨，现已达七八百万元。将来拟改为哈尔滨电业总局，完全收为官办，以次收回特区界域内之电灯等事业。第一期工程，系西自马家沟之教堂街发电厂起，直向东，至东马家沟之国课街，转向北，至秋林洋行转角处，顺大直街而西，至喇嘛台再向东北过秦家岗至火车站，越霁虹桥，达道里之东警察街止，此为干线。由道里至车站，车费每人五分；由车站至电业公司，每人五分；由电业公司至马家沟，每人五分；其他支线，为自

---

　　① 《远东报》1918 年 6 月 28 日。

　　② 《电车公司不日增加车辆》，《滨江时报》1927 年 10 月 23 日。

喇嘛台达秦家岗铁路局，车费亦为五分。开车以来，成绩尚佳，现共有电车二十四辆。至二期路线，则定于本年，续行铺设。近已着手收回特区方面之电灯事业。不佞实企望该公司之前途，与日俱进焉。"①

　　1927年，哈尔滨有轨电车两条线路，只有14台电车运行。1928年，哈尔滨又修建了哈尔滨火车站至道外景阳街的第三条有轨电车线路。又购进德国西门子有轨电车14台、德国孔士牌电车6台、法国产巴黎牌电车4台。电车数量大为增加，客运量快速增长。"据《哈尔滨市客货运输统计年刊》记载：1928年，有轨电车日客运量16859人次，年客运量615万人次。沦陷时期，1931年日客运34804人次，年客运量1270万人次。1934年，有轨电车由于线路延长，车辆增多，日客运量达到45058人次，年客运量达到1622.1万人次。"② 1930年至1958年间，哈尔滨市内又接连修建了延长至道外北十六道街的大新街线路及道里西十六道街至安和街、道里田地街至道外景阳街（通往道外十六道街）、马家沟文明街至道外景阳街、道外景阳街至滨江站、南岗秋林至太平桥、曲线街至和兴路等有轨电车线路。截至1958年，哈尔滨共有有轨电车137辆，线路8条，总长度达36公里，沿途站点64个，全年客运总量达7888万人次。有轨电车一度成为哈尔滨最重要的公共交通工具。

　　20世纪七八十年代，哈尔滨有轨电车相继退出公共交通。1987年6月27日18时，秋林至文明街线路提前收回了最后一趟有轨电车。电车公司的数百名职工被全体动员，连夜上街拆除铁轨。从秋林公司站开始，先挖开铁轨两侧的方石，而后由吊车吊出铁轨，最后再挖出枕木。几辆已经走下历史舞台的有轨电车静静地停在工人们身边，完成了它们最后的历史使命。

　　有轨电车作为时代的产物，曾与哈尔滨华美的欧式建筑交相辉映，

　　① 刘静严：《滨江尘嚣录》，中国青年出版社，2012年版，第60—61页。
　　② 哈尔滨市地方志编纂委员会：《哈尔滨市志·交通》，黑龙江人民出版社，1999年版，第426页。

它承载着城市记忆，散发着浓郁的文化气息，是哈尔滨历史不可取代的一部分。有轨电车的拆除，使哈尔滨不仅失去了一道亮丽的风景，也使哈尔滨城市文化遭到了破坏。相较欧洲和世界许多名城，巴黎、莫斯科、圣彼得堡、米兰、布拉格、里斯本、旧金山、伊斯坦布尔、墨尔本、香港等，有轨电车至今仍在运行，成为其城市文化的有机组成部分。20世纪末，怀旧文化思潮开始兴起，2003年在哈尔滨果戈理大街又修建了一条革新街至儿童公园的单线旅游有轨电车，但不久，这辆不伦不类的有轨电车就成了阻碍交通的摆设，不得不机车入库。2016年，哈尔滨在哈南新区，也就是平房区预计开设三条有轨电车线路，以此试图接续有轨电车的历史文脉，但这种新型的类似轨道交通的有轨电车，只解决了环保问题，在文化上与昔日的有轨电车似乎风马牛不相及。

二、哈尔滨公交汽车运营早于上海

1917年12月18日，俄侨商人维津律杰夫购得汽车一辆，运营于道里十二道街与道外同乐茶园间，车可载20人，每位收费1卢布，获利颇丰。随后，俄侨商人又赴美国购得改良汽车30辆运回哈尔滨，拟在道里、道外、秦家岗、江北等地进行运营。还有一位俄侨也从英国购车数辆，拟组织汽车公司参与运营[①]。《哈尔滨市志·交通》也记载："1918年，傅巨川等人购买汽车10台，开设安泰汽车公司，行驶于市区铁路界内外各大街。1920年，又有飞龙汽车公司购汽车2台，行驶于道里至道外之间。由于经营状况较好，一些经营者向当局申请专线营运，哈尔滨市营业性汽车增加。1921年10月26日，俄国人经营的5台客车获准开辟埠头区（道里区）至马家沟专线，全长5.2公里，站点4个。1922年，又先后有中国商人王玉周和俄国人伊万诺夫取得开办道里至南岗（铁路局）、道里至香坊、道里至道外专线营业许可。到1924年，哈尔滨市经营市区客运汽车公司（行）已有69家，营运汽车达86台。为协调经营者之间利益，1926年11月，哈尔滨市当局成立客运汽

---

① 《远东报》1917年11月15日。

车经营者组织机构哈尔滨大汽车公会。"① 在大汽车公会组织下，集体订立营运章程，确定线路车辆，协调运价和行车秩序等。

　　哈尔滨的公共汽车运营时间和运营线路早于当时中国最大的城市上海，上海第一条公共汽车线路是 1922 年开始运营的。至 1929 年，哈尔滨公共交通已拥有美国福特、万国、道济、介姆西、非立约克、雪佛莱等进口客运汽车 112 辆。据刘静严在《滨江尘嚣录》中记载，哈尔滨公交大汽车"其驶行之路线，均在特别区地域内；至滨江县所属之傅家甸、四家子，则一概不许通行。其载客之数，均由特别区警察管理处规定，冬季准载十五人，其他季则准载十七人，违者照章处罚。至驶行之路线有五：一为由道里新城大街与石头道街相交处起，沿石头道街东行，越铁路直向东，沿南马路至许公路相会处，再沿许公路而北，终于道外正阳大街西口，此路线长五里，通名道里道外之线，每人车费五分。二为由中国大街北端中国三道街口起，沿中国大街而南，转向中国十二道街而东，再沿新城大街而南，经过车站直向西南，止于秦家岗之西八杂市，此线长十二里，每人车费一角五分。三为由同地点起，亦经过车站，但转向秋林洋行，直向东南，终于马家沟之国力司克牙街，此路线长十二里，每人车费一角五分。四为由新城大街与石头道街之交会处起，西驶止于正阳河，此路线长五里，每人车费一角。五为由正阳大街之西口起，沿许公路而南，经过车站，直向南至香坊为止，此路线长十七里，每人车费二角。自电业公司之电车通行后，以大汽车之路线与电车平行，殊属有碍营业，因函请特市当局，重新规定大汽车路线如下：道里至正阳河，由十二道街起，经过中央大街，向南由斜纹街，再经由五署门前，直达正阳河；道里至懒汉屯，由商务街，经中国大街、十二道街、大石头街、地段街、军官街、火车站、松花江街、公司街、邮政街、大直街西首，至懒汉屯；景阳街至香坊，由景阳街停车场，经

---

　　① 哈尔滨市地方志编纂委员会：《哈尔滨市志·交通》，黑龙江人民出版社，1999 年版，第 384 页。

过景阳街、许公路、山根街、松花江街、海关街、满洲里街、喇嘛台、通道街，直达香坊；道外至顾乡屯，由桃花巷西门脸起，经过地包，直达顾乡屯，每人车费二角；道里至秋林，由商务街，经过中央大街、十二道街、石头道街、地段街、军官街、山根街、新买卖街、大直街，并将秋林洋行至马家沟一段停止通行，道里道外一线则仍旧。"①

哈尔滨市内公交首条客运开通后，由于车辆较少，只有5台单容量不超过16人的汽车参加运行，连同零星的散客汽车，未形成规模，年运客量仅为96万人次。1924年，市客运汽车增加至86辆，年客运量410.8万人次。至1929年，客运汽车数量增加到122辆，此时，年客运量已达到537万人次。

哈尔滨沦陷以后，1934年11月，哈尔滨特别市当局以"低价"收买中国商人经营较好的大汽车50辆，组织交通株式会社，并由其统一经营管理，负责管理线路、站点、票价、调度、核算等，此时，市区汽车线路增至9条。1936年，伪交通株式会社经营的大汽车为82台，与1920年代末相比有所下降。1940年，由于燃料紧张，哈尔滨公交线路仅剩下4条，年客运量大幅下降。

三、哈尔滨——中国最早出现出租汽车的城市

出租汽车（Taxi）是人们现代生活中不可或缺的交通工具之一。世界第一家出租汽车公司1897年诞生于德国斯图加特，它距离卡尔·本茨发明的世界上第一辆以汽油为动力的汽车的诞生仅仅过去一年。四年之后的1901年，匈牙利人李思时带着两辆汽车来到上海，1902年上海公共租界工部局才批准这两辆汽车上路。

1903年，法国产的"营业小汽车"出现在哈尔滨的大街小巷，成为哈尔滨乃至中国出租汽车公司的鼻祖。俄侨回忆，在哈尔滨，"出租车是出现最早的摩托化交通工具，人们称作'卡列塔尔'，即轿式马

---

① 刘静严：《滨江尘嚣录》，中国青年出版社，2012年版，第62页。

车"①。它的出现，使哈尔滨成为中国最早有出租汽车的城市。这家汽车出租公司是由 B. A. 图尔金创办，当时警察局规定时速不得超过 25 公里②。1916 年，外籍人在中国大街创办的国际卧车公司成立，有小汽车 2 辆。1920 年，位于傅家甸的天泰客将汽车用于出租。1921 年，中国人张海等合资购买小汽车 3 辆，创办兴亚汽车行。1923 年，俄国人乌埃尔兹尼克夫在道里创办乌埃尔兹尼克夫汽车房，拥有 5 人座斯地白克牌客运小汽车 3 辆。1924 年，俄国人阿甫拉英夫在道里外国七道街创办耳塞司汽车房，有小汽车 5 辆；朝鲜人李遗云在道里中国大街创办汽车房，有 5 人座丹塞斯小汽车和道济牌小汽车各 1 辆；俄国人阿甫拉莫夫在道里外国七道街开办汽车房，拥有丹塞斯牌轿车 5 辆。1925 年，俄国人在傅家甸创办北京汽车房，有福特和雪佛莱轿车各 4 辆。1931 年，日本人中野富子在道里买卖街创办天泰利富运汽车部，有小汽车 6 辆。1932 年，日本人森加藤治在道里创办樱花小轿车服务部，有小汽车 3 辆；同年，日本人三刀证在道里地段街创办飞燕小轿车服务部，有小汽车 4 辆。1933 年，日本人马源春来在道里地段街创办日本小汽车服务部，有小汽车 4 辆。"1934 年，哈尔滨出租汽车达 486 辆。有雪佛莱（美）140 辆、欧诺（英）95 台、福特（美）45 台、丹塞司 20 台、拉库比（美）18 台、特兰德 10 台、那斯司 10 台、可拉依斯 10 台、比兹库（美）9 台、道济（美）9 台、西德隆（法）5 台、班加克（美）5 台、其他厂牌车 110 台。均为四轮四胎，30～50 马力，双排双座小汽车。"③

　　1931 年朱自清先生赴欧洲游学途经哈尔滨时，曾亲自乘坐了哈尔

　　① 贺颖主编，赵喜罡、郭秋萍编译：《俄罗斯人回忆哈尔滨——他乡亦故乡》，黑龙江人民出版社，2010 年版，第 109 页。
　　② 李述笑：《哈尔滨历史编年（1763—1949）》，黑龙江人民出版社，2013 年版，第 43 页。
　　③ 哈尔滨市地方志编纂委员会：《哈尔滨市志·交通》，黑龙江人民出版社，1998 年版，第 428 页。

滨的出租汽车，他自言第一次接触了"汽车文明"，对此，他在给叶圣陶先生的信中抑制不住兴奋，详细描述了自己的感受，并与上海的汽车进行了比较："因为路好，汽车也好。不止坐着平稳而已，又多！又贱！又快！满街是的，一扬手就来，和北平洋车一样。这儿洋车少而贵；几毛钱便可坐汽车，人多些便和洋车价相等。开车的俄国人居多，开得'棒'极了；拐弯，倒车，简直行所无事，还让你一点不担心。巴黎伦敦自然有高妙的车手，但车马显不出本领；街上的 Taxi 有时几乎像驴子似的。在这一点上，哈尔滨要强些。胡适之先生提倡'汽车文明'，这里我是第一次接触汽车文明了。上海汽车也许比这儿多，但太贵族了，没有多少意思。"①

刘静严先生1929年出版的《滨江尘嚣录》中对当时哈尔滨出租汽车进行了调查和统计，"至小汽车，则分自用与营业两种。其号数与大汽车共列之，总数为一千四百辆。五百号以内者，为自用车；由五百零一号至六百号，大汽车；由六百零一号至七百号为货运汽车；由七百零一号起至一千四百号止，为营业小汽车。道外方面之小汽车，由滨江警察厅注册者，共八十余辆，均为自用车。小汽车之营业者，每车限定载客四人。其路线无定，凡与大汽车路线相同者，其车资或等或倍之，除上述五路线外，则由乘车者与司机临时议定价额，约每里二角。"② 由此可知，20世纪20年代末30年代初，哈尔滨用于营运的出租汽车达700余辆，票价每里2角，价格仅仅是马车和人力车的一倍，真可谓物美价廉。

当时哈尔滨的出租汽车还有一种被称为"箭头汽车"的轻便汽车。"在哈尔滨的社会生活中，做出突出贡献的独特的城市交通工具——被称作轻便汽车的出租汽车，事实上承担着小巴士的作用。它往返于城市各干线接送乘客。这些小汽车没有固定的停车点，也不会严格遵守收费

---

① 朱自清：《西行通讯》，《欧游杂记》，上海开明书店，1934年版。
② 刘静严：《滨江尘嚣录》，中国青年出版社，2012年版，第63页。

规定。如果小汽车在单程线路中最后仅剩下一位乘客，它可以如同出租汽车离开固定的线路，按乘客要求去任何地方。这种情况被人们称之为'箭头汽车'。坐在司机旁边的司机助手的责任是当汽车缓缓靠近乘客时，呼喊着车要去的方向及空位，这是在街市上经常听到的喊声。如在埠头区中国大街，助手在汽车行进中喊着：'南岗！''马家沟！''两位！'但是有的司机不带助手，这样就多腾出一个座位。"①

从记录当年哈尔滨街景的老照片中街头随处可见的小汽车，亦可见当时汽车文化之一斑。20 世纪哈尔滨青年作家爵青在小说《某夜》中曾描述夜晚的中央大街："汽车现在像机警的夜光虫，时时被那横过石街的人们拦住，车夫便呜呜地响着喇叭……"② 20 世纪 30 年代中期以后，日本占领下的哈尔滨汽油供给锐减，出租汽车大幅减少，至 1941 年，大部分出租汽车停运。

民国初期，哈尔滨出租汽车无固定停车场，上车下车主随客便。1927 年 12 月，对市内营业出租车停车场地做了明确划定。埠头区（道里区）设有停车场 4 处：埠头商务所（道里西二道街）、马迭尔电影院门前、斜文街东头路北、市政局北市场门前。新市区（南岗区）设有停车场 5 处：火车站花坛前、秋林洋行门前、铁路俱乐部对过、马家沟教堂街、沙白尔教堂对过。傅家甸设有停车场 1 处：正阳街口。香坊设停车场 1 处：草料街东头。东北沦陷时期，出租车停车场地主要集中在乘客换乘点或大商店、市场、车站、码头等处，道里区买卖街、地段街、菜市场、道里秋林、顾乡等都为出租汽车的停车场地。一旦有乘客叫车，出租车会以最快的时间到达指定地点。

四、来自欧洲的马车和日本的洋车

20 世纪上半叶，马车是一种普遍的交通工具，但哈尔滨的马车与中国其他地区的马车样式不同。哈尔滨的马车分为两种，一种为来自欧

① 贺颖主编，赵喜罡、郭秋萍编译：《俄罗斯人回忆哈尔滨——他乡亦故乡》，黑龙江人民出版社，2010 年版，第 110 页。
② 爵青：《爵青代表作归乡·某夜》，华夏出版社，2009 年版，第 32 页。

1920年代中央大街的小汽车和洋车

带广告的小公共汽车（以上图片选自孟烈、李述笑、张会群主编《画说哈尔滨》）

圣·尼古拉教堂前的四轮马车

松花江上的冰爬犁（图片选自孟烈、李述笑、张会群主编《画说哈尔滨》）

洲的四轮马车，一种为中西合璧的两轮马车，俗称斗子车。四轮马车是中东铁路修建后，由俄国移民带到哈尔滨的。四轮马车前轮小，后轮大，车身形似簸箕，车厢设有两排对面座位，可乘4人，柔软的皮座椅上部设置折叠布篷，以遮挡风雨和烈日。驭手座位两侧各有一方形铜制玻璃灯用以夜行照明。冬季还备有毛皮或被子，紧紧地围盖在乘客的腿上以保暖。拉车的均为高大的洋马，戴着清脆悦耳的铜铃。四轮马车乘坐平稳，宽敞舒适，两轮马车则不够舒适，但价格便宜。"1903年，俄人在哈尔滨开办公共马车运输。此前，因无马路，车也少，车夫要价昂贵，每小时达25卢布。中东铁路工程局对此进行了限价，并通过警察局采取了管理措施，规定统一着装。"①1917年，哈尔滨共有四轮马车800台。1935年12月，根据哈尔滨警察厅调查资料统计，四轮马车达到5540台。两轮马车则是中式马车与俄式四轮马车的结合，车厢背似斗，结构比四轮马车简单，亦可乘4人。由于其较四轮马车乘价低廉，乘客较多。据统计，1935年，哈尔滨两轮斗子马车已达2255台，1938年则达到3000余台。

季羡林先生晚年追忆赴德国留学生活写成的《留德十年》中，对1935年留德途经哈尔滨时"闻所未闻，见所未见"的哈尔滨马车印象极为深刻，乃至晚年回忆起来，仍恍如昨日，津津乐道。"黄昏时分，我们出来逛马路。马路很多是用小碎石子压成的，很宽，很长，电灯不是很亮，到处都是人。白俄小男孩驾着西式的马车，送客人，载货物，驰骋长街之上。车极高大，马也极高大，小男孩短小的身躯，高坐在马车之上，仿佛坐在楼上一般，大小极不协调。然而小车夫却巍然高坐，神气十足，马鞭响处，骏马飞驰。马蹄子敲在碎石子上，迸出火花一列，如群萤乱舞，渐远渐稀。再配上马嘶声和车轮声，汇成声光大合奏。我们外来人实在是闻所未闻，见所未见，不禁顾而乐之了。"②

————————————

① 李述笑：《哈尔滨历史编年（1763—1949）》，黑龙江人民出版社，2013年版，第40页。
② 季羡林：《留德十年》，中国人民大学出版社，2004年版。

刘静严先生的《滨江尘嚣录》中载："四轮马车，本埠通称马车，即凹字形者，亦分为自用与营业两种，共约二千余。其路线无定，每里需洋一角，但起码价至少亦需一角五分。二轮马车，本埠通称斗子车，又称为板斗车，盖以其形酷似斗故也，总数一千三百余。自用者甚少，车体及轮辐尚称清洁；至营业者，则污浊特甚，有时兼载货物及菜蔬。且是种车，只两座位，妇女雇用者，亦必须与车夫并肩而坐，又于瞻观不雅，以故智识阶级之人，绝少乘坐者。最普通之主顾，即为劳工与缝妇等。车资甚廉，起码价五分，每三里止需洋一角。"① 可见，当时马车作为一种日常的交通工具，物美价廉，为普通市民之首选，尤其是俄侨。

除马车之外，人力车也是哈尔滨市民较为常用的交通工具。人力车因来自日本，因此俗称洋车，上海称黄包车。1916 年 10 月，一位李姓商人集资千元，从天津购买黄包车 100 辆，到哈尔滨组建公司，零星租给贫民借以谋生。此后，人力车在哈尔滨迅速发展，1922 年，全市有人力车 111 台，至 20 世纪 20 年代末，哈尔滨人力车"总数三千四百余，自用者亦不多，每里需洋一角，各级社会之人均乘坐之，为本埠最普通之车"②。

五、松花江上的风景——小舢板、风帆与冰爬犁

松花江将哈尔滨隔成江南江北，民国时期江北有松浦镇（马家船口）和太阳岛，松浦镇与道外隔江相望，太阳岛与道里隔江相望。江南隶属吉林省和东省特别行政区，江北松浦镇则隶属黑龙江省。从哈尔滨开埠之初至 20 世纪 80 年代后期，乘船摆渡均是哈尔滨人往返松花江两岸的主要交通工具。

松花江太阳岛为哈尔滨人避暑胜地，夏季乘船去太阳岛游玩者甚多，尤其是节假日，哈尔滨人都涌向江北，松花江上便百舸争流，布满

---

① 刘静严：《滨江尘嚣录》，中国青年出版社，2012 年版，第 64 页。
② 刘静严：《滨江尘嚣录》，中国青年出版社，2012 年版，第 64 页。

各式小船。"在炮队街（今通江街）、中国大街以及帆船俱乐部到正阳河一带隔江对面的太阳岛上，聚集了大量热爱大自然的人们。"① 他们渡江去太阳岛主要有三种工具：小汽船、风船和小舢板。

据俄侨 Б. 科兹洛夫斯基回忆："松花江上的小舢板是哈尔滨夏日生活一景。……小舢板实际上是平底木船，用油漆刷成十分鲜艳的颜色，并在小船内侧船帮的后面，用俄文标着船名。记忆之中有'狮子''松花江''哈尔滨''莫斯科''哥萨克''曙光''俄罗斯'等，以及中国文字'满天''太阳岛''松花江''哈尔滨'等。船主看到乘客便大声招呼上自己的船，其中有人喊走调的俄语，这是当时一种竞争手段。在这些舢板附近，可见到出租的小船及带龙骨的尖底船，船主在靠近码头附近，搭建临时的小屋居住。除了摆渡之外，他们也出租小船，按小时或整天收费。在这些船主当中，有一位俄罗斯人列瓦绍夫，他的尖底船维护得很好，所有的船均刷成白色，较周围舢板显得干净和浪漫。尖底船受水的阻力小，划船快，他给这些船起了许多饶有风趣的名字，如'洒爱的''情人''尊贵的''玩笑'等，并出租摩托艇。春天渡江是危险的，尤其是狂风掀起大浪的时候，小船受到的威胁很大，遇到这种天气是禁止摆渡过江的，松花江管理处在显眼的地方升起红色信号球，于是帆船俱乐部开始安排汽船渡江，汽船为两层，速度很快。有时也用平底的小驳船运送乘客。"②

民国十六年（1927 年），江北烟禁大开，松北镇烟馆林立，遂吸引了大量瘾君子每日渡江吞云吐雾。1928 年，呼海铁路筑成，松花江北岸马家船口则为其起点，由哈尔滨至绥化、海伦一带乘火车出行者，必渡江至松北镇，乘船渡江者遽增，遂使往返松花江两岸的水上交通日益繁忙。"至本埠与江北松浦镇（即马家船口）之交通，则有横江小汽船

---

① 贺颖主编，赵喜罡、郭秋萍编译：《俄罗斯人回忆哈尔滨——他乡亦故乡》，黑龙江人民出版社，2010 年版，第 111 页。

② 贺颖主编，赵喜罡、郭秋萍编译：《俄罗斯人回忆哈尔滨——他乡亦故乡》，黑龙江人民出版社，2010 年版，第 111 页。

与风船、小船三种。小汽船每人船费一角五分，风船与小船均一角。所谓风船者，即帆船也，此间通称为风船。小船者，即成槽式，用一人之力，持二桨而划者也。小船又可由道外各码头，溯江而上至道里，每人船费亦五分；至江心之太阳岛，则一角。民国十六年以前，横江汽船只数只，而营业犹不甚发达。十六年度，横江小汽船遽增为数十只，风船亦遽行加多。"① 从哈尔滨 20 世纪二三十年代的照片和影像资料看，松花江每年开江通航后，即千帆竞渡，风景如画。

冬季松花江封冻，船只停航，但松花江上并不寂寞，马拉雪橇和人力冰爬犁随处可见，可谓冬日一景。1916 年 2 月出版的《远东报》载："本埠冬令，冰雪满地，则爬犁通行，马车即为减价，日来无甚大雪，然街衢间已一白如银，爬犁往来自如，势足分马车之利益云。"刘静严先生《滨江尘嚣录》中载："至冬季大江封冻，船舶停驶，来往江南北者，则有汽车及爬犁，其费均一角。好浏览冬季江上风光者，多乘爬犁，一人持竿撑之，竿头有钉，不至滑溜，其驶如箭，转瞬即达彼岸。"② 俄侨 Б. 科兹洛夫斯基回忆："冬天，松花江覆盖着约一米厚的坚冰，中国船主在冰面上使用一种独特的交通工具——冰爬犁，这种爬犁为木制的，接触冰面的部分有滑刀。前面有两个座位供乘客享用，座位柔软并设有靠背，还提供毛皮厚被子盖在腿上以抵御凛冽的江风。主人站在乘客座椅后面的爬犁上，手握末端有铁刺的长杆，如同小孩子玩竹马游戏，双手握住长杆有力地刺冰推进爬犁前进。俄罗斯人称它为'推！推！'。还要在江面上清除积雪和冰凌，为爬犁开出冰道。乘坐这种爬犁既快又便捷，乘客丝毫也感觉不到刺冰时那种推顿的不适。这些撑爬犁的人技巧灵活，是真正的能手。"③

据《哈尔滨市志·交通》记载，1944 年，全市有载客爬犁 66 张。

---

① 刘静严：《滨江尘嚣录》，中国青年出版社，2012 年版，第 64 页。
② 刘静严：《滨江尘嚣录》，中国青年出版社，2012 年版，第 65 页。
③ 贺颖主编，赵喜罡、郭秋萍编译：《俄罗斯人回忆哈尔滨——他乡亦故乡》，黑龙江人民出版社，2010 年版，第 112 页。

直到 20 世纪 50 年代中期，仍有营业性爬犁载客往返于道里、道外、太阳岛和马家船口之间。

第三节　哈尔滨薪资水平与出行消费

纵观 20 世纪 30 年代以前，哈尔滨市内交通，极其便捷。当时哈尔滨市人口 38 万左右，市民出行交通工具众多，公交汽车、有轨电车、出租汽车、马车、人力车等，可供各阶层市民选择。朱自清先生曾感叹哈尔滨的汽车"又多！又贱！又快！"，马车"也贱，与五年前南京的马车差不多，或者还要贱些"。而当时哈尔滨市民的收入怎样，交通消费所占城市市民收入比例如何？

公交汽车　1917 年哈尔滨公交汽车开始营运时，由于车辆较少，价格较高。道里十二道街至道外十六道街同乐茶园，每位乘客收 1 元。随着汽车量逐年增加，汽车票价不断下降。1920 年，道里十二道街东街口至道外十二道街公园，共分 6 站，不分远近，每位乘客票价 0.2 元。1927 年，开始实行分区计价，市区普通一区票价为 0.05 元，二区 0.1 元，三区 0.15 元，四区 0.2 元，五区 0.25 元。如道里至秋林为 0.15 元，道里至上号（香坊）为 0.2 元，道里至懒汉屯 0.25 元。

电车　1927 年 10 月，哈尔滨有轨电车通车时票价即分为普通票、联票和学生票 3 种。普通票按区段计价，一区段为 0.05 元，两区段为 0.08 元，三区段为 0.15 元；联票 1 册 22 张，为 1 元；学生票 1 册 100 张为 3 元；军人、警察和未满 3 岁孩童免费乘车。1933 年，有轨电车与汽车竞争，票价有所下调。

人力车（洋车）　哈尔滨开埠之初，人力车运价由主客双方自行议定。民国初期，市政当局曾统一规定人力车运价，但执行不力。1921 年 7 月，根据东省特别区警察厅规定，人力车道外十六道街至头道街运价为 0.1 元，道外头道街至八站为 0.15 元；道里至哈尔滨火车站为 0.1 元，火车站至南岗为 0.15 元。

马车 哈尔滨开埠之初，马车运价由主客双方自行议定。1912 年，马车从道里至秦家桥（霁虹桥）25 戈比（俄币 100 戈比等于 1 卢布），道里至马家沟 40 戈比。1917 年 11 月，马车按里程收费，一区斗马车为 0.25 元，双马车为 0.5 元。1920 年 1 月，哈尔滨警察厅规定，道里至道外桃花巷（今承德广场）、道里至哈尔滨火车站，斗马车为铜圆 6 枚（哈大洋 1 角等于 16 枚铜圆）、四轮马车运价为 14 枚，道路泥泞加倍收费。租车每小时定价 1 元。1921 年 7 月，根据东省特别区警察厅规定，客运马车太平桥至道外十六道街运价为 0.20 元，至道里、哈尔滨火车站为 0.5 元，至南岗为 0.6 元，香坊至马家沟为 0.2 元，道里至道外头道街 0.2 元，南岗至火车站为 0.15 元。沦陷时期，马车运价无大的变化。《北满经济日报》载，客运斗马车日均收入为 4 元，四轮马车日均收入为 11 元。

爬犁 1943 年以前，哈尔滨市的爬犁一直未有统一的运价，大多由主客自行议价，一般不高于马车的运价。1944 年，滨江省警务厅为松花江上载人爬犁制定了统一运价：道里炮队街（今通江街）至江北太阳岛为 0.3 元，道里炮队街至民娘久尔（太阳岛餐厅）或上坞 0.4 元，至道外头道街 0.4 元，至道外七道街 0.5 元。由中央大街（今防洪纪念塔）至江北 0.3 元，至民娘久尔或上坞 0.5 元，至道外七道街 0.7 元。

出租汽车 从 1903 年哈尔滨出现第一台出租汽车至沦陷时期，出租汽车运价没有统一规定，多为主客双方自行议价，随行就市。沦陷时期出租汽车市内运费按时计算，1 小时为哈大洋 1~2 元。在固定的营运路段内，按固定路段收费，埠头区（道里）至哈尔滨火车站，每人 0.1 元，埠头区至新市区（南岗），每人 0.15 元。流动招揽乘客的出租车仍采用议价方式，特别是婚庆包车、接送病人一般都是议价。

刘静严 1920 年代末对哈尔滨各行业人员的收入情况进行了调查，并将其调查记载于《滨江尘嚣录》中："埠内工人，比较收入最多者，当以东路之总工厂为最著。……虽最底之薪饷，犹五六十元，等而上之，可以推及矣。"且"工人家属之房舍及应用之燃料均由路局供给"。东省铁路各站"华副站长均九十金卢布起码，站务员等亦均在七十以上，虽练习生至少者，亦五十余元"。"其次各油坊、火磨、铁厂及其他各种工厂之工头、工人等，收入亦均不弱。最低限度，每日均在一元以上。"至其他普通之手工业者，以成衣行为例，"尤以制作洋服者为著。盖普通一套西服，即须手工费十七八元；缎袍一件，需手工费四元许；粗布之袍，需手工费二元四五角。平均一成衣匠每月之收入，率八九十元以上。""有线电报生之薪金，率在四十以上，按定期增若干。""凡邮务佐之薪金，以三十五元为起码，均按定期增加。""电车上之司机及售票员，薪金均在二十以上五十以下。"

教育界的薪资水平较高，尤其是东省特别行政区教员的薪资。"依十六年（1927 年）度之小学校论，其薪金之等级，可分为五。路立学校为第一等，其薪金之优厚，非唯见称于本埠，即吾全国小学校中，亦无出其右者。校长为二百八十五元，教员最多者为二百一十四元，虽役夫犹月薪五十余元。由前公立所改称之区立为第二等，其校长为一百一十元，教员为九十元。由前市立所改称之区立为第三等，校长为九十元，教员为七十元。吉林省所属之模范区立者为第四等，校长为四十五元，教员为四十元。滨江县立之小学校为第五等，其校长为四十元，教员为三十五元。"20 年代末，铁路教育权收回后，教员薪资进行了调整，本埠小学"高级校长薪金一百四五十元，初级校长为一百二十五元；高级教员一百二十五元，高级科任一百一十五元；初级级任一百零五元，初级科任九十五元"。"道外小学校长七十余，教员四十以上五十余元。"其他如"华文报馆之编辑，普通以四十元为起码，多者则在九十元左右"[1]。

政府机关以特区地亩局为例，"科长、秘书等月薪二百六十元；一等科员一百二十元，二等八十元，三等六十元；一等办事员九十元，二

---

① 刘静严：《滨江尘嚣录》，中国青年出版社，2012 年版，第 93—98 页。

111

等七十五元，三等六十元"①。

从上述各类工人、教师等的薪资看，当时哈尔滨的经济环境和发展水平好于内地，收入水平亦高于内地。1929年上海工人的薪资水平为"每天工作10小时，男工的平均日工资应为0.73，女工0.44，童工0.34，以每月30天计，平均月工资分别为21.9、13.2、10.2元"②。"1930年到1936年间，上海16个工业行业中，工人月实际收入最高的前三位，始终在印刷、造船、丝织、机器四个行业间轮回。其最高的月实际收入可达40元以上，最低的大体上也在25元之上。"③可知，哈尔滨当时的工资水平要略高于当时经济最发达的城市上海。哈尔滨市民交通出行费用所占工资比例适当，即使偶尔叫出租汽车也并不奢侈。因此，小汽车出租车才有了生存和消费的市场空间。

在刘静严的《滨江尘嚣录》中还有一项值得注意的是，1920年代哈尔滨私家小汽车的拥有量已达近500辆。"至小汽车，则分自用与营业两种。其号数与大汽车共列之，总数为一千四百辆。五百号以内者，为自用车……道外方面之小汽车，由滨江警察厅注册者，共八十余辆，均为自用车。"当时在哈尔滨开着小汽车在街上兜风成为时髦。1930年代，哈尔滨作家爵青在他的小说《恋狱》中描写道："车子已经开到中央大街的尽头，丽丽又命令车子开了回去。在哈尔滨，凡是知道快乐的人，都会这样在这条全国最富裕的大街上兜风。"④萧红与萧军在哈尔滨生活时，尽管生活很清苦，但追求新奇的萧军还去学习开汽车。萧红在一篇散文中记述："郎华（指萧军）告诉我一件新的事情，他去学开

---

① 刘静严：《滨江尘嚣录》，中国青年出版社，2012年版，第93—98页。
② 上海特别市社会局编：《上海特别市工资和工作时间（民国十八年）》，商务印书馆，1931年版，第126、124页。
③ 张忠民：《近代上海工人阶层的工资与生活——以20世纪30年代调查为中心的分析》，《中国经济研究》2011年第2期。
④ 爵青：《爵青代表作归乡·恋狱》，华夏出版社，2009年版，第232页。

汽车回来的第一句话说……"① 笔者的姨姥姥家在 1920 年代也拥有自己的私家车，雇用俄国人担任司机。

1930 年代前的哈尔滨，各路淘金者的财富快速积累，"犹忆二十年前来哈者，彼时以十余元之小本经营，聊以度命，今则动产及不动产，辄数十万者，比比皆是"②。再加之携雄厚资本的各国外商、买办和达官显宦形成的巨大消费群体，"使哈尔滨普遍消费水平维持在一个较高的层面上"③。发达的经济环境、较高的消费水平以及哈尔滨人易于接受新鲜事物的开放心态，支持了哈尔滨汽车文化的发展，使哈尔滨的公共交通和汽车文明领先于同时代中国的其他城市。

---

① 萧红：《一个南方的姑娘》，《萧红全集》，哈尔滨出版社，1991 年版，第 1032 页

② 刘静严：《滨江尘嚣录》，中国青年出版社，2012 年版，第 94 页。

③ 石方：《黑龙江区域社会史研究（1912—1931 年)》，黑龙江人民出版社，2009 年版，第 189 页。

第六章 文化记忆与城市书写

——文学中的哈尔滨与哈尔滨都市文学

　　哈尔滨是一座自然地理与人文地理都很独特的城市，地处中国东北边陲，作为现代城市，它仅仅拥有百余年历史，且它城市的历史是从殖民者 1898 年修建中东铁路的步伐开始的。尽管殖民者的初衷是以掠夺为第一要义，但客观上却造就了它作为一个现代城市的快速崛起。由于沙俄殖民者要将中国东北建成"黄俄罗斯"，将哈尔滨建设成远东的"理想城市"，使哈尔滨在建设之初就带有强烈的异质文化特点。这些城市文化特点留在当时一些作家的笔端，成为哈尔滨城市记忆底片上最早的形象与文字。

　　文学的文本与城市的历史，二者互相交织，密不可分。美国加州大学洛杉矶校区 Richard Lehan 教授在其所著《文学中的城市》中，将"文学想象"作为"城市演进"利弊得失之"编年史"来阅读，其中既涉及物质城市的发展，更注重文学表现的变迁①。

第一节 1920—1930 年代：文学中的哈尔滨

　　哈尔滨作为横跨欧亚大陆的中东铁路的枢纽，是 20 世纪前半叶中

---

　　① 陈平原：《北京记忆与记忆北京》，《北京：文化记忆与都市想象》，北京大学出版社，2005 年版，第 4 页。

国通往欧洲的陆路交通的必由之路，多少名人前往欧洲时都在哈尔滨中转停留，同时，哈尔滨作为新兴的现代都市，又吸引多少青年来这里工作生活。因此，不论是城市的过客如单士厘女士、瞿秋白、胡适、朱自清、季羡林，还是短期在这里工作生活过的诗人冯至、作家爵青、萧军等，以及本土作家萧红、罗苏等，在他们的作品中都留下了许多关于哈尔滨的书写，尽管视角不同，作者书写时的心态不同，但这些文字都已成为哈尔滨珍贵的城市记忆。

一、朱自清笔下的哈尔滨

1931 年 8 月 24 日，作家朱自清赴欧旅行，途经哈尔滨，曾在哈尔滨短暂逗留。当时哈尔滨独特的城市风貌给朱自清先生留下深刻的印象，以至于他在西去的列车上给好友叶圣陶写下长信，叙说在哈尔滨的见闻和感受。

圣陶兄：

我等 8 月 22 日由北平动身，24 日到哈尔滨。这至少是个有趣的地方，请听我说哈尔滨的印象。

这里分道里、道外、南岗、马家沟四部分。马家沟是新辟的市区，姑不论。南岗是住宅区，据说建筑别有风味；可惜我们去时，在没月亮的晚上。道外是中国式的市街，我们只走过十分钟。我所知的哈尔滨，是哈尔滨的道里，我们住的地方。

道里纯粹不是中国味儿。街上满眼是俄国人，走着的，坐着的；女人比哪儿似乎都要多些。据说道里俄国人也只十几万；中国人有三十几万，但俄国人大约喜欢逛街，所以便觉满街都是了。你黄昏后在中国大街上走（或在南岗秋林洋行前面走），瞧那拥拥挤挤的热闹劲儿。上海大马路等处入夜也闹攘攘的，但乱七八糟地各有目的，这儿却几乎满是逛街的。

这种忙里闲的光景，别处是没有的。

这里的外国人不像上海的英美人在中国人之上，可是也并不如有些人所想，在中国人之下。中国人算是不让他们欺负了，他们又怎会让中国人欺负呢？中国人不特别尊重他们，却是真的。他们的流品很杂，开大洋行小买卖的固然多，驾着汽车沿街兜揽乘客的也不少，赤着脚爱淘气的顽童随处可见。这样倒能和中国人混在一起，没有什么隔阂了。也许因白俄们穷无所归，才得如此；但这现象比上海、沈阳等中外杂居的地方使人舒服多了。在上海、沈阳冷眼看着，是常要生气，常要担心的。

这里人大都会说俄国话，即使是卖扫帚的。他们又大都有些外国规矩，如应诺时的"哼哼"，及保持市街清洁之类。但他们并不矜持他们的俄国话和外国规矩，也没有卖弄的意思，只看作稀松平常，与别处的"二毛子"大不一样。他们的外国化是生活自然的趋势，而不是奢侈的装饰，是"全民"的，不是少数"高等华人"的。一个生客到此，能领受着多少异域的风味而不感着窒息似的；与洋大人治下的上海，新贵族消夏地的青岛、北戴河，宛然是两个世界。

但这里虽有很高的文明，却没有文化可言。待一两个礼拜，甚至一个月，大致不会教你腻味，再多可就要看什么人了。这里没有一家像样的书店，中国书、外国书都很稀罕；有些大洋行的窗户里虽放着几本俄文书，想来也只是给商人们消闲的小说罢。最离奇的是这里市招牌上的中文，如"你吉达""民娘久尔""阿立古闹如次"等译音，不知出于何人之手。也难怪，中等教育，还在幼稚时期的，已是这里的最高教育了！这样算不算梁漱溟先生所说的整个欧化呢？我想是不能算的。哈尔滨和哈尔滨的白俄一样，这样下去，终于是非驴非马的畸形而已。虽然感受到多少新鲜意味的旅客的我，到底不能不作如此想。

这里虽是欧化的都会，但闲的处所竟有甚于北平。大商

116

店上午九点开到十二点，一点到三点休息；三点再开，五点便上门了。晚上呢，自然照例开电灯，让炫眼的窗饰点缀坦荡荡的街市。穿梭般的男女比白天多得多。俄国人，至少在哈尔滨的，像是与街有不解缘。在巴黎伦敦最热闹的路上，晚上逛街的似乎也只如此罢了。街两旁很多休息的长椅，并没有树荫遮着；许多俄国人就这么四无依傍地坐在那儿，有些竟是为了消遣来的。闲一些的街中间还有小花园，围以短短的栅栏，里面来回散步的不少。你从此定可以想到，一个广大的公园，在哈尔滨是绝少不了的。

这个现在叫作"特市公园"。大小仿佛北平的中山公园，但布置自然两样。里面有许多花坛，用各色的花拼成种种对称的图案；最有意思的是一处入口的两个草狮子，是蹲伏着的，满身碧油油的嫩草，比常见的狮子大些，神气自然极了。园内有小山，有曲水，有亭有桥；桥是外国式，以玲珑取胜。水中可以划船，也还有些弯可转。这样便耐人寻味。又有茶座，电影场，电气马（上海大世界等处有）等。这里电影不分场，从某时至某时老是演着。当时颇以为奇，后来才知是外国办法。我们去的那天，正演《西游记》。不知别处会演些好片子否？这公园里也是晚上人多。据说俄国女人常爱成排地在园中走，排的长度约等于路的阔，同时总有好两排走着，想来倒也很好看。特市公园外，警察告诉我们还有些小园子，不知性质如何。

这里的路都用石块筑成。有人说，石头路尘土少些；至于不用柏油，也许因为冬天太冷，柏油不经冻之故。总之，尘土少是真的，从北平到这儿，想着尘土要多些，哪知适得其反；在这儿街上走，从好些方面看，确是比北平舒服多了。因为路好，汽车也好。不止坐着平稳而已，又多！又贱！又快！满街是的，一扬手就来，和北平洋车一样。这儿洋车少而贵；几毛钱便可坐汽车，人多些便和洋车价相等。开车的俄国人居多，开得"棒"极了；拐弯，倒车，简直行所无事，还让你一点不担心。巴黎伦敦自然有高妙的车手，但车马显不出本领；街上的 Taxi 有时几乎像驴子似的。在这一点上，哈尔滨要强些。胡适之先生提倡"汽车文明"，这里我是第一次接触汽车文明了。上海汽车也许比这儿多，但太贵族了，没有多少意思。此地的马车也不少，也贱，和五年前南京的马车差不多，或者还要贱些。

这里还有一样便宜的东西，便是俄国菜。我们第一天在一天津馆吃面，以为便宜些，哪知第二天吃俄国午餐，竟比天津馆好而便宜得多。去年暑假在上海，有人请吃"俄国大菜"，似乎那时很流行，大约也因为价廉物美吧。俄国菜分量多，便于点菜分食，比吃别国菜自由些，且油重，合于我们的口味。我们在街上见俄国女人吃得肥的多，后来在西伯利亚各站所见也如此。我们常说，这怕是菜里的油太重了吧。

最后我要说松花江，道里道外都在江南，那边叫江北。江中有一太阳岛，夏天人很多，往往有带了一家人去，整日在上面的。岛上最好的玩意儿自然是游泳，其次许就算划船。我不大喜欢这地方，因为毫不整洁，走着不舒服。我们去的已不是时候，想下水洗浴，因未带衣服而罢。岛上有一个临时照相人。我和一位徐君同去，我们坐在小船上让他照一个相。岸边穿着游泳衣的俄国妇人孩子共四五人，跳跳跑跑地硬挤到我们船边，有的浸在水里，有的趴在船上，一同照在那张相里。这种天真烂漫，倒也有些教人感着温暖的。照相的人，哈尔滨甚多，中国别的大都市里，似未见过，也是外国玩意儿。照得不会好，当时可取，足为纪念而已。从太阳岛划了小船上道外去。我是刚起手划船，在北平来过几回；最痛快是这回了。船夫管着方向，他的两桨老是伺候着我的。桨是洋式，长而匀称，支在小铁叉上，又稳，又灵活；桨片是薄薄的，弯弯的。江上又没有什么萍藻，显得宽畅之至。这样不吃力而得讨好，我们过了一个愉快的下午。第二天我们一伙儿便离开哈尔滨了。

此信 8 月 31 日在西伯利亚车中动手写，直耽搁到今日才写毕。在时间上，不在篇幅上，要算得是一通太长的信了，一切请原谅罢！①

对于工作生活在北平等城市，又走过上海、青岛等诸多口岸大都市的朱自清先生来说，哈尔滨是陌生的，令人惊喜的，虽然只是短暂逗留，但却给他留下了极深的印象，以至于在火车上急切地写下了对哈尔滨的感受，向好友叶圣陶先生倾诉，一吐为快。

朱自清先生以行云流水的笔触记述了他眼中的哈尔滨，使这个年轻城市的现代文明以及中外市民的衣食住行、休闲娱乐等跃然纸上，给人以身临其境之感。它华洋杂处、文明平等、清新明丽、欧风四溢，在朱自清先生的眼中，哈尔滨较之上海、北平、沈阳等大城市，其现代文明程度似乎更胜一筹。

二、爵青笔下的哈尔滨

较之朱自清先生的纪实散文对哈尔滨的记录，小说家爵青关于哈尔滨的书写，更多地充满文学的梦幻色彩。

爵青原名刘佩，是 20 世纪二三十年代被称为鬼才的东北著名作家，他曾在中东铁路局工作，他的小说深受西方现代主义影响，文体诡异、华丽，充满迷幻色彩。在哈尔滨工作期间，他创作了《哈尔滨》《斯宾塞拉先生》《某夜》《巷》《大观园》《短的故事》等十余篇以哈尔滨为书写对象的小说，描绘了哈尔滨都市的炫目繁华，同时也不乏都市角落的黑暗、肮脏及生活在底层的小人物内心的挣扎。

---

① 朱自清：《西行通讯》，《欧游杂记》，上海开明书店，1934 年版。

北京大学陈平原先生认为，"阅读城市，最好兼及学者的严谨、文人的温情以及漫游者的好奇心"①。爵青的小说就是这样，多为通过主人公——一个都市漫游者在拥挤的人群中观察这座城市，注重瞬间、偶然以及破碎的现代体验，用心理活动将都市场景的描述以及社会现象的观察跃然纸上。

爵青在他的小说《哈尔滨》中通过一个初来哈尔滨谋职的青年的视角，观察这个城市：

　　由高岗望下去，建筑物群恰如摆布在灰色的盆地中的绝崖，被夹在建筑物之间的街路，形成着纵横的脉状河流。人马、车辆、错乱的步伐就像迅速奔流着液体似的。远处屋顶尖上端的广告灯，随着落日划出花文字来。哈尔滨的都市风景沉没在黄昏的紫雾中了。傍晚的风吹来，又向盆地中的建筑物群吹去，唏嘘着掠过立在岗上的青年穆麦的身畔。他是刚到哈尔滨一个月的青年，做了一个资产家的家庭教师。他虽然不想以自然而野蛮的原始风物来代替这嚣尘的都市，可是却觉得需要有一处田园的气氛来驱逐一下每日的疲倦。于是，每天黄昏时，在这高岗上翘立一个钟头，便成了他的享受。

　　夕阳最末的一线红光，埋在那西方有些像金字塔的白杨和花岗石的建筑中间，自己的长影子便渐渐地消逝了。往岗下走去的时候，一个异国姑娘正坐在柏油路畔的休息椅上，弄着淫裹的手风琴，那悠闲的风情使他猛然愣住了。于是就放缓了步子，倾听着由琴里飞出来的曲子。忽然一个伟男子走过来，便把她挟到岗上去了。

　　走下岗，走过一些白俄鲜果店，再走过一条铁道，就到了

---

① 陈平原：《北京记忆与记忆北京》，《北京：文化记忆与都市想象》，北京大学出版社，2005 年版，第 6 页。

自己主人的住邸。①

　　"夏夜的哈尔滨像无忧的天堂。"在爵青的笔下，城市更是消费的，享乐主义的。"车子已经开到中央大街的尽头，丽丽又命令车子开了回去。在哈尔滨，凡是知道快乐的人，都会这样在这条全国最富裕的大街上兜风。"②

　　爵青在小说《某夜》中通过两个外乡人视角，更加细致地描绘了黄昏和夜色中的中国大街（中央大街）的繁华与喧嚣。

　　　似乎唯有这样的夜里，才能衬出这是个有五十万市民的庞大的都市，现在跟前的这条街（注：霞曼街），虽然只有暗色的灯光和低微的人语，可是在二百步开外的基达耶斯基街（注：俄语中国大街的音译，今中央大街）上，却像起了火灾那样吵嚷而明耀。在血一样的灯海里，那世界灭亡时刻才能有的嚣声便传了过来，我们习于使乡人看来惊讶的景色，于是回味着刚才那廉价的酒和没什么珍味的菜，慢慢地向基达耶斯基街走去。

　　　我们走了，经过有着更多女人林立着的一带，便到了灯海中间。步道上来往着人，街凳上休息着人，窗橱装饰前站着人，假设若能把这些比拟成水的话，这被两面建筑物的壁崖挟着的基达耶斯基街，恰好像决了堤的河口。穿着黄色鹿皮猎衣的青年，领着年纪像朵花似的小恋人慢慢地走着，随着一个胖得如木桶一样的老妇人，作笑声摇撼着那惶惶的颈项独自踱了过去，留小胡子的绅士衔着昂价的瓷烟斗伫立在路旁。对面马

　　①　爵青：《哈尔滨》，《爵青代表作·归乡》，华夏出版社，2009 年版，第 1页。
　　②　爵青：《恋狱》，《爵青代表作·归乡》，华夏出版社，2009 年版，第 232页。

迭尔饭店吃茶部的窗子上，摇着琴师的影子，在那影子所印的窗子前面年青的无赖汉们，不是少一条领带，便是斜顶着帽子，一面倾听着扩音机里的"青色之瞳"，一面鉴赏着由十五岁至三十五岁的过路女人的腰腿姿势，来满足斯拉夫族对音乐和猎奇的爱好。汽车现在像机警的夜光虫，时时被那横过石街的人们拦住，车夫便呜呜地响着喇叭……鲜果铺的窗子像画家的调色板似的，摆着、立着、悬着各色的糖果茶点，尤其是一丛南洋产的香蕉和烧得焦黄的咖啡饼，引着行人的注意。领着孙儿的老人进去了，领着未婚妻的小男子进去了，只留了衣衫褴褛的花子在玻璃窗外面，望着屋里那爽快而正确的柜台交易。……低微的击心音乐压着人群的嚣声传了过来，我们被一枚鲜明的广告牌指示这声音的来源，是由一家酒场里冲出来的。在那酒场的门前，立着一枚手技惊人的广告牌，上面绘着一个戴着黑色面具、全裸着身体而双手端着一杯红玉色郁酒的女人，下端写着"诱惑的异国情调的处女林"。①

在爵青的笔下，哈尔滨不仅是炫目的都市，更有阴暗的角落。同样是小说《某夜》，两个主人公走过夜色斑斓的中国大街后，便来到不远处的某个狭窄的幽暗的小街，这里的建筑和生活氛围与中国大街形成鲜明的对比。

　　我们走着，无关心这剧台装饰一样的街头风景，等把汽车的排列冲过去以后，我们便横入一条稍微狭些的大街，商店关了门，行人也稀少了些，但是那杏红的天空和情绪综错的音乐，却不容我们休憩一下神经。走过许多挂着名媛和制服处女

---

① 爵青：《某夜》，《爵青代表作·归乡》，华夏出版社，2009 年版，第32—33 页。

照片的照相馆，走过一处高大而镶着一面大表的商店家，一些汽车和人群也被我们掠过去以后，便到了一处房屋均已毁塌而地下还留着残砖断瓦和木板的没有灯光的地方，我们走到刚才在饭店里为之干杯的野妓的集聚地八乍尔了。

　　灯荫尽处使我们走入狭得如同谷底的胡同，也许是住宅难的关系，虽然两侧都是低矮的平房，在每个平房上面，都用铁片和木箱一类的东西接筑成小楼，这上半截经日既久，便歪了下来，虽然用铁丝和木杆等支持着正体的方向，终于是一天天歪了下来，以致歪得两侧的楼顶几乎接触在一起。白日阳光落不进来，夜里一条平阔的杏红色天空，倒看得非常明显，弄里阴湿得使我们脚下发着吱吱的声音。一个大汉由我们的身前晃了晃，登地跳上了楼梯，等我们抬起头来，他已经抱着先刻在楼上的一个沙嗓子的女人笑了起来。路两边除了楼梯便是小窗，窗上糊着水痕的新闻纸，而吐出黄色的光来，间或有烹调味和赌博声传了出来，不知是哪里却又飘出了使人梦想的鸦片的香息。①

而在爵青的小说《巷》中，通过一个连温饱都难以实现的游民的感触，将哈尔滨贫民区的景象描绘得一览无余。

　　他由一家下等的小饭馆子被油垢的酸味和蒸汽的湿水逐了出来，像偶尔进到一个生疏的世界似的，觉得和刚才走进饭馆时，完全是两个人了。原因很简单，那饭馆的拿手烹调，虽然是黑面的大饼和陈腐的肉汤，可是究竟再不使他熬于饥饿的磨难而饱满起来了。

---

①　爵青：《某夜》，《爵青代表作·归乡》，华夏出版社，2009年版，第35—36页。

123

由馆子走到街上，发着异样的汗臭和声音的人群便挟住他。

地下很湿，因为太阳对这小巷太生疏了。这是一条发着绿霉的阴臭的幽谷，太阳光因为被架在屋顶的草蓬和招牌上，对这巷底便无恋意地滑了过去。于是，地面湿着，而且人们更会把污水和粪便排泄物倾倒在这里，于是湿中便挥散着霉菌味。或者有人说：那里是病原体的理想的培养基。[①]

尽管爵青笔下的哈尔滨更多的是作家的文学想象而非纪实，但作家的叙事与书写，是作家在亲历的哈尔滨城市文化的浸润和熏陶中完成的，带有明显的地域文化色彩。

三、萧红笔下的哈尔滨

萧红是一位哈尔滨乡土气息浓郁的女作家，人们熟知她笔下的呼兰河和呼兰小城的各色人物，然而，在萧红笔下，哈尔滨这个曾经改变她一生命运的城市，除了带给她饥饿和寒冷，也有着都市春天的惬意和浪漫。

太阳带来了暖意，松花江靠岸的江冰坍塌下去，溶成水了。江上用人支走的爬犁渐少起来。汽车更没有一只在江上行了。松花江失去了它冬天的威严，江上的雪已经不是闪眼的白色，变成灰的了。又过几天，江冰顺着水慢慢流动起来，那是很好看的，有意流动，也像无意流动，大块冰和小块冰轻轻地互相击撞发着响，嘟嘟着，这种响声像是瓷器相碰的响声似的，也像玻璃相碰的响声似的。立在江边，我起了许多幻想……那天在江边遇到一些朋友，于是大家同意去走桥。我和郎华走得最快，松花江在脚下东流，铁轨在江空发啸，满江面

---

① 爵青：《巷》，《爵青代表作·归乡》，华夏出版社，2009 年版，第 37 页。

的冰块，满天空的白云，走到尽头，那里并不是郊野，看不见绿绒绒的草地，看不见绿树，"塞外"的春天来得这样迟啊！我们想吃酒，于是沿着土堤走下去……①

在萧红的笔下，初春的松花江是寂寞的，看不到春天绿色的希望。同样是充满了音乐的中央大街，同样的热闹、喧嚣，但与爵青却有着迥然不同的情境。

夜，春夜，中央大街充满了音乐的夜。流浪人的音乐，日本舞场的音乐，外国饭店的音乐……七点钟以后，中央大街的中段，在一条横口，那个很响的播音机哇哇地叫起来，这歌声差不多响彻全街。若站在商店的玻璃窗前，会疑心是从玻璃发着震响。一条完全在风雪里寂寞的大街，今天第一次又号叫起来。

外国人！绅士样的，流氓样的，老婆子，少女们，跑满了街……有的连起人排来封闭住商店的窗子，但这只限于年青人。也有的同唱机一样唱起来，但这也只限于年青人。这好像特有的年青人的集会。他们和姑娘们一道说笑，和姑娘们连起排来走。中国人来混在这些卷发人中间只有七分之一或八分之一……②

同样的南岗下坎，同样的火车站和许公路，在萧红的笔下也是孤独和冷寂的。

---

① 萧红：《又是春天》，《萧红全集·第一卷》，黑龙江大学出版社，2011 年版，第 230 页。

② 萧红：《春意挂上了树梢》，《萧红全集·第一卷》，黑龙江大学出版社，2011 年版，第 201 页。

圆月从东边一小片林梢透过来，暗红色的圆月，很大很混浊的样子，好像老人昏花的眼睛，垂到天边。脚下的支不住在滑着，响着，走了许多时候，一个行人没有遇见，来到火车站了！大时钟在暗红色的空中发着光，火车的汽笛震鸣着冰寒的空气，电车、汽车、马车、人力车，车站前忙着一切。

顺着电车道，电车响着铃子从我们身边一辆一辆地过去，没有借到钱，电车就上不去。走吧，挨着走，肚痛我也不能说。走在桥上，大概是东行的火车，冒着烟从桥下经过，震得人会耳鸣起来，索链一般地爬向市街去。从岗上望下来，最远处，商店的红绿灯从窗子流出来，那么所有的楼房就该变成幽寂的、没有钟声的大教堂了。站在岗上望下去，"许公路"的电灯，好像扯在太阳下的长串黄色铜铃，越远，那些铜铃越增加着密度，渐渐数不过来了。①

萧红笔下的火车站、许公路、中央大街、松花江，与她充满乡土气息的故乡呼兰河是完全不同的世界，但此时的萧红已完全融入其中，在这里，完成了她与少女时代的告别。尽管哈尔滨曾带给她苦难，但也不乏都市的"浪漫"。在这种多元文化的浸润下，萧红的生活方式，已深受俄罗斯文化的影响，如吃列巴圈、黑面包蘸白盐、香肠②。为庆祝和萧军合作的首部作品《跋涉》出版，二萧同去西餐馆吃了外国包子，还喝了伏特加酒，然后萧红"穿着小短裙子"和"穿着短裤"的萧军去江边划船，尽管口袋里只剩下两角钱③。他们也常与友人一起到松花

---

① 萧红：《借》，《萧红全集·第一卷》，黑龙江大学出版社，2011 年版，第 174 页。

② 萧红：《黑列巴和白盐》《饿》《提篮者》《门前的黑影》，《萧红全集》，哈尔滨出版社，1991 年版，第 150、152、224 页。

③ 萧红：《册子》，《萧红全集·第一卷》，黑龙江大学出版社，2011 年版，第 213 页。

江太阳岛划船、洗澡、晒太阳①；冬天和萧军去公园滑冰②；在"牵牛房"与友人排演话剧、跳舞③，到电影院画广告④等等。在这里萧红经历了从少女到成年女性的成长，也完成了从女学生到女作家的精神蜕变。哈尔滨的都市生活和都市景象在她的笔下，充满了象征意味。

四、罗荪笔下的哈尔滨

罗荪是从哈尔滨走出去的中国现代文学史上的著名作家、文艺评论家，东北作家群的创始人之一。1928 年，16 岁的罗荪考入哈尔滨邮政局，边工作边创作，他提议创办了《国际协报》（当时东北最大的报纸）的文学副刊《蓓蕾周刊》，并担任编辑，组织寒光剧社等，直到1932 年 9 月，他告别家乡哈尔滨，前往上海。在罗荪的笔下，沦陷之前的哈尔滨是一座有着"东方彼得堡"之称的富于魅力的音乐之城、浪漫之城。通过罗荪的笔，一幅幅充满异国情调的现代都市风情画卷伴着轻松美妙的弦乐扑面而来，令人陶醉，令人神往。

　　我相信你们还记得在这里曾过过的一些日子，这座被称为东方的彼得堡的都市，的确是值得住过的人们的留恋。在你们走后的信中，不是经常地在赞美这里的生活，这里的雪景，这里富于魅惑力的夏天的夜生活，只消在那条中国大街做一次散步，那些美妙的音乐就够人享受半晚了。我们却还有一个小小的弦组，在每个星期六的夜晚，喝着咖啡，咀嚼着浓厚的巧克力，奏着狂热的曲子，唱着软绵绵的歌词，谈着风趣百出的笑话，兴致到最好的时候，将客厅里的桌椅搬干净了，一个人奏

---

① 萧红：《夏夜》，《萧红全集·第一卷》，黑龙江大学出版社，2011 年版，第 207 页。

② 萧红：《萧红全集·第一卷》，黑龙江大学出版社，2011 年版，第 228 页。

③ 萧红：《新识》《牵牛房》《几年欢快的日子》，《萧红全集·第一卷》，黑龙江大学出版社，2011 年版，第 183、185、194 页。

④ 萧红：《广告员的梦想》，《萧红全集·第一卷》，黑龙江大学出版社，2011 年版，第 178 页。

着手风琴，大家便合舞起来。夜还不深，我们在享受完了室内音乐的时候，也要听一听天籁，欣赏一下大自然的夜晚在平静中有着多么杂乱的乐曲和奏着。我们走到夏天夜晚的街上，小姐们结着花球，在我们行列的前边、左边、右边……那真是愉快而狂热的夜晚啊！兴致好的时候，简直就荡上松花江的小划子，游水上俱乐部去喝啤酒，听爵士乐，伴着游侣舞起来。

我相信你们最会留念的是冬天里的滑冰，那真是奇异啊！在冰场里冻红着鼻尖、耳朵、两颊，而心里却冒着汗，两片光亮的冰刀拴在鞋上，好像生了翅膀，它可以使你在那坚固而透明的冰上飞舞起来，可以一对一地在上面婆娑起舞，比起那光滑的舞厅里面的地板要更为使人满意。整个下午可以使我们在冰场里消磨过去——那些日子，我们真像是荒唐神话里面的仙子，好像一切烦恼都远离了我们。自然，这在你们是觉得可笑。而我却还依然生活在这里，这个东方的彼得堡！

虽然，到了冬天还一样是冰天雪地，还一样有坚固而光滑的冰场，到了晚春还一样可以到马家沟花园去欣赏桃花，到了夏天还一样可以在马路上陶醉于音乐中，还一样可以到太阳岛上去游泳，到水上俱乐部消磨荒唐的夜晚……可是，这个东方的彼得堡逐渐地"东京"化了，日本人的经营能力是可惊的，他们使这个都市改观，使那些俄国风味逐渐地消失，东洋气息在这里令人头痛地越来越浓了。大自然也同样要为环境所改装。

我的心境就被这些东西腐蚀着，渐渐地发起霉来，我一想到这个，我的心就要战栗起来。每每使我想起，我是否也将陷入这深不可拔的泥潭中，被浊流所浸透？懦怯会使我低头么？我不敢想起这些。①

---

① 罗荪：《未发的书简——怀友人T君》，《抗战时期黑土作家丛书·罗荪集》，黑龙江大学出版社，2011年版，第49页。

1931年朱自清赴欧洲途经哈尔滨时，在松花江划船（图片选自孟烈、李述笑、张会群主编《画说哈尔滨》）

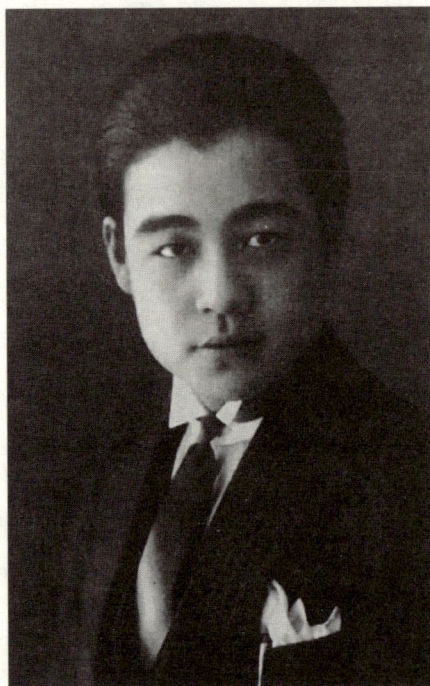

在哈尔滨工作和生活时期的罗荪

萧红与萧军在哈尔滨，萧军穿着俄罗斯传统衬衫

这是罗荪在他的小说《未发的书简——怀友人 T 君》中以第一人称的口吻细致地描述了"九一八"前后哈尔滨城市的变化——"东方彼得堡逐渐地东京化了",以及失去家园和自由后主人公内心的痛楚和战栗。哈尔滨成为罗荪一生难解的故乡情缘。

四位作家笔下的哈尔滨,只有朱自清是以外来者的视角审视这座城市,一切与他熟悉的北京及南方城市不同,让他感到新奇;而三位本土作家,身心已完全融入哈尔滨的城市文化之中,尤其是罗荪,对这座城市怀着深深的眷恋。尽管四位作家的身份不同,视角不同,但他们笔下的哈尔滨以及哈尔滨的代表中央大街却显示出同样的繁华和现代都市的韵律,这是哈尔滨所独有的、同时代其他城市所不具备的一种充满欧陆风情的城市文化,一种具有现代意味的都市文化。也正是在这种现代都市文化中,孕育出了哈尔滨的都市文学。

第二节　1920 年代,哈尔滨都市文学在城市文化中孕育

都市文学是伴随着现代都市的诞生而诞生的。20 世纪初,中国已出现了少数现代城市,并于二三十年代创造了先进的工业文明和丰富的都市文化,哈尔滨就是其中的代表之一。

复旦大学陈思和教授提出:"都市与文学,这两个概念作为研究对象联系在一起,无非是两种形态:一是现代都市的发展对文学可能产生的作用;二是文学创作中有关都市的描绘和想象。"[1] 也有学者将都市文学概括为:"就是描写真实的或虚拟的以都市生活方式为核心的全面立体的都市生活的文学。"[2] 更有学者将都市文学更具象化为:"都市为文学提供了写作的素材,文学则显现出创作主体在社会变迁过程中的思想状况、情感状态,反映出中国人在城市化、现代化进程中烙印下的心

---

①　陈思和:《都市文学研究书系》,《文汇读书周报》2007 年 1 月 12 日。
②　赵炎秋:《试论都市与都市文学》,《社会科学辑刊》2005 年第 2 期。

理特征，也体现出国家和都市的时代特征、文明程度。"①

文学之于都市（或城市），它可以说是都市文化的灵魂。正如狄更斯与伦敦、陀思妥耶夫斯基与圣彼得堡、乔伊斯与都柏林、卡夫卡与布拉格一样密不可分。在中国，尽管哈尔滨与上海一样，同为 20 世纪国内进入现代国际都市最早的城市，都创造了先进的工业文明和绚烂的都市文化，但在文学方面，上海 1930 年代的海派作家及作品在都市怀旧的文化浪潮中被挖掘和重新评价，如新感觉派小说、张爱玲的小说等，似有上海都市文化代表的意味，并被王安忆等新海派作家所传承。而同时代的哈尔滨文学，虽然不乏都市文学的想象与观照，但与上海相比，学界对哈尔滨都市文化与都市文学的挖掘则远远不够，或淹没在左翼文学潮的宏大叙事中，或因各种原因被规避。

哈尔滨是一座建城仅百余年的城市，哈尔滨城市的历史是伴随着近代西方列强的对外侵略扩张，尤其是 1898 年中东铁路的修建开始的。随着中东铁路的铺设和相继通车，大批外国侨民涌入哈尔滨，至 20 世纪 20 年代苏俄国内战争结束后，"定居哈尔滨的俄侨一度达到 20 万，甚至超过了当地中国居民的人数。哈尔滨成为中国最大的俄侨聚居中心"②。除俄国人外，还有犹太人、波兰人、德国人、鞑靼人、日本人、朝鲜人等。随着外侨的增多，从 1907 年开始，俄罗斯、日本、美国、英国、意大利、德国等近 20 个国家在哈尔滨建立了领事馆。至 1920 年，哈尔滨的城市建设规模和现代化程度都具备了现代国际都市特点，不仅商贾林立，洋行会所、影院剧场、音乐厅马戏园、酒店咖啡馆，甚至滑冰场、跑马场等，比比皆是，"仅俄侨开的商店就达 1310 家，日本人开的商店 130 家，其他法、德、美、意商店近百家。这些国家还在哈尔滨设有较大的商业会所，专营输出输入贸易，其总部均设在日本、美国、英国、法国、德国等大城市之中，这些会所的设立，使哈尔滨真正

---

① 叶立新：《20 世纪 90 年代城市文学的发展》，《广东社会科学》2002 年第 2 期。

② 薛连举：《哈尔滨人口的变迁》，黑龙江人民出版社，1998 年版。

成为国际贸易大都市"①。

由于哈尔滨建城历史的特殊性，从它建城之日起就是以莫斯科为蓝本规划设计建设的，而当时的俄罗斯又非常崇尚法国文化，所以，汇聚了当时俄罗斯和欧洲大批最优秀的建筑设计师作品的哈尔滨城市建筑，被称为"万国建筑博物馆"，哈尔滨也因此有了"东方莫斯科"和"东方小巴黎"的美誉。直到新中国成立后，哈尔滨的建筑风格一直延续这一文脉，形成了哈尔滨独有的城市建筑文化特色。

"东方莫斯科""东方小巴黎"的美誉不仅仅体现在建筑上，更多的是体现在文化上。哈尔滨不仅是建筑之城，还是音乐之城，因为中国第一个交响乐团——1908 年建立的哈尔滨中东铁路管理局交响乐团（简称"哈响"）就诞生在哈尔滨。它拥有 150 多名演奏家和歌唱家，是当时远东最大最负盛名的交响乐团。在哈尔滨，不仅"哈响"演出不断，包括许多世界著名歌唱家、音乐家都曾来此巡演。哈尔滨还开办了多所高等西洋音乐学校，培养出了中国第一代音乐人才。正因 20 世纪 30 年代前就已积淀形成的深厚的西洋音乐基础，60 年代开始的哈尔滨之夏音乐会才有了如此深远的影响。

哈尔滨还有中国第一家专业电影院，它就是 1905 年俄国人科勃采夫在道里中央大街与石头道街交口处建起的哈尔滨第一家电影院，它比《中国电影史》记载的 1908 年西班牙人雷玛斯在上海开办的虹口大戏院要早三年。建于 1908 年的哈尔滨奥连特电影院，即今和平电影院，则是国内现存最早的电影院。1911 年《远东报》"社会新闻"报道："公园歇后，中国大街之电影聚兴，每当夕阳西下，一班士女游人相偕入内游观者络绎不绝，园中所演皆赵督（即东三省督抚赵尔巽）来哈所摄之戏片，真情毕露，颇为一班游人所赞赏，而该园中亦因之而利市三倍焉。"可见当时哈尔滨观影盛况和哈尔滨人对电影的热情。此外，哈尔

---

① 刘欣欣、刘学清：《哈尔滨西洋音乐史》，人民音乐出版社，2002 年版，第28 页。

滨还有中国第一家芭蕾舞团、中国最早的歌剧和话剧演出等。

由于俄罗斯及欧洲文化的影响，哈尔滨形成了中西合璧的独特的建筑文化、饮食文化、宗教文化，使哈尔滨仅用20多年时间就从一个小渔村发展成为工业文明、商业发达和文化兼容的国际大都市，形成了哈尔滨洋气大气的市民文化特点，这是国内其他城市不可比拟的。

具有异国文化特色的哈尔滨都市文化的形成，同样影响了哈尔滨现代文学的诞生和成长。都市文化带来的消费文化和消费群体，改变了传统阅读方式，正如上海新文学是从上海四马路、五马路的报馆文化开始的一样，哈尔滨的新文学也是从报纸传媒的兴起开始了它曲折的路程。

俄国人1901年在哈尔滨创办了第一份俄文报纸《哈尔滨每日电讯广告报》，1906年3月14日在哈尔滨创办东北第一份中文报纸《远东报》，至1920年代，哈尔滨已有各种中文、俄文及其他外文报纸数十家，其中"仅俄文报纸近50份"①。尽管这些报纸有旋出旋停的特点，但在这些报纸上，均开辟"文苑""小说"等文学副刊，有的报纸为了竞争，还同时开设两个文学副刊，为哈尔滨现代文学的发展提供了平台，也培养了大批市民读者群。如"《国际协报》从1927年开始将副刊《国际俱乐部》改名为《国际公园》，以发表新文学为主，又在正刊之外，增加'副刊附页'，创刊《绿野》和《蔷薇》两种文学周刊，前者发表纯新文学作品，后者发表杂文、小品和社会科学杂谈等。用书页和杂志两种版式排版印刷，每隔数期合订为一册，送到书店发售"②。

在这个时期，以报纸为载体的文学还处于新旧文学过渡时期，哈尔滨作为文学对象第一次出现在文学作品中，是在六豕的小说中。

六豕，北京人，1920年代初到哈尔滨，任《国际协报》特约小说撰稿人，发表过很多旧体诗和多部中长篇章回小说，还用现代小说形式写过滑稽小说《福侦探哈尔滨失败记》。六豕的章回体小说《松江繁荣

---

① 《黑龙江日报社》新闻志编辑室：《新闻史料》，第98页。
② 《黑龙江文学通史·第二卷》，黑龙江人民出版社，2002年版，第49页。

梦》首次将中东铁路修筑和日俄战争时期的哈尔滨作为叙事背景，书写了两个山东人闯荡俄罗斯并在哈尔滨创业的传奇故事，再现了哈尔滨从一个小渔村发展为近代国际大都会的历史。

《松江繁荣梦》以传统小说人物性格和品性鲜明对比的手法展开故事：山东人孔继先，聪明伶俐，善于投机，从山东老家来到哈尔滨后，先学会了俄语，并在日俄战争中靠倒卖军事物资赚得了第一桶金，又在战争中倒卖羌帖发了大财，成为世纪初哈尔滨的金融家，但其为了谋利不惜陷害他人，自己也在这一系列的追本逐利中失去了人性。而另一个山东人姜文斌则以诚信为本，在哈尔滨从杂货铺学徒做起，逐渐成长为民族资本家。小说通过孔姜二人的对比，表现出儒家传统与资本追逐过程中的碰撞与冲突，也写出了人性的蜕变和毁灭。

六爻的这部小说是迄今我们见到的第一个哈尔滨书写，他写出了那个动荡时代新兴的城市为冒险家提供了舞台，成为冒险家的乐园。但这时的城市只停留在作为人物和故事的背景与环境存在，还没有成为文学的想象对象和审美对象。所以，这部小说，不论是写法还是书写对象，都没有从传统小说中蜕变出来，还不能称为现代意义的都市小说。

1920年代前半期书写哈尔滨的报纸小说还有逸民的《滨江梦》。逸民，山东人，《滨江时报》专职小说编辑，同时与妻子王惠贞创办《午报》《滨江晨报》，著有多部长篇小说，是此时期黑龙江最高产的作家。他的《滨江梦》也是以中东铁路为背景，通过几个山东人在哈尔滨打拼的发家史，反映了哈尔滨城市的兴起和繁盛。虽然小说批判资本的罪恶，在写法上仍沿袭《三国》《水浒》的语词，但小说表现出了从旧小说向新小说过渡的性质。

至1920年代下半期，哈尔滨文学进入新文学时期，尤其是"灿星"和"蓓蕾"两个文学新社团相继成立后，哈尔滨新小说出现了勃勃生机。惜梦、孔罗荪、陈纪滢等的小说均呈现出都市文学的斑斓色彩，其中陈纪滢的两部中篇《搜灵纪》和《红氍毹的迷惑》最具代表性。

《搜灵纪》连载于《国际协报》副刊《国际公园》，它塑造了两个

1920 年代的知识新女性在炫目的都市生活中迷失自我的过程。被同学视为"自信、坚忍、百折不挠英雄"的出身贫寒的知识新女性灵灵，怀着知识救国的人生理想从高加索留学回到哈尔滨，但在都市纸醉金迷的生活中最终迷失了自己。而另一个知识新女性严女士则在充满物欲诱惑的都市，自甘堕落，成为有钱人的"玩物"，她几次想离家出走，甚至自杀，"可是，每当这种念头涌上来的时候，另一种魔鬼的阴影，同时把她复燃的心灵笼罩住了：丈夫供给的钱票子、高跟鞋、汽车、马弁、洋楼，横行无阻的威严，唯我独尊的骄傲。哟，这都是可留恋的宝物啊！"小说《搜灵记》不论是人物还是故事，都充斥着都市的欲望、诱惑和迷惘。

1920 年代前的哈尔滨，从农业文明走出来的作家们面对突如其来的令人炫目的城市，他们享受着城市带来的物质文明的同时，在心理上却无所适从。尤其是面对城市给人带来的诱惑和异化，他们感到更多的惶惑不安，甚至是潜意识中的排斥，他们还不能接受它、欣赏它，因此，这个时期文学中的城市更多的是作为环境背景甚至是批判的对象出现的，而非文学的想象和审美对象。

第三节 1930 年代的爵青，哈尔滨都市文学的一道风景

经过 20 多年的城市发展和文化积淀，至 1930 年代，哈尔滨都市文学环境日趋成熟。

鲁迅于 1926 年谈到俄国诗人勃洛克时，曾经赞许地称他为"现代都会诗人第一人"，并且说"中国没有这样的都会诗人"。如果说 20 年代前半期中国确实没有都会诗人或都会作家的话，那么，到了 20 年代末期和 30 年代初期可以说已经产生了——而且产生了不止一种类型。写《子夜》的茅盾、写《上海的狂舞曲》的楼适夷便是其中的一种类型。他们是站在先进阶级的立场上来写灯红酒绿的都市的黄昏的（《子夜》初名就叫《夕阳》）。另一种类型就是刘呐鸥、穆时英等受了日本

新感觉主义影响的这些作家，他们也在描写上海这种现代大都市生活中显示出自己的特长。①

深受俄苏文学和西方现代文学思潮的影响，哈尔滨都市文学也在此时破茧而出。"即使在'九一八'后的一段时间里，许多俄苏文学作品仍能得到翻译、发表。例如，《国际协报》的《文艺》周刊，在1934年仍刊登了许多俄苏作家作品，如果戈理、托尔斯泰、高尔基等的小说、剧作、论文。"② 同时，大量西方现代文学及思潮也被译介。"仅1935年至1941年，东北出版的西方现代主义理论著述和作品集就有三十多种，涉及尼采、弗洛伊德、波特莱尔、阿波里奈、艾吕雅、横光利等五十多位作家。……这种西方现代主义文艺思潮的影响也存在于小说创作中。比如，在当时小说界有'鬼才'之誉的'艺文志'派重要成员爵青著有近十部小说集，几乎都渊源于纪德小说的影响。"③

在这令人目眩的都市旋流中，爵青的小说塑造了一系列都市男女形象，用灵动、细腻的笔触触摸到游走于城市空间的都市男女灵魂深处，揭示出城市人心态的躁动与不安、苦闷与彷徨。在这些人物中，既有"在城市里漂游，观察着大众，同时把其暧昧的回应反刍给他们"④ 的"都市漫游者"（《哈尔滨》《某夜》《男女们的塑像》等），也有灵与肉痛苦地挣扎在都市底层和边缘的小人物（《巷》《大观园》等），更有一群如"被荼毒的肥料所培育出来的惨艳的植物"⑤ 上的花朵一样的女性，点缀着都市空间。"被偶然的不可解的幸福闪光魅恋住的"的中国大街伯劳饭店的红舞女丽丽（《恋狱》），她幻想着追逐着"自身生命被

①　严家炎：《新感觉派小说选》前言，人民文学出版社，1985年版，第15页。
②　黄万华：《从〈冷雾〉〈夜哨〉到〈艺文志〉和〈文丛〉》，《东北文学研究史料》第六辑，哈尔滨业余文学院编，1987年12月。
③　黄万华：《从〈冷雾〉〈夜哨〉到〈艺文志〉和〈文丛〉》，《东北文学研究史料》第六辑，哈尔滨业余文学院编，1987年12月。
④　李欧梵：《上海摩登——一种都市文化在中国1930—1945》，上海三联书店，2008年版，第228页。
⑤　爵青：《巷》，《爵青代表作·归乡》，华夏出版社，2009年版，第38页。

这闪光照耀的短暂的刹那就得到无边的幸福"的爱情；像有着贵金属相撞而发出声响的笑声的，并对生活和艺术有着惊人的智慧和见解的现代主义"女客"（《男女们的塑像》），她如"长了淫靡的花纹的春蛇"，"打碎了男性视女性为温柔的概念"，在理想浪漫的爱情与现实物质的婚姻间舞蹈；哈尔滨某工场主的"半兽主义者"三姨太灵丽（《哈尔滨》），大胆、张扬，甚至有些淫荡，为了追求自由，不惜冒犯家规；还有呼吸和挣扎在如"溃烂的肺叶"一样抽动在城市边缘中的山东少女张秀英（《大观园》）和素姝（《巷》），为了谋生，她们不得不出卖肉体，但仍执着大胆地追求着人间的真爱……爵青对这些人物心态的生动描写与感性评判，开拓了一个新的文学世界，构成了审美现代性的丰富内容。在爵青早期的小说中，"都市漫游者"在对都市冷眼旁观时，也会发出"在都市里，只有人力车夫、货物搬运夫、从沦贫群里逃出来的苦力才是都市的大动力、都市的重心"[①]的喟叹与呐喊（《哈尔滨》），如同穆时英的小说《上海的狐步舞》中"醒回来了，上海！上海，造在地狱上的天堂"一样。

除爵青的小说外，在这一时期其他哈尔滨作家作品也颇具都市文学色彩，如曲狂夫和徐漪。曲狂夫，1930 年代初到哈尔滨，曾任《五日画报》主编，在哈尔滨期间著有以哈尔滨为书写对象的现代小说《松江潮》《梦》《哈尔滨的一个女性》等。曲狂夫的小说叙述方式深受电影影响，以蒙太奇画面取胜。徐漪，1930 年代初到哈尔滨，早年留学法国，曾在哈尔滨中央邮政局任国际部主任，兼任《国际协报》副刊编辑和《滨江时报》文艺版编辑，著有都市爱情小说《不如不归》《情劫》等。

以爵青为代表的 1930 年代的哈尔滨都市文学，以 1930 年代的哈尔滨为书写对象，既把审美视点聚焦在都市的时尚生活场景，发现现代性

---

① 爵青：《哈尔滨》，《爵青代表作·归乡》，华夏出版社，2009 年版，第 6 页。

的审美因子，开掘都市生活的现代性和都市摩登男女灵魂的喧哗和骚动，也把笔触深入到都市角落，揭露都市的疮疤和底层人的挣扎。此时作家对城市的文学接受已发生转变，由一般社会谴责转向了审美分析，都市——商业都会在他们的作品中也由历史文化的批判对象第一次完整地成为文学想象的对象和审美对象，其中包括畸形的都市繁华、快速的流动节奏，甚至强大的心理压迫。虽然，此时爵青的小说堪与海派都市文学如"新感觉派"作家刘呐鸥、穆时英等比肩，但与海派相比，哈尔滨都市文学尚未形成合力，就被淹没在乡土文学的叙事之中。

从选取的朱自清、萧红、爵青和罗荪的 20 世纪二三十年代的文学作品中，我们从中感受到了作为一个新兴大都市的哈尔滨多元文化的缤纷色彩和流动的节奏，同时，哈尔滨的多元文化也孕育了具有现代性的哈尔滨都市文学，二者密不可分，相得益彰。虽然哈尔滨都市文学因政治环境的改变，作家相继南下离开哈尔滨，而最终没有形成合力，但哈尔滨都市文学作为哈尔滨都市文化的一部分，为后世哈尔滨都市文学的发展奠定了基础。

第四节　1990 年代，哈尔滨作家为城市精神立传

20 世纪 40 年代末，随着解放战争的推进和全国的解放，农村包围城市的乡村意识成为主流意识形态，农业意识主导下的旧时代的都市再次成为罪恶的渊薮和道德批判的对象，都市文学很快"被工业文学所取代"[1]。直到 1980 年代以后，随着中国改革开放和城市化进程，至 1990 年代，都市文学才随着都市文化的崛起而勃兴。尤其是上海、北京、深圳、成都、武汉等城市的都市文学方兴未艾。

在哈尔滨，以阿成的哈尔滨书写为标志的哈尔滨都市文学也悄然兴

---

[1]　钱文亮：《都市文学：都市文化语境中的文学变革》，《求是学刊》2007 年第 3 期。

起。阿成是儿时随着闯关东的父辈来到哈尔滨的，可以说是在哈尔滨城市文化的熏染中成长起来的本土作家，哈尔滨的繁华与魅影已深深地嵌入他的童年记忆中。近年，阿成创作了《哈尔滨人》《哈尔滨的故事》《风流倜傥的哈尔滨》《城市笔记》《远东的背影》等书写哈尔滨城市性格与历史的作品。"但阿成在这些作品中所呈现的城市空间与很多作家是不同的。阿成虽然也关注哈尔滨这座城市昔日的繁华，但他更关注'摩登'与'霓虹光影'之外的世界，关注那些被主流现代化叙事所遮蔽或篡改的空间。"① 正如阿成在《风流倜傥的哈尔滨》序言中说的那样："一个城市有两种品质，一种是现实中的城市，另一种是记忆中的城市，其实还有另外一种城市，就是理想中的城市。如果将这三者融合在一起，它就应当是一个人的城市，阿成的城市，阿成笔下的城市和阿成理想中的城市。"②

"我写哈尔滨，或者以哈尔滨为背景写了好多的作品，连我都不知道我写了些什么……哈尔滨不仅仅是一个地名，它也是一个文化、历史和世界历史的一个特殊的载体。走在这座城市里，你感受的不仅仅是当地的文明、当地的传统和当地的风情，你还能感到那些流亡者、淘金者在这座城市里留下的种种滞痕。由一个在这座城市生活了半个世纪的人来写这座城市，它的亲历性毫无疑问是真诚的，同时也是真实的。如果我能给这座城市的历史做一个情感上的注脚，那将是我最大的愿意。"③

阿成笔下的哈尔滨不是一个闯入者的哈尔滨，不是一个"都市漫游者"的哈尔滨，而是哈尔滨人的哈尔滨，是感性的哈尔滨，有灵魂的哈尔滨。在阿成的哈尔滨书写中，笔尖渗透了深深地植根于这个城市的切肤的情感。阿成笔下的哈尔滨人，虽然笔墨更多地集中于小人物身上，但在这些小人物身上，不论是作家、诗人、流亡者，还是老妇、妓女，在他们的身上都镌刻着哈尔滨这座城市独特的历史传承和文化记忆。

① 徐志伟：《阿成的另类都市空间》，《文艺报》2009 年 8 月 6 日。
② 阿成：《风流倜傥的哈尔滨》，吉林人民出版社，2005 年版，第 2 页。
③ 阿成：《风流倜傥的哈尔滨》，吉林人民出版社，2005 年版，第 2 页。

阿成的笔下的哈尔滨，更是一个艺术通感的哈尔滨："穿越城市的松花江，滟滟地荡着旧日的梦；中央大街的石砖上摩挲着昨天的风尘；索菲亚教堂的钟声回旋着曾经的祈祷。还有火车站、公园、西餐厅、廊柱、栅栏、太阳岛、冰灯、榆树、丁香花、面包、香肠、酸黄瓜等等，这些关于哈尔滨风情的关键词，浓缩了时代的风云、岁月的情感，一入眼，一浸耳，就有了形象的记忆，是通感带起的想象和情绪，沉郁、幽远。"

而迟子建一贯被视为乡土作家，她的小说以馥郁、清新的黑土气息著称。但迟子建 2007 年发表的小说《起舞》却是她成功书写第二故乡哈尔滨并对都市文学的一次成功尝试。

《起舞》是一个关于哈尔滨的故事，一次凄美伤怀的哈尔滨书写，"一幅哈尔滨艺术的'史记'和'导游图'"①。小说是以哈尔滨一个小角落——马家沟边的棚户区"老八杂"中的"半月楼"的历史变迁为线索，通过丢丢一家三代人的命运，浓缩了哈尔滨的百年沧桑，也映射出哈尔滨的历史巨变。使这篇小说与城市呈现出不同于其他小说与城市的异域色彩的是，迟子建不仅通过"半月楼"这个带有深刻寓意的场景勾连出哈尔滨与俄罗斯文化、与日本殖民统治的关系与影响，还通过人物关系的纠结，写出了哈尔滨南岗（顶天立地的男子汉）、道里（衣着华丽的贵夫人）、道外（穿着朴素的农妇）、中央大街、秋林、太阳岛等城市标志性区域的异域风情，更通过人物性格写出了城市的精神品格，那就是哈尔滨人海纳百川、兼容并包的胸怀，对生活之真不屈不挠的追求和对生活之美的浪漫而大胆的想象。

迟子建这次轻灵"起舞"，不仅让我们看到了她驾驭都市小说的能力，也让我们看到了新的都市文化语境中的哈尔滨都市文学更广阔的空间。

---

① 迟子建：《迟子建中篇小说集：起舞》，上海人民出版社，2008 年版。

第七章　哈尔滨电影——中国电影史上
被遗落的辉煌篇章

电影作为舶来品，自它诞生次年（1896 年）进入中国，至今已有 100 多年历史。关于电影传入中国以及中国早期电影史，许多学者言必称上海。"一部早期中国电影史，很大程度上就是上海电影史。"① "一部中国近代电影史，几乎就是上海电影史。"② 近年随着新的电影史料的发现和研究的深入，这种观点遭到质疑。而对地处中国东北边陲的哈尔滨早期电影文化研究的不断深入，则揭开了被忽略已久的哈尔滨早期电影史的辉煌，它将改写中国电影史的许多篇章。正如有学者指出的那样："在'中国早期电影史就是上海电影史'的强大逻辑作用下，哈尔滨在 20 世纪初创造的影史辉煌一直被遮蔽。哈尔滨独特的城市历史境遇，造就了哈尔滨独特的早期电影文化，哈尔滨是中国第一家专业影院诞生地，其较早成熟的电影市场、较早繁荣的电影文化、较早设立的电影机构相较于国内其他城市，都有着电影史上隆重书写的意义。"③

---

① 朱国栋、刘红：《百年沪商》，上海财经大学出版社，2010 年版，第 260 页。

② 程童一等：《开埠：中国南京路 150 年》，昆仑出版社，1996 年版，第 106 页。

③ 张经武：《被遮蔽的哈尔滨：中国专业影院之诞生与早期电影文化格局》，《北京电影学院学报》2016 年 1 期。

第一节　中国第一家专业影院在哈尔滨诞生

1895 年 12 月 28 日晚，法国摄影师路易·卢米埃尔在巴黎卡普辛路 14 号大咖啡馆里成功用活动电影机放映了电影《工厂的大门》，这一天被认为是世界电影的诞生日。第二年（1896 年）电影传入中国。

关于中国第一家专业电影院的诞生地，在法国学者乔治·萨杜尔所著的《世界电影史》和程季华主编的《中国电影发展史》中都认为是上海，即 1908 年西班牙商人雷玛斯在上海虹口海宁路与乍浦路交口用铅铁皮搭建的可容纳 250 名观众的虹口大戏院①。刘惠吾主编的《上海近代史》的附录大事记中记载："1908 年（光绪三十四年），是年，虹口影戏院建成，这是中国出现的第一家电影院。"② 程季华主编的《中国电影发展史》中说虹口大戏院"是在上海正式修建的第一座电影院"③。

20 世纪八九十年代，随着新的电影史料的发现，这种观点受到了来自哈尔滨的影史研究者和国内其他学者的质疑。有关史料记载，哈尔滨在当时出现了多家早于上海虹口大戏院的电影院。

在世界电影诞生的 1895 年，地处中国东北边陲的哈尔滨还是一个名不见经传的小渔村。第二年，俄国获准修建横贯中国东北的东清铁路（1905 年改为中东铁路），哈尔滨遂成为中东铁路的枢纽，于是，这个名不见经传的小村落开始了它的现代城市建设史，并快速发展为东北亚首屈一指的现代都市。电影也随着中东铁路的修建传入哈尔滨，使哈尔滨的电影设施建设和放映活动几乎与世界电影同步。

1899 年 1 月 6 日，俄国中东铁路局在哈尔滨香坊田家烧锅建成香坊

---

① ［法］乔治·萨杜尔：《世界电影史》，中国电影出版社，1982 年版，第 545 页。

② 刘惠吾：《上海近代史》，华东师范大学出版社，1985 年版，第 414 页。

③ 程季华：《中国电影发展史》，中国电影出版社，1963 年版。

铁路俱乐部，并在俱乐部放映电影，这是哈尔滨有记载的最早的电影活动。随后临时铁路俱乐部、商务俱乐部（现道里科学宫）、阿穆尔军人俱乐部（今龙门大厦贵宾楼）、道里公园花园剧场等相继建成，这些娱乐场所均兼具电影放映功能，但还不是专业的电影院。

目前关于中国第一家专业电影院诞生于哈尔滨有两种观点，一为考布切夫（科勃采夫）电影院，一为皆克坦斯电影院。而关于这两家电影院的时间也存在两种不同的说法。

1900 年皆克坦斯电影院说

这一说法源自哈尔滨电影史家姜东豪 2003 年出版的《哈尔滨电影志》。"1993 年夏，在友人赵喜罡家中见到一本澳大利亚出版的俄文期刊《工业技术》（1957—1975），上面有一幅皆克坦斯影院的外观照片，下边的俄文说明写着：'1900 年哈尔滨中央大街皆克坦斯影院。'从照片上可以看出，影院外观庄重、高雅，门前停着欧洲时尚的贵族常用的四轮马车，更显得格外豪华气派。这样，皆克坦斯影院成为中国第一座影院。皆克坦斯影院，又名大陆影院，由俄籍犹太人创建，位于原中国大街与外国三道街交口，为中国首家颓废派电影院。"[①] 姜东豪先生的说法得到了一些学者的认可。

"1900 年，哈尔滨建立了第一家电影院——皆克坦斯（又名大陆）电影戏院，地址设在埠头区中国大街及外国三道街拐角（今道里区中央大街与红霞街拐角）。这家电影院虽然不是单纯经营电影放映的影院，但却是中国最早的电影院。"[②] 刘小磊先生在其著作和论文中重复了这一说法。

皆克坦斯电影院创建的时间李述笑先生认为是 1906 年。"扬戈若格

---

① 姜东豪：《哈尔滨电影志》，哈尔滨出版社，2003 年版，第 114 页。
② 刘小磊：《中国早期沪外地区电影业的形成 1896—1949》，中国电影出版社，2009 年版。

尔在哈创办'皆克坦斯'（颓废派）电影院。"① 李述笑先生"在一本俄国杂志《远东问题》（1993 年第 3 期）上，找到了一篇文章，那是苏联科学院历史研究所麦里霍夫博士所著《哈尔滨昔日掠影》，文中确切地说明皆克坦斯电影院创建于 1906 年"②。皆克坦斯电影院不论创建于 1900 年还是 1906 年，但创建之初并非专业电影院，它在电影放映前还穿插杂耍娱乐等游艺节目，如来自太平洋新几内亚岛的土著居民表演等。"鼻孔嵌以骨牙，耳坠大环，一执弓矢，一执鱼皮鼓，在台上跳舞，一唱一和。"③ 当年，中东铁路机关报《远东报》经常刊登这家电影院的广告。

1902 年考布切夫电影院说

考布切夫电影院建于 1902 年的说法最初出自 1986 年哈尔滨市人民政府地方志编纂办公室出版的李述笑先生编著的《哈尔滨历史编年 1896—1949》："1902 年（光绪二十八年，壬寅）……是年，俄国人考布切夫在哈创办了第一个电影院，位于中央大街与十二道街交角处。"其后，哈尔滨市电影公司史志办的姜东豪所编著的《哈尔滨电影志》沿用了这一说法。"1902 年，一个叫考布切夫的俄国从军摄影师来到哈尔滨，开始经营电影放映业，轰动一时。他在今道里中央大街与西十二道街拐角处建立了一家电影院，以己之名命名。"对于这一说法的原始出处，哈尔滨剧作家孟烈先生进行了考证，并将结果发表于 1996 年 9 月 25 日出版的《黑龙江广播电视报》上。"它是'伪满'康德十年（1943）出版，由哈尔滨市公署市史编纂室编辑的日文版《哈尔滨市史年表》（此书是日文版，现藏于辽宁省图书馆），在该书第 21 页用日文记载着与《哈尔滨历史编年》相同的内容。这本书在我们和历史事件

① 李述笑：《哈尔滨历史编年（1763—1949）》，黑龙江人民出版社，2013 年版，第 59 页。

② 孟烈：《回眸影探渊源——中国第一家电影院在哈尔滨创建》，《黑龙江广播电视报》1996 年 9 月 25 日，第 1 版。

③ 《记蛮人跳舞事》，《哈尔滨史志丛刊》增刊 1983 年第 5 期。

之间恰好是一个'中途岛'，它距离考布切夫影院的创建只隔41年，而离现在则有53年。值得指出的是，此书虽为日本人编纂，但对本世纪初的情况则完全依据俄国人留下的市政管理档案，所以可信度是很高的。"① 此种说法得到了一些学者的认可。

　　"1899年1月6日，中东铁路俱乐部开业，为哈尔滨最早的娱乐场所之一，并兼有放映电影的功能，电影完全可能经由这样的渠道进入哈尔滨。目前所知哈尔滨最早的正规电影放映场所，是1902年在道里中央大街开业的考布切夫电影戏园（为保持称谓的一贯性，本文以下概用电影院称之），其后至1911年又有4家电影院陆续开业，另外还有2座剧场、4座俱乐部兼放电影。"② "就开业时间与专业功能而论，毋宁可称考布切夫电影院为中国第一家正规电影院，哈尔滨于此亦可称为中国电影院放映业的滥觞之地。"③ "1902年，俄国随军摄影师考布切夫又在埠头区中国大街和石头道街拐角（今道里区中央大街与十二道街拐角）创建了考布切夫电影戏院。这是哈尔滨第一家专营放映电影的影院。"④

1905年科勃采夫电影院说

　　哈尔滨第一家专业电影院是1905年所建的科勃采夫电影院，这一说法源自俄罗斯学者尼古拉·彼得罗维奇·克拉金的考证。

　　2007年出版的俄罗斯学者尼古拉·彼得罗维奇·克拉金所著的《哈尔滨——俄罗斯人心中的理想城市》一书中记载："1903年7月，И. М. 阿尔诺里多夫在新城大街创办了第一家'希尔科夫斯基'剧院。同月，又有一家'美国马戏团'开张。8月份，道里区又陆续开办了

　　① 孟烈：《回眸影探渊源——中国第一家电影院在哈尔滨创建》，《黑龙江广播电视报》1996年9月25日，第1版。
　　② 汪朝光：《20世纪初叶电影在东北边陲之兴——哈尔滨电影市场研究》，《南京大学学报》2004年第4期。
　　③ 汪朝光：《20世纪初叶电影在东北边陲之兴——哈尔滨电影市场研究》，《南京大学学报》2004年第4期。
　　④ 刘小磊：《电影在中国北方地区的初兴与散点分布》，《北京电影学院学报》2011年第6期。

'希弗'剧院和头道街上的另一家大众化剧院。除剧院外，哈尔滨还陆续创办了一些电影院，如 1905 年 12 月，尼·彼·科勃采夫在中央大街和石头道街的拐角处开办了哈尔滨的第一家电影院。三年后，西伯利亚及远东地区知名的电影放映家 M. 阿列克塞在中国大街租房开办了自己的电影院。之后不久，他与阿维季科夫合资，又在位于新城的'奥连特'宾馆内开了一家电影院，为此，后来紧靠这栋大楼还专门建了一处独立的电影放映厅。1914 年，阿列克塞与知名企业家、电影放映界人士多纳洛联手，将分布在远东地区各城市的 11 家电影院全部收并，统一管理。"①

李述笑先生 2013 年在重新修订出版的《哈尔滨历史编年（1763—1949）》中修正了自己的观点，将 1902 年建立的考布切夫电影院改为 1905 年 12 月 25 日建立的科勃采夫电影院。"俄国人潘捷列依蒙·瓦西里耶维奇·科勃采夫（1864—1935）在哈尔滨创办了第一家电影院——科勃采夫法国电影院。院址在道里中国大街和十二道街交角处。影院可容纳百名观众。当时的每张门票售价 5 卢布，人满为患时加卖的站票也要 1 卢布。每天下午 4 点到晚上 7、8 点钟连续放映三场。放映的影片很短，最长的一般也不超过 15 分钟。"② 李述笑在接受《生活报》记者采访时解释说："之前从日文资料中查到的关于俄国人科勃采夫在哈创办中国最早影院的记载，在年代和创建人姓名上都有误，将建于 1905 年 12 月的'科勃采夫'电影院写成了建于 1902 年的'考布切夫'电影院。"③

科勃采夫与考布切夫实则为一人，因均来自俄语音译，故出现了不同。科勃采夫为俄罗斯随军摄影师，俄国纪实电影的先驱。"科勃采夫

① ［俄］H. П. 克拉金著，张琦、路立新译，李述笑校：《哈尔滨——俄罗斯人心中的理想城市》，哈尔滨出版社，2007 年版，第 295—296 页。

② 李述笑：《哈尔滨历史编年（1763—1949）》，黑龙江人民出版社，2013 年版，第 52 页。

③ 《生活报》2013 年 3 月 21 日。

1864 年出生于俄国顿河畔的罗斯托夫，在阿尔马维尔曾有自己的照相馆和小型电影院。日俄战争爆发后，人到中年的他作为随军摄影师来到中国东北，战后留居哈尔滨，开办了不仅在东北，乃至在全国也是第一家的电影院。1935 年 7 月 26 日逝于哈尔滨，在哈尔滨整整生活了 30 年。科勃采夫不仅是精明的电影院老板，而且还是出色的照相师和电影摄影师，他被认为是俄国纪实影片摄影的先驱。他曾拍摄了 1907 年在哈尔滨药铺街（现中医街）举办的自行车比赛纪录片；记录下了 1909 年韩国义士安重根在哈尔滨火车站刺杀伊藤博文那震惊世界的一幕；还摄制了 1910—1911 年哈尔滨鼠疫那悲惨的景象和 1911 年俄国飞机飞抵哈尔滨的新闻。他拍摄的很多影片曾在世界各国演映。上述记载在伪满洲国国务院办公厅弘宣处 1939 年出版的《弘宣半月刊》中也得到了部分印证。"[①]

哈尔滨第一家专业影院为 1905 年 12 月 25 日建于中央大街与十二道街交口的科勃采夫电影院这一说法得到了一些学者的认可。"1905 年，俄国从军摄影师科勃采夫在哈尔滨创建了黑龙江省历史上有明确记载的第一座电影院——科勃采夫法国电影园（今已无存），这也是中国第一家专业电影院。"[②] "哈尔滨第一家专业电影院建于 1905 年 12 月 25 日，名为'科勃采夫法国电影园'。这比'中国首家专业电影院——西班牙人雷玛斯 1908 年 12 月 22 日所建的上海虹口活动影戏园'差不多早了三年。由此可以确定，中国（大陆）最早的专业影院诞生地，应该是哈尔滨。"[③]

综合上述资料，可以认定，开办于 1905 年的科勃采夫电影院为中国（大陆）第一家专业电影院。此后，哈尔滨又相继开办了一些专业

---

① 李述笑：《哈尔滨老影院的故事：跨越百年的影像记录》，哈尔滨新闻网，2011 年 9 月 30 日。
② 孙建伟：《黑龙江电影百年》，黑龙江人民出版社，2012 年 1 版，第 2 页。
③ 张经武：《被遮蔽的哈尔滨：中国专业影院之诞生与早期电影文化格局》，《北京电影学院学报》2016 年第 1 期。

电影院，伊留季昂电影院（1906 年）、皆克坦斯电影院（1906 年）、进步电影院（1906 年）、莫代尔电影院（1906 年）、奥连特电影院（1908年）、托尔斯泰电影院（1909 年）等多家电影院。俄罗斯麦里霍夫博士文中还记载 1906 年创办于道里中央大街与商务街（今上游街）交口的伊留季昂电影院开业时曾点燃 3000 支蜡烛，场面颇为壮观①。从电影诞生之日起短短十余年时间，在哈尔滨就开办了如此众多的影院，直至今日，历经百年，奥连特电影院还屹立在哈尔滨市中心的南岗区果戈理大街上，成为中国现存最早的电影院。

第二节　和平电影院（奥连特电影院）
——中国现存最早的电影院

关于和平电影院（奥连特电影院、敖连特电影院）创建于 1908 年的说法，笔者最早见于孟烈先生 1996 年 9 月 25 日发表于《黑龙江广播电视报》的《回眸顾影探渊源——中国第一家电影院在哈尔滨创建》一文，彼时笔者任该报编辑、记者。"现在哈尔滨南岗的和平电影院，即原来的敖连特影院，也是建于 1908 年，与虹口大戏院是同庚。"但孟烈先生没有写明出处。后在 2000 年出版的李述笑先生的《哈尔滨历史编年》中看到同样简要的记载："1908 年'俄人阿列克谢耶夫和阿贝其阔夫在新市街（南岗）义州街开办了奥连特电影院'。"李述笑先生于2013 年出版的重新修订的《哈尔滨历史编年（1763—1949）》中根据新发现的史料对这一说法进行了补充和修订："俄国西伯利亚和远东地区著名电影经理人阿列克谢耶夫和阿维季科夫在新市街（南岗）新买卖街开办'热烈喝彩'电光影院（后因该电影院设在'奥连特'旅馆一楼，遂被称为'奥连特'电影院，1912 年失火重建后正式改称'奥连特'，现称'和平艺术电影院'。原建筑仍部分保留，是中国现存最早

---

① ［俄］麦里霍夫：《哈尔滨掠影》，《远东问题》1990 年第 3 期。

的电影院。"①

尼古拉·彼得罗维奇·克拉金先生在《哈尔滨——俄罗斯人的理想城市》一书中根据哈巴罗夫斯克边疆区国立档案馆 1908 年的档案记载印证了奥连特电影院开办于 1908 年的说法。②

李述笑先生在 2012 年 3 月 18 日发表于《新晚报》的《中国现存最早的电影院——"奥连特"的新证新说》一文中记述了这一说法的来龙去脉和考证过程。

"在拙著《哈尔滨历史编年》（2000 年版）中，笔者只是记下奥连特电影院开办于 1908 年。不知什么时候出现了奥连特电影院建于 1908 年的说法，后来更有竣工于 1908 年的结论，言之凿凿，影响甚甚。在无可靠史料的情况下，本人也曾在审订《凝固的乐章》文字稿时认可了这种说法。于是报章、杂志辗转摘抄，习非成是。

"新史料的发现往往会纠正推断之谬误，甚至颠覆既往之结论。近年有机会再读由菲舍尔拍摄编辑的 1905 年在莫斯科出版的俄文版《1897—1903 年中东铁路建筑画册》时，在第 117 页新市街（即南岗早期形成时的核心地区）商用私营建筑中豁然发现在建中的该建筑的老照片。从图片说明中得知这是为某私人印刷厂建设的房舍。从所在的新买卖街（后称义州街、奋斗路，现果戈理大街）的位置、楼的造型、对称式的布局和风格看，它就是奥连特电影院的前身！从工程的总体进度看，当时楼体和立面装饰已基本竣工，主入口上面的方座穹顶已落成，楼左侧半面的门窗扇已装妥，楼侧的花式木栅栏已安装，竣工指日可待。从同一页相关图片中人物的着装判断，照片拍摄的时间应为 1903 年冬季，因此它最后的落成时间不会晚于 1904 年春天。其实，电影院创办的时间不等于就是该建筑落成的时间，这是个简单的逻辑。

---

① 李述笑：《哈尔滨历史编年（1763—1949）》，黑龙江人民出版社，2013 年版，第 79 页。

② ［俄］Н. П. 克拉金著，张琦、路立新译，李述笑校：《哈尔滨——俄罗斯人心中的理想城市》，哈尔滨出版社，2007 年版，第 295—296 页。依据哈巴罗夫斯克边疆区国立档案馆，全宗第 831 卷，总目录第 2 卷，31 藏室，1908 年。

"奥连特影剧院的建筑 1904 年落成后是不是办了印刷厂，不得而知；奥连特旅馆是哪一年在此办起来的，也无稽可考。有关史料仅告诉我们，1908 年，俄国西伯利亚和远东地区著名电影经理人 М. Я. 阿列克谢耶夫和 Б. Н. 阿维季科夫合伙，在新市街的新买卖街开办了一家电影院，当时命名为'热烈喝彩'电光影院。从笔者搜集到的珍贵老照片看，奥连特旅馆和'热烈喝彩'电光影院仅占大楼的左侧一半，右侧则为古尔钦科和基斯洛夫'第一灌肠厂'、法国理发馆和理发用品店所占据。建筑主入口的上方挂着奥连特旅馆的招牌，'热烈喝彩'电光影院的牌匾被举到了屋顶。一楼剧场外露天撑起了篷布，支起了围栏，剧场入口处似乎还挂着棉门帘。草创时期一切都显得仓促、简陋和古朴。看，乘四轮马车来的看客似乎在准备检票入场，门前站着的那位身着长衫头戴礼帽者倒像是个中国人。可见，当时能光顾外国电影院的中国人也不是我们想象的那样寥若晨星、凤毛麟角。

"在拙著《哈尔滨历史编年》（2000 年版）中，笔者仅简要介绍了 1908 年'俄人阿列克谢耶夫和阿贝其阔夫在新市街（南岗）义州街开办了奥连特电影院'（这一条目在即将付梓的增补插图版《哈尔滨历史编年》中做了如下增补、修改和规范：'1908 年俄国西伯利亚和远东地区著名电影经理人 М. Я. 阿列克谢耶夫和阿维季科夫在新市街新买卖街开办'热烈喝彩'电光影院。'请读者明鉴）。时间不太久，却被人添枝加叶，臆造出了'由曾任远东总督的阿列克谢耶夫上将与好友阿贝其科夫合资兴建'的奇谈。

"据可靠史料记载，奥连特电影院经理人 М. Я. 阿列克谢耶夫是俄国西伯利亚和远东地区著名电影经理人。1908 年，当他发现了中东路的修筑经营及哈尔滨的崛起为人们提供了诸多商机的时候，来到了哈尔滨。新买卖街的周边业态环境和奥连特旅馆独特风格的建筑引起了他极大的兴趣，于是便与奥连特旅馆的老板 Б. Н. 阿维季科夫（即上述年表中提及的阿贝其阔夫。由于最初接触到的是日文资料，由日文转译的俄文姓名并不精准。现据俄文史料订正为 Б. Н. 阿维季科夫）协商创办电影院。二者一拍即合，由旅馆方腾出一楼房舍，М. Я. 阿列克谢耶夫出

151

资装修剧场、购置设备，紧锣密鼓地筹办起了影剧院。此 M. Я. 阿列克谢耶夫并非彼 E. И. 阿列克谢耶夫，Б. H. 阿维季科夫也并非 M. Я. 阿列克谢耶夫的好友。"①

"热烈喝彩"电光影院上映的主要是欧美默片，还专门放映着色影片。幕间休息时加演歌舞，乐队为无声片编配伴奏是该影院的首创，引起了观众极大兴趣，也为其他电影院纷纷效仿。载于 1916 年 12 月 26 日《远东报》的广告记载，当时的奥连特电影院即已放映根据托尔斯泰小说《复活》改编的俄罗斯电影巨片。

"它是迄今黑龙江省及哈尔滨市现存时间最长、历史最悠久的电影院。该影院时跨晚清、民国、'伪满'和新中国四个不同的历史时期。1915 年，该影院由某意大利人经营。1934 年，由一日本人和一法国人合资经营后，其名称一直未变。1945 年'八一五'光复后，影院被苏联领事馆接收，后归苏联影片输出公司经营，仍沿用奥连特电影院名称。1951 年，苏联政府将该影院移交给我东北影片经理公司哈尔滨分公司。1952 年，影院被哈尔滨市文教局接管。1955 年，影院更名为和平电影院。'奥连特'电影院在哈尔滨当时排行中应该算老五，可它却与号称全国第一的上海虹口大戏院同龄呢！'奥连特'不仅目睹了近百年来中国电影业的兴衰流转，更是中国电影发展历程的活样本！"②

1908 年开办的奥连特电影院是迄今为止发现的中国现存最早的电影院，这一说法已得到多位电影研究者的认可。"建于 1908 年的电影院（和平电影院）还屹立在哈尔滨市区，它是中国现存最早的电影院。"③遗憾的是，奥连特电影院所在建筑在 20 世纪 90 年代后期城市改建中被拆掉了三分之二，破坏了建筑的整体风格。但值得庆幸的是，影院保留

① 李述笑：《中国现存最早的电影院——"奥连特"的新证新说》，《新晚报》2012 年 3 月 18 日。

② 李述笑：《哈尔滨老影院的故事：跨越百年的影像记录》，哈尔滨新闻网，2011 年 9 月 30 日。

③ 张经武：《被遮蔽的哈尔滨：中国专业影院之诞生与早期电影文化格局》，《北京电影学院学报》2016 年 1 期。

1920 年代的皆克坦斯电影院

马迭尔影剧院

1907 年的和平电影院（以上图片选自孟烈、李述笑、张会群主编《画说哈尔滨》）

巴拉斯电影院的《风云儿女》广告（图片选自孟烈、李述笑、张会群主编《画说哈尔滨》）

了下来，使之成为中国电影史上文化价值不可估量的文化遗存。但近年来，这座电影院已经不再放映电影，不知从哪年起，电影院的门窗用砖石完全封闭起来，等待修缮。但令人遗憾的是，这样一座极其珍贵的保护建筑，不知什么原因，修缮的工作一直未能进行。

第三节　哈尔滨早期成熟的电影市场与电影文化

"电影院作为电影文化的物质承载者、传播者和接受终端，它是电影产业链条中的关键节点。"① 电影院不仅仅是电影传播过程中的物质载体，更是电影文化繁荣的重要标志。电影最早进入中国的城市是上海，而第一家专业电影院却诞生在哈尔滨，中国现存最早的电影院以及众多建于 20 世纪前半叶的老电影院仍屹立于哈尔滨城市中心，这其中必然隐藏着其历史与文化逻辑，它是由哈尔滨作为现代城市特殊的历史际遇决定的。

哈尔滨作为现代城市的历史是与中东铁路的修建同步的。中东铁路的修建是以沙俄殖民者的掠夺为其第一要义，并试图将中国东北变成"黄俄罗斯"，这客观上使他们在建设城市之初，是以建设其"家园"的心态进行规划和设计的。"他们不仅将这里作为自己的工作地，同时也作为长期生活的家园"②，如哈尔滨第一家专业电影院的创办者科勃采夫，自日俄战争期间来到哈尔滨后，一直在哈尔滨生活，他不仅在哈尔滨开办影院，还拍摄影片，将电影作为毕生的追求，直至 1936 年去世。科勃采夫的儿子则是著名俄文报纸《霞光报》的主笔。据有关统计数据，1912 年，哈尔滨有俄侨 4 万余人，占人口的 60%。随着俄国十月革命后大批白俄的涌入，1922 年，俄侨人数达到 15 万人。此后，

---

① 张经武：《被遮蔽的哈尔滨：中国专业影院之诞生与早期电影文化格局》，《北京电影学院学报》2016 年 1 期。

② ［俄］H. П. 克拉金著，张琦、路立新译，李述笑校：《哈尔滨——俄罗斯人心中的理想城市》，哈尔滨出版社，2007 年版，第 156 页。

哈尔滨人口数量不断增加，而俄侨数量有所下降，至 1929 年哈尔滨人口达到 40 多万人时，俄侨数量仍维持在五六万人，超过 10%①。中东铁路载着大批俄罗斯移民涌入哈尔滨，同时也带来了俄罗斯文化，形成了哈尔滨早期以俄罗斯文化为基础的多元文化交融的城市文化氛围。电影作为新兴娱乐形式，亦随中东铁路和俄罗斯移民进入哈尔滨，成就了哈尔滨早期电影的繁荣，也使哈尔滨成为电影进入中国的陆路通道。

《远东报》是中东铁路局创办于 1906 年的哈尔滨第一份中文洋报纸，在哈尔滨销量甚大。从当年《远东报》登载的文章及其刊登的广告中足见当时哈尔滨电影繁荣之景象。

1910 年 10 月 27 日出版的《远东报》曾载文《人头传话器来哈》，文中写道："皆克坦斯电影戏园，前由英人运来非洲蛮族二人，在该园习跳舞，一时观者颇盛，该园亦获利不资。近又由海参崴运至人头传话器，与观众问答相同，定于 27 日开演，届时当往一试，其实不过光学之作用云。"

1911 年 10 月 24 日出版的《远东报》曾载文介绍中国大街（中央大街）电影院的情况："公园歇后，中国大街之电影园聚兴。每当夕阳西下，一班女士入内游观者络绎不绝。园中所演皆赵都督来哈所摄之戏片，真情毕露，颇为一班游人所欣赏。而该园中亦因之而利市三倍焉。""近日秦家岗下坎乌查斯街新开电影戏园一处，票价甚廉，贱至十五戈比，戏片颇新奇可观，故坐客常见拥挤，闻每日生意尚在中国大街各家之上也。"

1916 年 12 月 26 日出版的《远东报》为奥连特电影院发布的广告："今日准演最新影片《礼拜日》（《复活》），为俄国大文豪托尔斯泰之杰作。内容为某王爵与一亲族使女结不解缘，旋因公事在身，不得不赴军营就职。不意某女暗结珠胎，王爵音信全无，卒至流为娼优。有富商

---

① 哈尔滨地方志编纂委员会：《哈尔滨市志·大事记·人口》，黑龙江人民出版社，1996 年版，第 460、119 页。

出资脱其乐籍，旋被他人谋害，警局不察，归罪于某女，判决充发西伯利亚。彼时王爵适充讼师，极力周旋，并面许与之结婚。某女恨其有始无终，坚不承认，及至起解时，王爵坚请从行。沿途某女与他人结识，愿从其自首。王爵费尽心机，卒不能挽回。此片共分六场，久在世界著名，望各界勿失之交臂。"1916 年，当大多数中国人还不知电影为何物时，哈尔滨观众就有幸能看到文学大师托尔斯泰的名著改编的电影，由此可见电影在哈尔滨的传播速度之快、接受程度之高。

法国电影大师萨杜尔在《电影通史》中提到："1912 年中华民国宣告成立时，在 4 亿中国人民中，电影院还不到 20 家。北京还没有 1 家，上海只有 2 家，哈尔滨有 8 家。"① 至 1920 年前后，哈尔滨电影院建设规模仍超出上海。据中国电影资料馆黄德泉先生考证，此时上海专业影院大概 10 余家，根据哈尔滨电影史志学者姜东豪考证，此时哈尔滨专业影院数量至少 20 家以上②。至 1920 年代中期，"据不完全统计，20 年代中期全国共有电影院 140 家，其中上海最多为 39 家；北京居次为 13 家；哈尔滨排第三为 12 家；其后为天津和汉口，各 10 家；其他城市均不过数家"③。这一说法出自 1927 年出版的《中华影业年鉴》，但根据 1929 年刘静严先生出版的《滨江尘嚣录》记载："现有之影院，本埠特区境内共计十二家。"本埠特区指哈尔滨中东铁路特别行政区，不包括道外，书中载："道外民国十四年以前，仅有光明电影社一家，十五年春，商人某，出资租赁房舍于傅家甸升平二道街，开始营业，名曰神洲大戏院，专演国产影片。"④ 民国十五年即 1926 年，也就是说 1926 年时，哈尔滨至少有电影院 14 家，而非 12 家。这样哈尔滨电影院数量

① ［法］乔治·萨杜尔著，文华、吴玉麟等译：《电影通史（第三卷）·电影成为一种艺术》（下册），中国电影出版社，1982 年版，第 236 页。

② 姜东豪：《哈尔滨电影志》，哈尔滨出版社，2003 年版。孙建伟：《黑龙江电影百年》，黑龙江大学出版社，2012 年版，第 2—9 页。

③ 程树仁：《中华影业年鉴·影戏院总表》，中华影业年鉴社，1927 年版。

④ 刘静严：《滨江尘嚣录》，中国青年出版社，2012 年版，第 124—125 页。

就超过北京，仅次于上海。即使以 12 家计，哈尔滨电影院占人口数量的比例也为当时全国第一。"如果以电影院占人口数的比例计算，则哈尔滨位居第一，平均 3.5 万人一家，上海则为平均 7.69 万人一家，哈尔滨超过上海一倍以上。虽然我们没有当时观众人数的统计，但考虑到开办电影院完全是商业行为，可以推论……哈尔滨的电影观众每年可以超过 200 万。"①

另据哈尔滨电影史家孙建伟统计："从 1914 年至 1931 年'九一八'事变前，黑龙江地域开设的电影放映场所 100 处，其中哈尔滨 71 处（包括莫斯科兵营俱乐部 5 处）。"尽管孙建伟先生的统计不仅仅是专业电影院，其中包括俱乐部及茶园等娱乐场所，同时也存在一些电影院开办不久即关闭的现象，但从电影放映的商业行为论，足见当时哈尔滨电影市场的兴盛与繁荣。由此，学者张经武得出结论："哈尔滨与上海的专业影院在规模上实现持平，大约在 20 世纪 30 年代中期，即东三省沦陷之后，日本人的入侵和统治很快改变了哈尔滨电影文化发展的走向。此前，哈尔滨的专业影院数量一直超过上海。"②

哈尔滨早期电影文化与电影市场的繁荣与哈尔滨当时的经济环境密不可分。中东铁路的开通，使哈尔滨成为东北亚连接欧亚大陆的交通枢纽，吸引了来自世界和中国内地的大量淘金者，城市化进程快速发展，开埠十余年时间，哈尔滨就已发展成为以贸易为主的商业繁盛、人口聚集的东北亚经济中心和生活社区，哈尔滨市民较高的薪资收入为哈尔滨的电影消费和电影市场的形成提供了经济基础。刘静严先生 1927 年对哈尔滨各行各业薪资收入进行了调查，在《滨江尘嚣录》中记载：哈尔滨中东铁路总工厂工人的"最底之薪饷，犹五六十元"；"油坊、火磨、铁厂"等工人最低薪资"每日均在一元以上"；"平均一成衣匠每

---

① 汪朝光：《20 世纪初叶电影在东北边陲之兴——哈尔滨电影市场研究》，《南京大学学报》2004 年第 4 期。

② 张经武：《被遮蔽的哈尔滨：中国专业影院之诞生与早期电影文化格局》，《北京电影学院学报》2016 年第 1 期。

月之收入，率八九十元以上”；“有线电报生之薪金，率在四十以上，按定期增若干”；小学校长最高为二百八十五元，最低四十元，教员最高二百一十四元，最低三十五元；“华文报馆之编辑，普通以四十元为起码，多者则在九十元左右”；电车司机、票务员每月“二十至五十元”；政府机关以特区地亩局为例，“科长、秘书等月薪二百六十元，一等科员一百二十元，二等八十元，三等六十元，一等办事员九十元，二等七十五元，三等六十元”①。从上述各类工人、教师、机关科员等的薪资看，当时哈尔滨的经济环境和发展水平好于内地，收入水平亦高于内地。1929 年上海工人的薪资水平为“每天工作 10 小时，男工的平均日工资应为 0.73，女工 0.44，童工 0.34，以每月 30 天计，平均月工资分别为 21.9、13.2、10.2 元”②。以邮政局的邮务员为例，哈尔滨邮务员最低薪资 35 元，而当时上海邮务员的日工资为 0.67 ~ 1 元，折合月薪不超过 30 元③。当时哈尔滨薪资水平应略高于经济最发达的上海。而哈尔滨当时的电影票价在每张至 0.15 ~ 0.5 元之间。“1920 年 11 月 26 日《远东报》载：新设在道里区石头道街一面街拐角，门面朝东的实业俱乐部，电影票价划作四等。其中头等包厢：金票 0.70 元，大洋 0.55 元；二等池座：金票 0.50 元，大洋 0.40 元；三等池座：金票 0.30 元，大洋 0.25 元；学生、军人每位金票 0.20 元，大洋 0.15 元。”④“1923 年 7 月 27 日，光明电影社上映《万必力》，楼票 0.25 元，池座 0.15 元，边票 0.05 元。”⑤ 一张电影票票价在当时哈尔滨人的薪资收入中所占比例较小，看电影对于哈尔滨市民并非奢侈的消费。

哈尔滨电影市场影片的类型和来源，初时多为外国影片，尤其是俄

---

① 刘静严：《滨江尘嚣录》，中国青年出版社，2012 年版，第 93—98 页。

② 上海特别市社会局编：《上海特别市工资和工作时间（民国十八年）》，商务印书馆，1931 年版，第 126、124 页。

③ 陈达：《中国劳工问题》，商务印书馆，1929 年版，第 302 页。

④ 孙建伟：《黑龙江电影百年》，黑龙江大学出版社，2012 年版，第 29 页。

⑤ 孙建伟：《黑龙江电影百年》，黑龙江大学出版社，2012 年版，第 29 页。

国影片，直到1920年代中期开始放映国产影片。影片的类型也多以婚姻爱情、家庭伦理片为主，一般在放映正片之前还加演一些新闻纪录短片，尤其是关于第一次世界大战的纪录片。根据刘小磊先生以皆克坦斯电影院为例的统计数字："皆克坦斯电影院在1917年共放映影片53部，其中大略可归类为社会伦理片34部，战争片8部，盗匪片6部，其他题材片5部。"① 这一时期，电影片源主要来自俄国和欧洲。1917年俄十月革命后，多年的国内战争切断了欧洲电影的片源，俄国国内的电影生产也陷入困境。"十月革命和随后的内战给俄国电影带来了毁灭性的影响，这个行业几乎荡然无存。"② 同时，由于欧洲"一战"的影响，战后影片生产数量急剧下降，这一惨状直接影响了哈尔滨的电影业，哈尔滨电影经营者不得不另寻片源。这也是进入1920年代后来自上海的国产影片增多的原因，外国影片也从俄国、欧洲转而为美国影片。"自1916年到1919年，皆克坦斯与莫代尔两影院共放映电影134部，全系外片；1924年上映影片46部，其中国产片不过五六部；而1926年放映国产片的比例则剧升至90%左右。自1911年至1931年，哈尔滨共发行影片456部，其中国产片196部，占全部发行量的43%，而其中绝大部分是在1926年以后发行的。"③ 除此之外，哈尔滨影院放映的影片还有哈尔滨本公司制作的影片，如远东公司拍摄的影片《侦探捕盗》《铁路局几潮》《哈尔滨全景片》等。俄侨叶·普·达斯金娜在《远逝的哈尔滨》一书中回忆："电影院对哈尔滨人来说不仅是消遣的地方，而且是看世界的窗口。如果说刚开始哈尔滨的电影院并不多，但紧随其后，就像哑巴会说话一样令人惊奇，电影院如雨后春笋，诞生了不少。像大家熟知的'巴拉斯''敖连特''基干特'等电影院。在二三十年代这些

---

① 刘小磊：《电影在中国北方地区的初兴与散点分布》，《北京电影学院学报》，2011年第6期。

② 刘小磊：《中国早期沪外地区电影业的形成（1896—1949）》，中国电影出版社，2009年版。

③ 姜东豪：《解放前哈尔滨电影事略》，《文艺史志资料》第2辑，1985年版。

电影院上映的片子也与欧美地区一样。……三四十年代哈尔滨电影界的状况:'二战'前美国电影充斥市场,有座电影院(我想可能是船坞的'巴拉斯')专门上映美国西部片。随后占领银幕的是德国电影。……同时有些电影院还上映日本艺术片,大多是表现往昔武士的优越生活的。"①

这里值得一提的是,哈尔滨远东电影公司还是中国最早的电影公司。"早在1908年,俄国人多纳特洛和阿列克塞就在哈尔滨合作成立了电影股份公司——远东公司,这家公司兼营生产、发行和放映等多种业务。这比公认的中国第一家由外国人投资的电影公司——上海亚细亚影戏公司早了一年以上。这一显赫的电影史实,也一直被遮蔽。"② "远东公司创建历史之早,存在时间之长,经营范围之广,可称早期中国电影业开发史之最。"③ 远东公司不仅经营远东地区多家影院和影片的发行,还在哈尔滨拍摄制作了多部本土电影,并将俄国和欧洲电影从陆路引进到上海。

从电影进入哈尔滨至1931年"九一八"事变之前的30年,是哈尔滨电影文化最为繁荣的阶段,也是哈尔滨电影在中国电影史上最具历史地位的时期,不仅贡献了中国电影史上的第一家专业电影院——创建于1905年的科勃采夫电影院,还贡献了中国电影史上的第一家电影公司——创建于1908年的远东电影公司,这两项第一足以说明哈尔滨在中国电影史上突出的历史地位。随着这一被遮蔽多年的历史被揭开,哈尔滨电影文化微观研究的许多细节,还有待进一步挖掘和厘清。

---

① 《名人眼中的哈尔滨》,哈尔滨出版社,2016年版,第26、27、28页。
② 张经武:《被遮蔽的哈尔滨:中国专业影院之诞生与早期电影文化格局》,《北京电影学院学报》2016年第1期。
③ 姜东豪:《哈尔滨电影志》,哈尔滨出版社,2003年版。孙建伟:《黑龙江电影百年》,黑龙江大学出版社,2012年12月版,第2—9页。

第四节　哈尔滨老影院现状

哈尔滨现存的老电影院有开办于 1908 年的和平电影院（奥连特电影院）、1926 年的亚细亚电影院以及儿童电影院、新闻电影院、松光电影院、红星电影院、巴拉斯电影院等。

和平电影院

和平电影院即开办于 1908 年的奥连特电影院，它是中国大陆迄今为止发现的现存最早的电影院。和平艺术电影院位于南岗区果戈理大街381 号，令人遗憾的是和平电影院的整体建筑已不完整，于 20 世纪 90 年代江南春改建时拆掉了三分之二，只保留了影院部分，整体建筑看上去很不协调。和平电影院前些年还在放映电影，近年影院已经歇业，正在等待修缮。

亚细亚电影院

亚细亚电影院原名巨人电影院，位于南岗区果戈理大街 414 号，与和平电影院隔街相望，这座折中主义风格的电影院建于 1926 年（一说建于 1925 年）。1926 年 6 月 23 日出版的《霞光报》对亚细亚电影院破土动工的消息进行了报道。"电影舞台公司从今天开始在新城破土动工，修建'巨人'影剧院。其具体位置设在奥连特剧院和雅古诺夫商场对面的广场上。影剧院的楼面装潢采用工程师拉特比尔的设计方案。这座影剧院不管是在风格结构，还是在建筑规模上都可以称得上是整个新城最好的影剧院。"[1] 巨人俄语音译为吉干特，巨人影院又名吉干特电影院，1927 年改名为凤翔影剧院，1929 年为适应更大规模的演出又进行了一次舞台改建，1936 年更名为亚细亚电影院。"文革"当中曾一度更名为东方红电影院。改革开放后，恢复了亚细亚电影院的旧称，直到新

---

① 《霞光报》1926 年 6 月 23 日。转引自［俄］H. П. 克拉金著，张琦、路立新译，李述笑校：《哈尔滨——俄罗斯人心中的理想城市》，哈尔滨出版社，2007 年版，第 300 页。

世纪初这里都是哈尔滨重要的电影放映场所。2007 年被改造为刘老根大舞台。2010 年关门，目前正在修缮中。

新闻电影院

新闻电影院坐落在道外区景阳街 372 号，建于 1929 年 4 月 17 日，原名中央大戏院，折中主义建筑风格。建成之初，兼营戏剧电影。新闻电影院也是哈尔滨最早上映有声电影的电影院，1931 年 5 月 1 日和 14 日，两次上映上海联华实业公司在 1930 年出品的蜡盘配声片《野草闲花》。中央大戏院 1932 年更名为平安电影院，1948 年称水都电影院。1949 年 4 月 28 日，在哈尔滨拍摄的新中国第一部国产故事片《桥》在这里首映。1956 年更名为新闻电影院。2004 年不再放映电影，成为二人转剧场。

巴拉斯电影院

巴拉斯电影院位于道里区中央大街与西七道街交角处的西七道街上，建于 1926 年，一说建于 1925 年，1946 年改名为第二电影院，1949 年又改名红光电影院，1960 年改称兆麟电影院。

巴拉斯电影院由俄国人出资修建。兴建之时，《霞光报》对其进行了报道："电影舞台公司在埠头区又建造了一座叫作'巴拉斯'的影剧院大楼。这座大楼位于距中国大街不远的面包街上。从前这里曾经是'马赛克'剧院的旧址。预计可容纳 1000 名观众的新剧场与'巨人'影剧院不同，它不仅可以放映电影，而且还可以上演各种风格的剧目。这栋影剧院是由哈尔滨当时著名的建筑工程师多里安设计的。剧场里的设备也是从国外专门订购的。舞台的高度为 13 米。建设者们为使这栋复杂的建筑崛地而起，整整用了几个月的时间，直到当年的 10 月份，影剧院大楼才最终竣工。"①

2012 年将原建筑三层改为五层，变成了巴拉斯美食娱乐城，在五

---

① 《霞光报》1926 年 6 月 23 日。转引自［俄］尼古拉·彼得罗维奇·克拉金著，张琦、路立新译，李述笑校：《哈尔滨——俄罗斯人心中的理想城市》，哈尔滨出版社，2007 年版，第 300 页。

层设立了巴拉斯电影院。

儿童电影院

儿童电影院建于 1933 年，位于工厂街 76 号，原为日本人创建的平安座电影院，典型的日式建筑。1945 年 8 月 15 日由苏联领事馆接收，改名为南京电影院。1946 年 3 月移交给哈尔滨市中苏友协经营，为纪念李兆麟将军，更名为"兆麟电影院"。1948 年 8 月 1 日，第六次全国劳动大会在此举行，1953 年更名为儿童电影院。儿童电影院曾承载了哈尔滨几代人的童年记忆，但在 1990 年代后期电影不景气的背景下，影院出租给皮草行和二人转剧场。2012 年进行了重新修缮。

松光电影院

松光电影院位于道外区北三道街 127 号，前身为 1943 年建立的大国光电影院，由中国资本家合资创办。1947 年，哈尔滨市工会店员工作队接收大国光电影院，改名为店员俱乐部。1949 年由哈尔滨市中苏友好协会管理委员会接管，更名为第五俱乐部。同年，移交给东北影片经理公司哈尔滨分公司。1950 年易名为松光电影院，1953 年由哈尔滨文化局管理。60 年代初曾改名为红旗电影院。1969 年恢复原称，1972 年归哈尔滨电影公司直属。目前，道外北三道街正在进行中华巴洛克街区综合改造，期待在项目改造过程中，松光电影院能够得到保护与修缮。

第八章　哈尔滨——音乐之都的前世今生

　　"当你漫步在中央大街，观赏着那一幢幢风格独特的建筑、街边的路灯，甚至脚下的石块，你会产生一种置身于某位欧洲古典绘画大师画作之中的感觉，给你带来无尽的遐想与愉悦。此时，你常常会听到不知从哪扇窗口飞出的乐声，忽隐忽现地飘浮在街道上空。假如你了解这座城市的音乐史，你会想到这乐声或许是 20 世纪二三十年代著名的哈尔滨交响乐团在巴拉斯演奏的余响；或许是世界著名的男中音歌唱家夏里亚宾从马迭尔俱乐部传出的歌声；或许是 60 年代'哈夏'音乐会期间张权、温可铮、刘淑芳等歌唱家在哈尔滨影剧院举行独唱音乐会；或许这只是从一家普通居民楼上传出的流行音乐……谁能说得出，这条百年老街曾吸引来多少中外音乐家，谁又能计算得出究竟有多少音乐人才从这里走向全国、走向世界呢？

　　"中央大街是与音乐同在的。假如说它的建筑是一部凝固的音乐，那么那些有声的音乐，则像川流不息的松花江江水始终奔涌在这些'凝固的音乐'周围和它们的空隙之中，并一直流入人们的心海，让人情不自禁地随着它起伏的旋律轻轻吟唱——这就是中央大街的魅力。"①

　　这是哈尔滨的百年音乐血脉在曾创作了《我爱你塞北的雪》等著名歌曲的词作家王德心中的诗意流淌，也是哈尔滨之所以被联合国教科

---

① 　王德：《我与中央大街》，《名人眼中的哈尔滨》，哈尔滨出版社，2016 年版，第 124 页。

文组织授予"音乐之都"的形象注脚。也许正是哈尔滨这座城市百年音乐文化的熏陶，让王德这位 1955 年来到哈尔滨的北大荒人，写下了无数脍炙人口的歌曲。

音乐之都是联合国"创意城市网络"授予"创意城市"七大主题荣誉称号（文学之都、电影之都、设计之都、民间艺术之都、媒体艺术之都、美食之都）之一，联合国教科文组织 2010 年 6 月 22 日授予哈尔滨"音乐之都"（Music City – Harbin，China），使哈尔滨这座百年音乐之城与奥地利维也纳、意大利博洛尼亚、西班牙塞维利亚、英国格拉斯哥、比利时根特一同成为世界六大音乐之都，也是亚洲唯一入选的城市。从此，百年音乐之城有了国际组织认可的固化名片。这不仅源于哈尔滨丰厚的音乐文化底蕴，更源于哈尔滨人的百年热爱与坚持。

早在 20 世纪初，由于中东铁路的开通和俄国十月革命的影响，大批受过良好教育的俄侨涌入哈尔滨，其中也会集了众多优秀的音乐家。他们的到来，将西方的交响乐、爵士乐、歌剧、芭蕾舞剧带到哈尔滨，使哈尔滨 1903 年就出现了第一家乐器商店——斯克罗霍德在中国大街创办的里拉乐器店①，并于 1908 年诞生了中国乃至远东第一支真正意义上的交响乐团，还使哈尔滨发展为中国歌剧和芭蕾舞艺术的摇篮。20 世纪前半叶，俄侨音乐家们在这里曾经开办了多所音乐学校，哈尔滨的音乐教育不仅为中国培养出了第一代音乐家、歌唱家，还有芭蕾舞舞蹈家，他们从哈尔滨走向上海、北京、天津，为新中国的音乐和芭蕾舞事业培养了一代又一代人才，同时培养出的外侨音乐家散居在世界各地，如德国爱乐乐团首席小提琴家赫尔穆特·斯特恩、曾获得第一届柴可夫斯基小提琴大赛第一名的朝鲜小提琴家白高山、韩国歌剧的奠基人林原植、苏联著名钢琴家阿纳托利·伊凡诺维奇·维杰尔尼科夫、在美国一举成名的托里亚·卡缅斯基等。哈尔滨浓郁的音乐氛围和活跃的音乐舞台还吸引了世界各地优秀的音乐家来这里演出，并培养出了高水平的音

① 李述笑：《哈尔滨历史编年》，黑龙江人民出版社，2013 年版，第 43 页。

乐观众。

第一节 "哈响"——中国及远东第一支交响乐团

诞生于 1908 年的哈尔滨交响乐团是中国乃至远东地区第一支真正意义上的交响乐团，被称为"老哈响"。100 多年来，哈尔滨交响乐团为中国乃至世界吸纳并培养了许多著名音乐家、指挥家。如原中国国家交响乐团首席指挥许述惠，小提琴家杨牧云、范圣宽，上海交响乐团指挥斯卢茨基，日本 NHK 交响乐团指挥约瑟夫·克尼希，大阪交响乐团指挥梅特勒都曾经在哈尔滨交响乐团工作过。

在哈尔滨交响乐团建立前的 1899 年，"哈尔滨出现了以铁路员工为主的室内乐团。演奏者是捷克人 Г. Г. 埃尔姆利一家，这家人成为铁路员工音乐的中坚力量"①。1900 年，"中东铁路医院主任医师 Г. 波列基卡、米施特拉姆、拉杰兹基和戈列利舍夫组成了弦乐四重奏，首先奏响了室内音乐沙龙的前奏曲"②。1903 年，中东铁路通车后，以俄罗斯人为主的铁路员工人数剧增，他们对文化的渴求变得十分迫切。1908 年 4 月，中东铁路管理局将俄国阿穆尔铁道兵旅团第二营管弦乐团调入哈尔滨，在铁路俱乐部贝壳露天剧场演出柴可夫斯基《1812 年序曲》、鲍罗廷《第五交响曲》，指挥宗杰利。该乐团后改编为哈尔滨（中）东清铁路管理局交响乐团（简称"哈响"）。行政长官是当时铁路护路军长官李德洛斯·奥莱斯多维奇·奥莱斯基大校。乐团成立之初有 150 人，包括演奏家、歌唱家和演员。日本作家岩野裕一编著的《满洲——音乐史：王道乐土的交响乐》（音乐之友出版社，1999 年 11 月版）一书中有详细记载。

---

① 刘欣欣、刘学清：《哈尔滨西洋音乐史》，人民音乐出版社，2002 年版，第 1 页。

② 刘欣欣、刘学清：《哈尔滨西洋音乐史》，人民音乐出版社，2002 年版，第 1 页。

哈尔滨中东铁路管理局交响乐团建立之初属于半专业化的演出团体，每年中东铁路管理局为其拨款 2 万卢布，作为乐团人员的开支，其余资金缺口要靠乐团自行创收。

哈尔滨中东铁路管理局交响乐团首任指挥宗杰利、第二任指挥巴特亨。1918 年俄国发生了十月革命，1919 年，第一次世界大战结束，哈尔滨俄侨人数骤增，1920 年已增至 13 万人，1922 年则达到 15.5 万人。移居到哈尔滨的俄侨音乐家纷纷加入交响乐团，1918 年乐团迎来俄罗斯杰出的指挥家埃姆·梅特勒。梅特勒是一位犹太人，1878 年出生于乌克兰，先后在哈里克夫帝国大学学习医学和法律，1906 年毕业后进入圣彼得堡音乐学院，跟随音乐大师格拉祖诺夫学习作曲。毕业后在圣彼得堡、巴库、哈里克夫帝国歌剧院和交响乐团任指挥，1918 年移居哈尔滨。梅特勒加入乐团后与小提琴家格拉夫曼共同掌管交响乐团。格拉夫曼是在哈尔滨最早开独奏音乐会的小提琴家。梅特勒执棒交响乐团后，"用了 5 年时间，把'哈响'乐团办成了远东第一交响乐团。"①

1923 年，乐团邀请指挥大师 A. Э. 斯卢茨基加盟，与梅特勒共同执棒乐团，这一时期，是乐团最辉煌的时期。首席小提琴是尼古拉·A. 希费尔布拉特，第二小提琴首席是 B. Д. 特拉赫金贝尔格，中提琴是约瑟夫·克尼希，大提琴首席是 И. 乌利什捷因和 B. 普里霍季科。首席小提琴尼古拉·A. 希费尔布拉特是小提琴教育家奥尔的学生，曾任莫斯科交响乐团指挥、格鲁吉亚第比利斯歌剧院乐队首席和圣彼得堡交响乐团独奏。1919 年成为世界闻名的德国梅克伦堡公爵提琴四重奏乐团成员，1920 年来到"哈响"工作。此外，这一时期乐团的歌唱演员也多为彼得堡帝国歌剧院（马林斯基歌剧院）的歌唱家。由于中东铁路管理局交响乐团的声望越来越大，日本还没有一支像样的交响乐团、歌剧院及芭蕾舞剧院，日方 1925 年 4 月来哈，从"哈响"乐团聘请 30 人

---

① 刘欣欣、刘学清：《哈尔滨西洋音乐史》，人民音乐出版社，2002 年版，第 7 页。

168

去日本协助工作。1926年3月，梅特勒因其夫人——著名芭蕾舞教师沃索夫斯卡娅被日本国宝少女歌剧舞蹈团聘请任该团教练，梅特勒辞去"哈响"的工作，随夫人前往日本。斯卢茨基继续担任乐团的指挥。1928年，乐团为美国哥伦比亚唱片公司录制唱片，签约日本的演奏家们也大多返回哈尔滨。

1930年代前半段，因1932年1月日本占领了哈尔滨以及1935年苏联政府提出将中东铁路单方面卖给伪满洲国，使大批中东铁路员工及家属撤回苏联，交响乐团的一些演奏员前往上海等原因一度陷入困境。1936年4月26日，在北满铁路局及日伪当局等的协调下，哈尔滨交响管弦乐协会成立，该协会下属有交响乐团、歌剧团、合唱团等。1938年，交响乐团恢复了正常的业务训练和演出。1939年3月，哈尔滨交响乐团在日本东京、长崎、京都等地进行了访问演出，演出受到了日本观众的欢迎。1940年，哈尔滨交响管弦乐协会还出版了《哈响》月刊。1945年，正当哈尔滨交响乐团准备举行第200期定期音乐会时，日本裕仁天皇宣布无条件投降，中国人民迎来了"8·15"光复日。

1946年4月28日，哈尔滨解放后，原哈尔滨交响乐团的演奏员中的一些人加入哈尔滨铁路文工团，如资深俄侨音乐家索林、斯文齐茨基、希多罗夫、柯西金、泽姆良尼科夫等，使哈尔滨铁路文工团1950年代初仍保持了较高的演出水平。以比比科夫为代表的一些演奏员加入长春电影制片厂乐队，为新中国的电影配乐。还有的音乐家被沈阳东北音乐专科学校聘去任教。1956年，随着中苏关系开始恶化，俄侨音乐家开始回国或前往其他国家定居。这一段时间，哈尔滨交响乐演出一度中断，直到1961年首届"哈尔滨之夏"音乐会，交响乐又回到了哈尔滨音乐舞台，哈尔滨交响乐团也完成了它由"老哈响"向"新哈响"的蜕变。

如今，经过几代人的努力，哈尔滨交响乐团不仅演出不断，还拥有了自己的音乐厅，并且更加专业化和国际化。

第二节　哈尔滨——中国歌剧的发源地之一

歌剧起源于 16 世纪的意大利佛罗伦萨，至 19 世纪俄罗斯歌剧已有一定的基础，并以格林卡、达尔戈梅斯基为代表创作了一批俄罗斯民族歌剧。中东铁路通车后，俄侨不仅将交响乐带到了哈尔滨，也将歌剧带到了哈尔滨。他们开办剧院，建立专业歌剧团。在 20 世纪前半叶，哈尔滨歌剧团不仅使哈尔滨的歌剧舞台异彩纷呈，演出了《浮士德》《沙皇的新娘》《黑桃皇后》《茶花女》《卡门》等著名歌剧，世界一些著名的歌剧艺术家，如俄国歌王夏里亚宾、男低音歌唱家格·斯·沙亚平等都到哈尔滨开演唱会，哈尔滨歌剧团还赴北京、天津、青岛、上海、汉口以及日本等地进行巡回演出。

哈尔滨最早的剧场始于 1903 年 8 月，"俄国人伊万诺夫在哈尔滨道里公园（今兆麟公园）开办门捷列夫花园剧场，先后请尼库林和阿尔诺利多夫担任导演。1904 年伊万诺夫归国，阿尔诺利多夫接管剧场，改称滑稽剧场"[①]。1911 年 12 月，中东铁路俱乐部（今哈铁文化宫）落成，这里曾是哈尔滨歌剧演出最多的场所。其他演出场所还有位于中国大街的马迭尔剧场，位于今道里区经纬街的铁路车辆总厂俱乐部和位于今上游街的商务俱乐部等。而在马迭尔剧场建成之前的几年中，中东铁路俱乐部是哈尔滨当时最现代化的剧场。Г. В. 梅利霍夫在《遥远而近在咫尺的满洲》一书中这样描写铁路俱乐部落成典礼时的情景："上午 11 点，中东铁路管理局的一切工作都按时停止，所有的员工都向俱乐部大楼聚拢。做完祈祷之后，俱乐部开放，所有人都尽情欣赏着大楼里面装饰考究的各个房间：能容纳 900 多名观众的剧场、豪华宽敞的舞台、贵宾厅和其他辅助厅，其中包括电影放映室、台球室、富丽堂皇的观众休息室、图书阅览室、棋牌室，还有小吃部（饭店）和酒吧……

---

① 李述笑：《哈尔滨历史编年》，黑龙江人民出版社，2013 年版，第 40 页。

总之，大楼里的文化娱乐设施十分完备，应有尽有。此外，还配有电话，从这里甚至可以向世界任何国家拍发电报。每天晚上这里都是人声喧闹，灯火通明。"① 这里从来都是座无虚席，每天演出不断。1926 年至 1927 年，中东铁路俱乐部上演的歌剧《沙皇萨尔坦》场场爆满。

最早来哈尔滨演出歌剧的是以贡萨列茨兄弟为首的意大利歌剧团，稍后则是俄国帕利耶夫歌剧团。"据《远东铁路生活》载，1912 年 8 月 9 日，俄国著名歌剧演员维申斯卡娅一行到哈尔滨铁路俱乐部演出歌剧咏叹调和歌剧《沙皇的新娘》，深受欢迎。"② "但真正意义上的歌剧艺术还是俄国费多洛夫歌剧团的到来和哈尔滨费维伊斯基歌剧团的成立。"③

费多洛夫歌剧团于 1919 年不断来哈尔滨演出，费多洛夫歌剧团具有深厚的艺术基础和优秀的人才。而费维斯基歌剧团在哈尔滨成立后，又相继成立了哈尔滨歌剧团、哈尔滨东省铁路歌剧团、哈尔滨轻歌剧团、哈尔滨乌克兰轻歌剧团等，其中实力最强的当属 1920 年至 1924 年由帕图申斯基领导的哈尔滨歌剧团，在这个歌剧团担任主角的都是正统歌剧院的名家，可谓人才济济。如男低音莫祖辛、男低音卡斯托尔斯基、男高音奥尔热利斯基、男高音维京格等，以及著名歌唱家列梅舍夫、布里吉涅维奇等。俄侨芭蕾舞舞蹈家恩·沃·科日夫尼科娃回忆："哈尔滨的俄国人的文艺演出活动主力是歌剧，是我们的艺术之神，是它把我们带入了神圣的艺术世界。女歌唱家有斯比尔雪夫斯卡娅、叶里佐娃、卡基特立克、别金娜；男歌唱家有维捷里斯、沙曼斯基、马尔阔夫、舒什林、斯亚宾和当年的演员列米雷夫、卡卓修斯基及导演乌里扬

① ［俄］H. Π. 克拉金：《哈尔滨——俄罗斯人的理想城市》，哈尔滨出版社，2007 年版，第 226—227 页。

② 孙悦湄：《近代声乐艺术在哈尔滨的传播与影响》，《交响—西安音乐学院学报》2011 年第 6 期。

③ 刘欣欣、刘学清：《哈尔滨西洋音乐史》，人民音乐出版社，2002 年版，第 31 页。

诺夫。当时演出的剧目就技巧而言不逊于任何首都大剧院，我们演出过《叶甫盖尼·奥涅金》《活着为了沙皇》《皇帝的新装》《鲍利斯·戈都诺夫》《考夫曼的故事》《浮士德》《钱袋》和展示创作和技术能力的闭幕剧《基捷日城传说》等许多剧目。"①

哈尔滨歌剧舞台除俄侨外，还有来自意大利等国的演员，如1929年至1930年，意大利花腔女高音阿里比、男中音列阿里、花腔女高音瓦里季、男高音涅里与哈尔滨歌剧团的俄侨歌剧演员联合演出了莫扎特的歌剧《费加罗的婚礼》《乡村骑士》《塞尔维亚的理发师》等。

1946年哈尔滨解放后，吕骥、向隅、马可、刘炽等延安解放区文艺工作者来到哈尔滨，民族歌剧《白毛女》在哈尔滨首次演出成功，为哈尔滨新歌剧的发展打下了基础。

第三节　哈尔滨早期音乐教育及其对全国的影响

哈尔滨不仅是西方音乐进入中国的重要通道，也是西方音乐教育的发源地之一。从1921年起至1963年，40余年从未间断，"先后建立了6所正规音乐学校，这是在中国创办的第一批西洋音乐学校，培养了众多音乐人才。这些学校的特点是：师资素质高，其中很多人毕业于圣彼得堡、基辅、莫斯科、巴黎、米兰、莱比锡等音乐学院。实行正规化的科班教育，重视艺术实践。他们靠不懈的努力、诲人不倦的精神，向中国人民介绍了肖邦、李斯特、巴赫、贝多芬、柴可夫斯基……使中国人民了解了交响乐、奏鸣曲、幻想曲和协奏曲，培养了中国首批音乐艺术家。"② 使哈尔滨成为中国西方音乐人才的培养基地。

---

① ［俄］恩·沃·科日夫尼科娃：《30年代的哈尔滨舞台》，《名人眼中的哈尔滨》，哈尔滨出版社，2016年版，第11页。

② 苗笛：《黑龙江百年故乡音乐家》，黑龙江人民出版社，2004年版，第34页。

一、第一高等音乐学校

1921 年 5 月，哈尔滨第一高等音乐学校在南岗大直街哈尔滨商务学堂校内成立，发起人为俄侨音乐家 П. Н. 马申、С. М. 达弗基里泽、Ю. К. 普洛特尼茨卡娅和 Е. П. 德鲁任尼斯卡娅。第一任艺术委员会主席为 Д. Г. 卡尔波娃，副主席为 Л. Я. 赞杰尔-日托娃。[①]

第一高等音乐学校发起人 П. Н. 马申是著名俄侨音乐家，1907 年即在哈尔滨商务学堂任音乐教师，还兼任一个俄侨合唱团的指挥。第一届艺委会主席卡尔波娃 1920 年来到哈尔滨，她毕业于圣彼得堡音乐学院，是著名的钢琴家，享有"自由艺术家"称号。副主席为 Л. Я. 赞杰尔-日托娃也是一位钢琴家。艺委会成员中还有钢琴家 Е. П. 德鲁任尼斯卡娅、小提琴家 Э. А. 津格尔、С. П. 霍罗舍夫斯基、歌唱家 М. В. 奥西波娃-扎克热夫斯卡娅。

学校按照俄国皇家音乐学会、俄国皇家音乐学院课程设置开课，学制 6 年。该校 1928 年迁至吉林街奥克萨科夫斯卡雅中学，1923 年在埠头区大同路（今道里新阳路）24 号还办了埠头分校。1941 年整体迁至大同路 24 号。1930 年至 1940 年间，学校共举办了 88 场音乐会。此外，还举办了肖邦、贝多芬、巴赫、舒曼、鲁宾斯坦、门德尔松等音乐家作品的专场音乐会。

第一高等音乐学校办学 20 多年，共有 2000 多名学生入校学习，但学校按照俄国皇家音乐学院教学大纲授课，标准高，难度大，宽进严出，20 多年间，仅有 38 名学生修完全部课程，获毕业文凭。其中成绩优秀者，多留校任教。

1947 年，哈尔滨第一高等音乐学校改称"哈尔滨苏联高等音乐学校"，地址迁至南岗区义洲街 36 号（今果戈理大街黑龙江省外事办），并得到苏联驻哈尔滨领事馆的认可。1948 年，原哈尔滨音乐训练班也

---

① 刘欣欣、刘学清：《哈尔滨西洋音乐史》，人民音乐出版社，2002 年版，第 37 页。

173

走完了其21年的办学之路，合并到哈尔滨苏联高等音乐学校之中。校长由钢琴家费德尔·叶伏格拉福奇·奥克萨科夫斯基接任。

曾有着西部歌王之称的王洛宾青年时代也曾在第一高等音乐学校学习过。1928年，年仅16岁的王洛宾来到哈尔滨，投奔在中东铁路工作的姐夫和姐姐，王洛宾一边在铁路工作，一边进入第一高等音乐学校学习。当年即为塞克的话剧《北归》主题歌《北归》和插曲《离情别意》谱曲。1928年年底，王洛宾为塞克的诗《在海的那边》谱曲，这首歌当时在哈尔滨妇孺皆知，广为流传。

被称为中国小提琴教父的犹太小提琴家特拉赫金贝尔格（В. Л. Трахтенберг）是第一高等音乐学校任教时间最长的老师之一，他在中国执教达38年之久。特拉赫金贝尔格1884年出生于乌克兰基辅，1904年入基辅音乐学校，学习小提琴，1908年入圣彼得堡音乐学院，跟随小提琴大师奥尔学习。1912年毕业，先后担任音乐教员和军乐队指导等。1922年来到哈尔滨，任第一高等音乐学校小提琴高级教师，1930年起任"哈响"乐团首席小提琴，1933年任第一高等音乐学校艺委会主席。他的学生遍及世界，如世界著名小提琴家、柏林爱乐乐团首席赫尔穆特·斯特恩，П. 拉缅斯基，彼得·伯尔顿，中国小提琴家杨牧云等。

1938年，10岁的犹太人斯特恩和父母为逃避纳粹的迫害，从德国远渡重洋，辗转来到哈尔滨。斯特恩的母亲在哈尔滨教授钢琴，父亲教授声乐，在哈尔滨犹太社团的帮助下，斯特恩拜小提琴家特拉赫金贝尔格、希多罗夫为师学习小提琴，直到1949年离开哈尔滨返回德国，先后在德国几大乐团就职，20世纪七八十年代任柏林爱乐乐团小提琴首席，与卡拉扬、祖宾梅塔等大师合作多年。1979年，借到中国演出之机，斯特恩回到阔别了30年的哈尔滨，此后，他多次回到哈尔滨，并为中国音乐事业和青年人才出国学习提供帮助。晚年，斯特恩曾出版自传《弦裂》，在书中详细回忆了他在哈尔滨的学习与生活，并对客居中国的这段日子充满深情。

1921年莫斯科歌剧院著名女演员吉·姆·马莫诺娃在哈尔滨演出

特拉赫金贝尔格（左一）与小提琴四重奏小组（以上图片选自孟烈、李述笑、张会群主编《画说哈尔滨》）

特拉赫金贝尔格在教中国学生演奏小提琴（图片选自孟烈、李述笑、张会群主编《画说哈尔滨》）

在铁路文化宫贝壳剧场举办的"哈夏"音乐会

176

特拉赫金贝尔格的优秀学生中还有曾任中央乐团小提琴首席的作曲家杨牧云。他曾是《沙家浜》《穆桂英挂帅》等剧目的作曲，也是斯特恩的同学。

特拉赫金贝尔格的学生还有一位南加州大学终身教授彼得·伯尔顿。他是哈尔滨犹太人，曾在哈尔滨生活了13年，并在哈尔滨打下了深厚的音乐基础。2004年8月31日下午，彼得·伯尔顿前来哈尔滨参加"哈尔滨犹太历史文化研究国际学术研讨会"时，笔者（当时任记者）在香格里拉饭店曾经采访过他。他告诉笔者："1928年，我6岁时随母亲从波兰来到哈尔滨，我当时的名字叫彼得·贝尔施泰因。我的母亲是个酷爱音乐的人，她一生都梦想成为职业音乐家，并在世界巡回演出，但这一梦想她一直未能如愿，所以，她把希望寄托在我身上，为我找到了哈尔滨最好的小提琴老师。我从小和犹太小提琴家特拉赫金贝尔格学琴，他是一位杰出的小提琴家，也是哈尔滨交响乐团的负责人，第一音乐学校的艺术委员会主席。1936年至1941年，我还是个小学生，我们几乎每隔一两个月就会有一个学生演奏会，1941年，我是学生中演奏水平最高的。

"我第一次参加演出是14岁，在马迭尔音乐厅举办了独奏音乐会，引起轰动。这对少年的我来说，无疑是一个非常大的荣誉。在哈尔滨生活期间，我一共参加了25场音乐会的演出，那时的哈尔滨是个音乐气氛浓郁的城市，可以说是一个音乐城。"[①]

曾获得首届柴可夫斯基小提琴大赛第一名的朝鲜小提琴家白高山是第一高等音乐学校希多罗夫教授的学生，回到朝鲜后成为朝鲜著名的小提琴家。

后来成为韩国音乐指挥专业的创建者、韩国歌剧的奠基人的林原植，1937年和1944年曾两次来到哈尔滨，在著名钢琴教育家奥克萨科

---

① 庄鸿雁：《哈尔滨，犹太人心中的梦》，《黑龙江广播电视报》2004年9月6日。

夫的门下学习钢琴，白天上课，晚上在大和旅馆弹琴打工。

钢琴家阿扎列夫（又译拉查雷夫）教授移居上海后，成为我国钢琴家刘诗昆的启蒙老师。

П. 伊·舍夫左夫及原第一高等音乐学校创办人之一合唱指挥家、歌唱家 П. Н. 马申后来去了上海，继续从事音乐教育，教授出了一大批我国第一代音乐家。

第一高等音乐学校艺委会副主席赞杰尔 1935 年去上海，创办音乐学校。与特拉赫金贝尔格同出奥尔大师门下的小提琴家托诺夫 1925 年离开哈尔滨后，开始了往返于北京、天津间的小提琴教学生涯，中国著名音乐家刘天华、冼星海、马思聪、陆以循等人都是他的学生。[①]

1916 年生于哈尔滨的犹太钢琴家阿达·勃朗斯坦夫人，后随父母移居上海，曾是著名钢琴家傅聪等人的钢琴教师。

二、格拉祖诺夫高等音乐学校

格拉祖诺夫高等音乐学校创建于 1925 年 7 月 1 日，是哈尔滨创建的第二所高等音乐学校，地址即在今道里通江街犹太老会堂改建的音乐厅。创建之初，这所学校名为"哈尔滨市立音乐学校"，1928 年 8 月 18 日改为以俄国著名音乐家、圣彼得堡音乐学院院长格拉祖诺夫名字命名的音乐学校。该校由犹太小提琴演奏家戈尔德施京和其夫人钢琴演奏家迪龙以及大提琴家施贝尔曼共同创办。

戈尔德施京 1910 年毕业于圣彼得堡音乐学院小提琴专业，后又赴德国柏林音乐学院深造，师从著名小提琴家马托教授。迪龙毕业于德国莱比锡音乐学院。1913 年，戈尔德施京回圣彼得堡音乐歌剧院担任小提琴首席。1915 年至 1923 年，戈尔德施京在德国组织音乐家演出团在高加索地区进行巡回演出，影响巨大，后又在南高加索巴库创办音乐学校，成为著名的音乐家和音乐教育家。1917 年，戈尔德施京与钢琴家

---

① 刘欣欣、刘学清：《哈尔滨西洋音乐史》，人民音乐出版社，2002 年版，第 85 页。

迪龙相识，邀请她出任巴库音乐学校钢琴教师，后来他们相爱结婚。迪龙也是犹太人，童年在乌克兰接受过系统的钢琴训练，后毕业于德国莱比锡音乐学院，师从著名钢琴家泰克马勒教授。

1925 年，戈尔德施京夫妇来到哈尔滨，在道里炮队街（今通江街）创办格拉祖诺夫高等音乐学校，戈尔德施京任校长，学校的行政领导机关是学校管理委员会，社会活动家卡西扬诺夫任主席。很快学校会集了哈尔滨很多音乐家，学校开设了钢琴、小提琴、大提琴、巴松、黑管、手风琴、小号、声乐等专业，按照俄罗斯皇家音乐学院的教学体系教学。至 1928 年，学校各专业已有学生 200 多名，为哈尔滨培养了大批音乐人才，如第一届毕业生中钢琴家塔季亚娜·阿列克桑德洛夫娜·奇娜列娃，移居秘鲁后为秘鲁音乐事业做出了杰出贡献，曾获秘鲁政府金质奖章。从 1925 年学校创办之初，到 1936 年学校停办，共为七届毕业生举办过演奏会。此外，学校还经常在铁路俱乐部、商务俱乐部举办各种音乐会，1931 年 1 月，学校举办的纪念莫扎特诞辰 175 周年室内音乐会，反响热烈。苏联著名钢琴家维杰尔尼科夫在哈尔滨出生，并在格拉祖诺夫音乐学校学习钢琴。10 岁时他在哈尔滨举办钢琴神童独奏音乐会。当时著名的俄侨报纸《霞光报》对哈尔滨的音乐文化有着详尽的记载，以 1931 年至 1932 年俄罗斯文化节为例，几乎每天都有关于歌剧、舞剧、交响乐以及音乐学校的演出报道，而且对于一些知名的演奏家、演唱家及艺术团体、学校的精彩表演也有详细的介绍和评论。

格拉祖诺夫高等音乐学校的教师后来很多移居上海发展，并成就了上海音专在中国音乐史上的地位。如声乐教育家 B. Л. 舒什林、钢琴家阿克萨克夫、大提琴家舍甫磋夫等。

格拉祖诺夫音乐学校声乐教育家 B. Л. 舒什林曾为中国培养了多位杰出的歌唱家。舒什林 8 岁时就以儿童歌手驰名圣彼得堡，被称为"空中云雀"，15 岁毕业于圣彼得堡皇家音乐学院，19 岁被意大利著名声乐教授埃弗拉迪收入门下。舒什林 1924 年移居哈尔滨，1925 年担任格拉祖诺夫音乐学校声乐教师，同时担任哈尔滨歌剧院男高音演员，在哈尔滨期间曾出演歌剧《浮士德》《叶甫盖尼·奥涅金》等。1929 年，B. Л. 舒什林应上海国立音乐专科学校（简称上海音专）校长萧友梅之邀，移居上海，任上海音专声乐教授，直到 1956 年返回苏联。

舒什林在上海音专期间，教出了周小燕、黄友葵、福满民、魏鸣泉、沈湘、高芝兰、周慕玉、温可铮、李志曙、唐荣枚、郎毓秀、曹岑、斯义桂、杜刚、胡然等我国第一批著名的声乐歌唱家。周小燕被称为"中国之莺"，她曾培养出廖昌永等世界著名男中音歌唱家。沈湘的学生则有金铁霖、郭淑珍、关牧村、殷秀梅、程志、迪里拜尔、梁宁等。

格拉祖诺夫音乐学校钢琴家、作曲家及音乐理论家阿克萨克夫毕业于莫斯科音乐学院。1918 年侨居哈尔滨，1925 年起任格拉祖诺夫高等音乐学校音乐史教师。1928 年移居上海，不久即被聘为上海国立音乐专科学校钢琴及作曲教授，1930 年曾被评为上海最受欢迎的钢琴演员之一。著名音乐家吕骥、向隅等皆出其门下。

三、哈尔滨音乐学校及苏联高等音乐学校

哈尔滨音乐学校成立于 1927 年 10 月 20 日，这所学校是与教会合办的哈尔滨第三所普及性正规音乐学校。创始人是毕业于基辅音乐学校声乐专业的巴拉诺娃·波波娃和东正教哈尔滨圣伊维尔教堂主持尼·沃兹涅先斯基（法名季米特里·拉甫罗夫）。东正教哈尔滨教区主教梅列基为这所学校的监护人。

学校开办初期，仅开设钢琴、小提琴和声乐三个班。学生以侨民为主，也有少数中国学生。尽管学校的资金紧张，但仍给予 20% 的学生免费待遇。

1948 年，哈尔滨音乐学校与哈尔滨第一高等音乐学校合并，得到苏联驻哈尔滨领事馆的认可，更名为苏联高等级音乐学校，校长由毕业于圣彼得堡大学东方语文系和音乐系的钢琴家费德尔叶伏格拉维奇·奥克萨科夫斯基担任。此后，中国学生有所增加。1957 年，学校停办。苏联高等音乐学校培养了大批中国优秀音乐人才，如原中央歌剧院王宝

珍（曾主演歌剧《红珊瑚》等）、原中央乐团小提琴首席许述惠、原中央民族大学音乐系教授金在清、曾创作了《乡恋》《夕阳红》等歌曲的著名作曲家张丕基、朝鲜小提琴家白高山、沈阳音乐学院教授张雷、哈尔滨小提琴教育家佐滕等。

张丕基曾回忆，1950 年，只有 13 岁的他在一场文艺演出中表现出色，被送至哈尔滨苏联高等级音乐学校进修。当时他是学校里年龄最小却最用功的学生，学习小提琴、钢琴及作曲理论。每天他都是最后一个走出琴房。

中央乐团指挥家秋里 6 岁随家人从山东迁居哈尔滨，他曾向赫尔穆特·斯特恩的父亲吉特马尔·斯特恩学习声乐，还向别莱诺夫学习手风琴。秋里在回忆哈尔滨的文章中写道："读书时代，向哈尔滨的外侨音乐家学习声乐和手风琴，优美的旋律至今仍缭绕在耳畔，使我终身受益。1945 年，我和一群要求进步的热血青年参加了哈西文工团时，就找到了我的人生定位：跟着共产党走，献身革命，献身人民的音乐事业！"[1] 1946 年，年轻的秋里成功指挥演出了歌剧《白毛女》，崭露头角。50 年代，他先后任中央歌舞团和中央乐团常任指挥，指挥了《黄河大合唱》、大型音乐舞蹈史诗《东方红》等大型演出。还曾指挥录制多部电影音乐，如《上甘岭》《永不消逝的电波》《青春之歌》《狼牙山五壮士》等。他坦承："在半个多世纪的指挥生涯中，不管事业上取得怎样的辉煌，不论我在哪里持棒，都忘不了我的第二故乡——哈尔滨，它哺育我成长。"[2] 尤其是晚年，哈尔滨更令他魂牵梦萦。

20 世纪前半叶，哈尔滨的音乐教育机构除上述几所高等音乐学校外，还有一些规模较小的音乐学校及音乐私教。如 1920 年代末于南岗吉林街开办的奥克萨科夫斯基的音乐学校，到 1940 年代已是较有名气

---

① 秋里：《衷肠寄语》，《名人眼中的哈尔滨》，哈尔滨出版社，2016 年版，第 209 页。

② 秋里：《衷肠寄语》，《名人眼中的哈尔滨》，哈尔滨出版社，2016 年版，第 209 页。

的钢琴学校，拉缅斯卡娅、韩国著名指挥艺术奠基人林原植等都曾是奥克萨科夫斯基的学生。小提琴家赫尔穆特·斯特恩的母亲就在家里教授学生学习钢琴，斯特恩的父亲则教声乐；住在今宣威街的小提琴家Г.И.波戈金和住在斜纹街（今经纬街）的季米特洛夫都在家里教授小提琴，他们都是著名的小提琴教育家。

第四节　传承与超越——哈尔滨之夏音乐会

哈尔滨作家罗荪曾在自己的作品中这样描述1930年代初哈尔滨青年人的音乐文化生活："我相信你们还记得在这里曾过过的一些日子，这座被称为东方的彼得堡的都市，的确是值得住过的人们的留恋。在你们走后的信中，不是经常地在赞美这里的生活、这里的雪景、这里富于魅惑力的夏天的夜生活？只消在那条中国大街做一次散步，那些美妙的音乐就够人享受半晚了。我们却还有一个小小的弦组，在每个星期六的夜晚，喝着咖啡，咀嚼着浓厚的巧克力，奏着狂热的曲子，唱着软绵绵的歌词，谈着风趣百出的笑话，兴致到最好的时候，将客厅里的桌椅搬干净了，一个人奏着手风琴，大家便合舞起来。夜还不深，我们在享受完了室内音乐的时候，也要听一听天籁，欣赏一下大自然的夜晚在平静中有着多么杂乱的乐曲合奏着。"①

20世纪60年代至80年代曾负责中苏友协和哈尔滨市委宣传部工作的牛乃文回忆并总结："哈尔滨不仅是座美丽的城市，而且有爱好音乐的传统，在五六十年代，你走在南岗居住区的小街上，随时可听到钢琴弹奏的声音，有时还有优美的小提琴声，让人们感受到一种温柔的享受，把人们指向一种高雅的精神境界。我也欣赏过杨牧云和刘竹喜等人的莫扎特的弦乐四重奏。我还记得朝鲜小提琴家白高山，每个周末他都

---

① 罗荪：《未发出的书简》，《罗荪集》，黑龙江大学出版社，2011年版，第49页。

在兆麟公园露天舞台演奏小提琴曲，给中国听众留下了深刻印象。这些音乐活动对群众的感染是很深的，很多听众不知不觉中入了迷。我讲的只是我见到的很小一部分。据原在哈尔滨工作的老音乐家王一丁先生告诉我，世界歌王夏里亚宾和维尔金斯基在道里一座电影院（即现在的东北剧场）举行音乐会，这给哈尔滨音乐史添上了浓墨重彩的一笔，这种传统自然就会影响整个社会。哈尔滨人民对音乐艺术情有独钟，我想和历史是有关系的。"[①] 哈尔滨之夏音乐会正是在这深厚的音乐文化氛围的基础上举办的。

一、哈尔滨之夏音乐会

"哈尔滨之夏音乐会"与"上海之春音乐会"、广州"羊城花会音乐会"并称为中国三大音乐会。"哈尔滨之夏音乐会"是在1958年的"哈尔滨之夏群众文化活动月"的基础上形成的，自1961年至今已举办了34届，推出了《乌苏里江》《乌苏里船歌》《太阳岛上》《我爱你塞北的雪》等一大批脍炙人口、传唱几十年经久不衰的歌曲。

1958年7月9日，哈尔滨市委宣传部、市文化局、市工会、团市委、市妇联及各区委等20多个单位开会，会议决定1958年8月1日—30日，在全市范围内举办"哈尔滨之夏群众文化活动月"，同时开始征集"哈尔滨之夏"活动月纪念图案设计和歌曲。1958年举办的"哈尔滨之夏群众文化活动月"具有广泛的群众性，为"哈尔滨之夏音乐会"奠定了群众基础。

1961年，正是我国遭受三年困难时期的第二年，也是人民生活最艰难的一年。据时任哈尔滨市委宣传部常务副部长的牛乃文回忆："1961年，中共哈尔滨市委提出了'现在经济生活比较困难，精神生活要搞得丰富一些'。遵照市委这一精神，我先后多次与市音乐家协会唐乃智、市歌舞剧院院长沙青等同志策划举办'哈尔滨之夏音乐会'的

---

① 牛乃文：《多姿多彩的哈尔滨》，《名人眼中的哈尔滨》，哈尔滨出版社，2016年版，第133页。

方案，后经当时的市委书记任仲夷、郑依平等同志同意，便有了不畏天灾人祸慷慨高歌的首届'哈夏'。"① 文中没有提及广为流传的著名歌唱家张权提出举办"哈尔滨之夏音乐会"的说法。

1961 年 7 月 5 日晚，首届"哈尔滨之夏音乐会"开幕式在哈尔滨青年宫剧场隆重举行。"首届哈尔滨之夏音乐会，哈尔滨歌舞剧院管弦乐队演奏了贝多芬的《第六交响曲》（田园）第一乐章、《天鹅湖组曲》《瑶族舞曲》。歌唱家张权演唱了世界经典歌剧作品中的咏叹调《月亮颂》《为什么》等。钢琴演奏家丁顺训演奏了贝多芬的钢琴奏鸣曲《热情》。中提琴演奏家胡景荣演奏了《在草原上》《二泉映月》。胡景荣先生原是俄侨音乐家伊佳·特贝尔的学生，任职沈阳军区前进歌舞团乐队时，拜伊佳·特贝尔为师，学习中提琴。大提琴演奏家刘兴华先生领奏了大提琴合奏《西北民风舞曲》《即兴曲》等作品，小提琴演奏家邓中西先生领奏了小提琴齐奏《新春乐》《新疆之奏》等作品。参加独唱、独奏的音乐家还有王双印、郭颂、岳道琏、严仁明、金浪、李高柔、张治生、张季让、郝淑芹、周琪华等人。……首届'哈夏'音乐会，历时 9 天，共举行 8 台 9 场音乐会，含 107 个节目、246 个曲目，参加人数达 700 人，观众达 2 万多人次。票价为 3 角 3 分，儿童票为 2 角。除开幕式与闭幕式在青年宫剧场举行外，其他各场均在南岗大直街铁路俱乐部后身的露天剧场举行。"② 首届"哈尔滨之夏音乐会"使中断了近 10 年的交响乐演出又重现哈尔滨音乐舞台。

时任哈尔滨市委宣传部常务副部长的牛乃文几十年后在一篇文章中总结："'哈夏'的成功得益于党的正确文化导向，得益于哈尔滨的音乐传统，得益于我们有一批高水平的音乐队伍。50 年代末 60 年代初，

---

① 牛乃文：《多姿多彩的哈尔滨》，《名人眼中的哈尔滨》，哈尔滨出版社，2016 年版，第 133—134 页。关于举办"哈尔滨之夏音乐会"的建议究竟是谁最先提出的，现存在争议，有待史家进一步确证。

② 刘欣欣、刘学清：《哈尔滨西洋音乐史》，人民音乐出版社，2002 年版，第 1 页。

我们在省、市委的支持下先后从沈阳、北京、上海、北大荒及一些部队文艺团体分六批调入近百名音乐工作者，其中包括张权、李书年、严仁明、李大义、魏作凡、汪立三、卓明礼、周忠楠、仓传德、毕跃宗、刘施任等一批国家级优秀人才。这些人与我们自己培养的郭颂、王双印、滕清泉、冯少先、贺欣、鲍侠、胡仲之等歌唱家、演奏家组成一支颇具实力的音乐队伍。后来，我们又通过'请进来，派出去'的方式，培养了曹贵谦、徐倩、胡乃君、齐燕、何大忠、李殿鹏、李少婷、陈光辉等一批年轻人，从而为举办一届高水平的'哈夏'音乐会奠定了雄厚的基础。"①

二、哈尔滨之夏音乐会的传播与影响

"哈尔滨之夏音乐会"从 1961 年至 1966 年共举办了 6 届，尽管因"文革"一度中断，但"哈夏"推出的《乌苏里船歌》《乌苏里江》《新货郎》《大海航行靠舵手》《伊玛堪唱给毛主席听》《兰考啊！我可爱的家乡》《鄂伦春马队在巡逻》等一批脍炙人口的具有鲜明的时代性和政治性的歌曲，却传遍大江南北，有的成为传唱几十年不衰的经典，如《乌苏里船歌》被联合国教科文组织列为亚洲音乐院校的声乐教材，并录成金碟发射到太空。与《乌苏里船歌》同时作为中央音乐学院报考研究生的必唱歌曲还有《乌苏里江》。由胡小石作词、汪云才作曲、郭颂演唱的《乌苏里船歌》和乌·白辛作词、汪云才作曲、张权演唱的《乌苏里江》都是 1962 年为第 2 届"哈尔滨之夏音乐会"创作的。这两首歌，还把一个默默无闻的世居在黑龙江流域的少数民族——赫哲族推向了世界。

"文革"结束后，1979 年 7 月 13 日，由东北三省共同举办的第 7 届"哈尔滨之夏音乐会"在黑龙江省展览馆举行。这是拨乱反正后举办的第一次规模宏大的音乐盛会，共演出 19 套节目，73 场演出，观众

---

① 牛乃文：《多姿多彩的哈尔滨》，《名人眼中的哈尔滨》，哈尔滨出版社 2016 年版，第 134 页。

人数达到 11 万之多。哈尔滨音乐会的再次举行，为推动中国音乐的发展起到了示范作用。同时，推出《太阳岛上》等轻音乐歌曲，一改激扬的曲调，伴着轻松欢快的节奏，把哈尔滨年轻人充满阳光的生活状态和太阳岛美轮美奂的自然景色融为一体，歌曲很快传遍全国。

1994 年，哈尔滨之夏音乐会改为两年一届，在兼顾群众性的同时更加突出专业性。从 1996 年第 23 届哈尔滨之夏音乐会开始，改由国家文化部和哈尔滨市政府共同举办，改称"中国·哈尔滨之夏音乐会"，使之成为国家级音乐节，吸引了更多国家的专业音乐团体参加，哈尔滨之夏音乐会也更加国际化。

近年，随着哈尔滨音乐硬件设施的进一步完善，哈尔滨大剧院、哈尔滨音乐厅、哈尔滨音乐会堂等一批专业性的演出场所的投入使用，世界一流的音乐演出活动全年不断，哈尔滨的音乐观众大饱耳福。但随着时代的发展和现代音乐的流行，哈尔滨音乐观众也进一步分化。今日的哈尔滨音乐之城与半个世纪前的音乐之城相比，内容更加缤纷多样，这也是历史前进之必然。

附：哈尔滨走出去的音乐家的城市记忆和有关音乐文化的建议

这两篇文章是笔者任《黑龙江广播电视报》记者时对从哈尔滨走出去的音乐家傅庚辰、金铁霖、滕矢初、张丕基等人的采访，前一篇采访于 2005 年 9 月 14 日，后一篇采访于 2006 年 1 月 22 日。他们共同回忆了在音乐陪伴下在哈尔滨度过的童年和中学时光，以及哈尔滨的音乐文化氛围对他们的熏陶和音乐教育为他们打下的坚实基础。他们共同祈愿哈尔滨的音乐文化传统能传承下去，并发扬光大。

滕矢初：哈尔滨，我童年的音乐梦想

作为黑龙江电视台歌手大赛评委，哈尔滨走出去的音乐家滕矢初上周又回到故乡。在担任评委的间隙，他陪着 80 岁的老父亲看亲戚、看朋友，还利用了一个上午的时间饶有兴致地参观了东北烈士纪念馆和故乡百年音乐展。上周二上午，在他下榻的波斯特酒店，滕矢初与本报记者聊起了他在哈尔滨的音乐童年和他在哈尔滨受到的音乐文化的熏陶对他走上音乐道路所起的决定性作用。

　　我的父亲和母亲都是"四野"（中国人民解放军第四野战军）的，上世纪 50 年代初，他们离开哈尔滨后随部队又去了北京，后来转业到国家计委工作。我就留在哈尔滨和姥姥、姥爷、舅舅、姨妈生活。最初，姥姥家在道里工厂街住，姥爷家开了一个大作坊，在作坊的大院子里面堆放着废弃的卡车和许多木材，小时候我经常爬到大卡车上面玩，听着外面官家的大喇叭里放着的音乐，很是快乐。那时刚解放不久，大喇叭里放的都是《王大妈要和平》等宣传歌曲，但唱得很真，很好听。

　　在姥姥家，姥姥还有一个手摇唱机，家里共有十几张唱片，在我的童年生活里，能听唱片也是件了不起的事。

　　那时姥姥家有许多邻居，都是俄罗斯人，从他们的院子里常常传出优美的手风琴声，听得最多的曲子是《多瑙河之波》。记得那时，俄罗斯邻居家里每逢周末或节日，他们的院子里就会热闹起来，手风琴、小提琴、萨克斯、吉他，什么乐器都有，不亚于我现在指挥的交响乐队。看到他们悠然自得、非常享受地陶醉在音乐里，我很羡慕。

　　小时候，我姥爷还经常领我上江沿，那时松花江边每天都有许多人在演奏。有弹吉他的，有拉手风琴的，有吹黑管的，自弹自乐，悠然自得，没有人围观，没有人聚堆，每个人的演奏都融入到了江天一色的环境中，都是美景的一部分。不仅松花江边，太阳岛更是这样。有时和姥爷、舅舅去太阳岛，晚上住在那里，那时太阳岛常有许多人野游聚会、拉琴唱歌，其中俄罗斯人居多。我听他们唱歌，还有和声，是那么好听，那么美。所以，在这样的环境的熏陶下，音乐在我如一张白纸的幼小心灵中种下了种子，种下了美。

我再大一些时，姥爷的作坊公私合营改造搬走了，我们家也搬到了道里中央大街的十三道街，现在"老独一处"附近的一个大院子里，不再像以前住的独门独户。这里住着各种各样的居民。有中国人，也有外侨，其中有许多人会吹笛子，会拉手风琴，还有弹钢琴的，而小孩子则大多会吹竖笛和口琴。

在这些邻居中，印象最深的是一位30多岁的邻居，他有一个大众琴（也叫大正琴、凤凰琴，右手弹琴弦，左手按按键），他弹得很好。那时院子里的孩子都吹竖笛和口琴，但是我没有，我很羡慕他们，我就用我的黑枣与他们换，他们才借给我吹一会儿。我小时候还有一辆姥爷在旧货店买的两轮自行车，尽管骑起来很颠，但那也是快乐得不得了的。我就经常与院子里的小朋友用自行车交换，借给他骑一会儿，他就把口琴或竖笛借给我吹一会儿。那时也不管什么乐器，也不管脏不脏的概念，只要有吹的就行。姥爷看我实在喜欢，就请我们院子里的一个吹得好的人教我，还买了一只烧鸡请那个人喝酒。我记得那个人喝完酒很耐心地教我，姥爷看我吹笛子还有些感觉，就去旧货店给我买了一支。

那时，我舅舅在哈医大读书，是学生会主席，他也很爱好音乐，他有小提琴和二胡。当时舅舅的同学中有许多外地学生，星期天，他都会邀请那些外地学生到家里来玩。他们每次来时都会带来乐器，有黑管、手风琴、箫、小号，他们到家里来合奏，当然与专业的不一样，没有高音低音和声，我印象中也就是齐奏，但很热闹。因为我当时还没上学，就在家里和他们一起玩，听他们演奏。他们当时演奏的多为苏联的歌曲，《红莓花儿开》《小路》《喀秋莎》《伏尔加船夫曲》，高兴了大家还一起唱。那时我常常盼着星期天，盼着他们来，每次我听得都很入神。

姥爷是个很疼我、宠我的人，他看出我对音乐的痴迷，就又在旧货店里给我买了唱机，是那种快转的，听不了几句就得换片子。唱片也大多是苏联和日本录制的音乐，多为古典音乐，印象最深的是贝多芬和柴可夫斯基。舅舅俄文很好，他告诉我《月光奏鸣曲》《致爱丽丝》是贝多芬的，但那时，我一直以为贝多芬是女的，柴可夫斯基是司机，当时我就想，一个人开完汽车还能写出这么好听的音乐真是了不起。

当时，我的父母在北京工作，想他们的时候都是在音乐中陷入一种遐想，想象着北京有多么美，想象着在父母身边有多美好。那时，我作为一个小孩，尤其是姥姥去世以后，我跟着姥爷生活，有时也很孤独。尤其是上学以后，当我看到那些同学的父母时，我就更孤独忧郁。我把这种忧郁寄托在音乐里。大一些时，我接触到了民歌，每当母亲回哈尔滨探望我和姥爷时，母亲都搂着我一边给我唱歌，一边哄我睡觉，她唱的都是《二小放牛》《小白菜》之类的民歌，给我的印象特别深。以至于母亲不在时，我不管拿什么乐器弹奏，幼小的心灵都充满了思念，音乐使我从小多愁善感。

我上小学以后，姥爷在旧货店花 800 元钱给我买了一架旧钢琴，我开始正式学习钢琴。我学钢琴的同时也吹笛子和口琴，但不拉小提琴，姥爷说拉小提琴对身体不好，会把脖子拉歪。（姥爷很重视我的身体，他曾把我送到武术馆练武术，我至今还保留着小时候在公园拍的舞大刀的照片。）我小时候学音乐是把音乐当作玩的一部分，不是要当什么家。是自然环境和土壤中培育出我这株自然植物，很少是技术层面的，更多的是精神的寄托和对性格的锻造，音乐成了我生活中不可缺少的一部分。我当时学琴，跟现在的大人让孩子学琴最大的区别是什么？现在有朋友把孩子送到我这里，我问他们为什么学琴，他们说，爸爸妈妈要我学。而我小时候，不是大人要我学，而是我要学。我是在玩中学琴，而现在一些家长把孩子送去学琴，立志让他们成为钢琴家，功利性很强，有时却事与愿违，让孩子很痛苦。所以，对儿童的音乐教育首先要从孩子的兴趣出发。

正是滕矢初在哈尔滨的音乐文化熏陶下培养出的对音乐的悟性和打下的坚实基础，才使他在小学二年级回到北京父母身边后，很快考入了中央音乐学院专业附小，并最终成为著名的音乐家。

（原载于《黑龙江广播电视报》

2005 年 9 月 19 日第 1339 期第 17 版）

音乐——哈尔滨需要抢救的共同财富

1 月 22 日，全国首家音乐博物馆——黑龙江音乐博物馆（由苗笛先生收藏创建）揭牌开馆，一幅幅记载着黑龙江和哈尔滨音乐历史的图片、一件件乐器、一幅幅曾在黑龙江工作生活过和从这里走出去的音乐家的照片向人们展示着这片黑土地上音乐的辉煌，塞克、王洛宾、傅庚辰、金铁霖、李双江、滕矢初、张丕基、臧东升、郭颂、殷秀梅、万山红、金曼、牟玄甫……人们不禁惊叹：黑龙江哈尔滨孕育了这么丰富的音乐文化，从这片神奇的土地走出这么多优秀的音乐家，他们就像一张张发给世界各地的名片，让世界在歌声和音乐中认识黑龙江，认识哈尔滨。

在黑龙江音乐博物馆揭牌仪式上，傅庚辰、金铁霖、张丕基、臧东升、邢籁等从黑土地走出去的音乐家又回到了曾给他们插上音乐翅膀、放飞音乐理想的故乡，对于哈尔滨、对于黑龙江，他们怀着深深的眷恋。

为这片神奇的土地感到自豪

傅庚辰（作曲家，少将军衔，曾创作了电影《地道战》《雷锋》《闪闪的红星》等百余部电影音乐，曾在哈尔滨随特拉赫金贝尔格学习小提琴）

我是双城人，儿时随家人搬到哈尔滨生活。哈尔滨解放后，那时十几岁的我报名参加了东北鲁艺音乐工作团，成为小团员，学习小提琴，有时参加演出，并在哈尔滨接受了新音乐教育。这次回哈尔滨，我还特地到南岗河沟街寻访东北鲁艺音乐团旧址，但遗憾的是曾留下我许多难忘记忆，并记载着哈尔滨一段重要音乐历史的小红楼早已不复存在。在音乐博物馆展出的照片中，我看到了刚参加东北鲁艺音乐工作团时的照片。这里有许多我记忆深处的人和故事。这片神奇的黑土地非常有传统，我们很多从家乡走出去的音乐家都在这片土地上接受了音乐启蒙，我们都为这片土地感到自豪，更为家乡有了中国第一家音乐博物馆而自豪。

一个城市风格的形成，音乐是至关重要的

金铁霖（哈尔滨籍声乐教育家、中国音乐学院院长，培养出著名歌唱家彭丽媛、宋祖英、张也、祖海等。曾就读于哈尔滨新文小学、惠黎小学和第十二中学）

哈尔滨是一座有着悠久音乐传统的城市，否则，哈尔滨也不会走出这么多音乐人才。几十年前的哈尔滨，是一座被音乐包围的城市，那时哈尔滨很多家庭成员都会演奏乐器，仅仅是在我家，我的三个舅舅每个

人都会一种乐器，在这种环境熏陶下长大的孩子们，即使不会演奏乐器，对音乐的鉴赏能力也是很高的。回忆起我在哈尔滨度过的童年和中学时光，那时我们合唱队经常一起到松花江畔太阳岛上采风，那时哈尔滨的天是那么蓝，松花江的水是那样清。每当夏日的黄昏，金色的阳光洒在江面上，是那么激动人心，我由衷地感到生活是多么美好。晚上，江边的街灯亮起来，整个斯大林公园都鲜活起来，人们载歌载舞，江畔的小路上、长椅上，人们弹吉他、拉小提琴和手风琴，江上俱乐部每个周末都灯火辉煌，人们伴着优美的音乐，优雅地跳舞。那时的哈尔滨不愧是一座名副其实的音乐城。

建筑是凝固的音乐，音乐是流动的建筑。一座城市的风格的形成，音乐是至关重要的一个要素。就像拆除老建筑无法复制和还原一样，音乐的流失和演变也是不以人的意志为转移的，这里面有很多原因。我总觉得现在这个城市的音乐氛围里面俗的东西多了，年轻人在欣赏品位上差了一些。哈尔滨不同于其他城市，当年这里的人们可是拒绝低俗，追求高雅、有品位的生活的，而现在，人们对艺术与非艺术的识别能力低了，甚至有人已经发展到以丑为美的程度，这是最令人痛心的。哈尔滨是一个有着优秀音乐传统的城市，现在学习音乐的孩子仍然很多，但他们大多不是发自内心的，更多的是为着功利目的的，音乐的美好就会在他们的心里大打折扣。作为家乡人，我衷心地希望家乡音乐城的传统能继承下去，我愿意为此尽全力做一些事情。

哈尔滨的音乐氛围在我的心中种下了音乐的种子

滕矢初（哈尔滨籍钢琴家、指挥）

小时候，我姥爷还经常领我上江沿，那时松花江边都有许多人在演奏。有弹吉他的，有拉手风琴的，有吹黑管的，他们当中有中国人，也有外国人。他们自弹自乐，悠然自得，每个人的演奏都是融入到了江天一色的环境中，都是美景的一部分。我听他们唱歌，还有和声，是那么美好，那么动听，这让我知道了生活中还有这么美好的领域，音乐在我幼小的心灵中埋下了美的种子。

我常思考，哈尔滨为什么曾经出了这么多音乐人才，我认为最重要的是它的文化土壤和音乐氛围决定的，就像肖邦为什么不是法国人而是波兰人一样。由于半个多世纪西方音乐文化的影响和熏陶，哈尔滨有了很深的音乐文化传统，就像哈尔滨的建筑一样，是任何一个城市都没法比的，50 年代的北京都没法比。那时的哈尔滨，从江沿到街头，拉琴唱歌是很正常的事情，整个城市都在音乐中。但近年来，声乐发展很快，由于北京的政治文化中心的地位，它接收的信息之快是哈尔滨远远不能比的。从近年的歌手大赛上看，哈尔滨和黑龙江的歌手处于中等水平，这是许多因素决定的。要改变这种局面，最重要的是把哈尔滨优秀的音乐文化传统继承下来，发扬下去，"哈尔滨之夏音乐会"曾是一个非常好的传统。舒曼说："不要追逐时髦，任何时髦的东西会很快落伍。"一个城市文化的形成和积淀更不是一朝一夕的，必须从孩子们抓起，从培养他们的审美意识做起。

哈尔滨这座城市哺育了我

张丕基（中国轻音乐协会主席，《乡恋》《夕阳红》的作曲，曾就读于哈尔滨继红小学和第六中学）

尽管离开儿时生活过的城市已经 50 年，但每次回到哈尔滨，我都有一种感动，是哈尔滨这座城市哺育了我，使我走上了音乐之路。也许对于很多现在仍然生活在哈尔滨的人来说，这个城市的名字仅仅是一个符号，但是对于从这片土地上走出去的人来说，这个名字却是一个烙印，一个永远都无法从记忆中抹去的片段。

小时候，尽管我们的生活很苦，但我的母亲和外祖母、舅舅、姨妈

193

都非常热爱音乐，家里总是充满了歌声，即使父亲去世后，母亲也是用歌声寄托对父亲的思念。那凄清的旋律在我儿时的心中产生深深的震撼，直到今天仍回响在我的耳畔。

1950 年代初我进入小学后，就选择了学校的音乐小组，那时每所学校都有这样的课外小组。每天课余时间，我们都会徜徉在音乐的海洋中。从学琴到学校组织的演出，再到学校推荐去苏联高等音乐学校进修更深的乐理知识，那时哈尔滨的孩子的音乐教育非常普及，也种下了我一生的音乐理想。中学时我背着小提琴只身前往上海，报考上海音乐学院附中，在来自全国的千名考生中考取了第一名，从此走上专业音乐道路。

几十年来，我走过无数个城市，没有哪一座城市让我感受到像家乡这样如此浓郁的音乐氛围，只有哈尔滨。哈尔滨的音乐教育为哈尔滨培养了许多音乐人才，哈尔滨之夏音乐会又为哈尔滨培养了高素质的观众。每届"哈夏"音乐会，我都会回到家乡，徜徉在松花江畔，信步在中央大街，那种感觉仿佛使我回到了童年。

好音乐需要经济的支持

臧东升（大型音乐舞蹈史诗《东方红》中歌曲《情深意长》作曲）

我是喝嫩江水长大的，嫩江汇入松花江，在我们黑龙江这片辽阔的土地上有着蕴藏丰富的民间音乐和少数民族音乐宝藏。首先，漫长的冬季的气候特点决定冬天的音乐文化活动丰富多彩，这也是许多脍炙人口的民歌创作的源泉。其次，黑龙江的特殊还有来自俄罗斯和犹太等欧洲文化的影响，这使黑龙江人早在 20 世纪初就接受了西方音乐，并由此培养了一大批优秀的音乐人才，这在全国都是独一无二的。其三是黑龙江人的性格热情奔放，心态也是开放的，他们对外来文化容易兼收并蓄，形成了黑龙江音乐文化洋气、大气的风格。最后一个是黑龙江早在

1945 年就解放了，工业发达，人才济济，各行各业在解放后，一直走在全国的前列。这也促进了黑龙江的音乐发展特别快。不仅是哈尔滨培养了许多音乐家，在齐齐哈尔、佳木斯和许多市县，也走出了许多音乐人才。我们这些从家乡走出来的音乐人，不论走到哪里，都以黑龙江人为自豪。但是最近几年，黑龙江的音乐在全国相对落后了，这也是与经济发展水平相关的。

黑土地的文化生态孕育了音乐家成长的土壤

苗笛（黑龙江省艺术研究院研究员、黑龙江省音乐博物馆馆长）

过去的哈尔滨之所以成为音乐城，黑龙江之所以成为音乐家的摇篮，最重要的是由哈尔滨这座城市和黑龙江这片神奇的黑土地的文化生态决定的。

首先是自然因素，哈尔滨有着鲜明的四季，冬天的皑皑白雪，春天到处盛开的香气四溢的丁香，秋天那金黄的飘洒的落叶，夏日的碧波荡漾的松花江……大自然四季变换的美丽景色，培养了人们审美的心灵。"诗言志，歌咏言"，"情动于中，而行于言，言之不足，故嗟叹之。嗟叹之不足，故咏歌之"，音乐是对审美最好的表达方式，是语言不能代替的。

建筑是凝固的音乐，哈尔滨特有的城市建筑和文化，造就了哈尔滨的音乐文化。教堂的悠扬的钟声是音乐，马蹄走过方石马路发出的清脆的嗒嗒声是音乐，有轨电车的车轮与铁轨的摩擦声是音乐，就连小孩子用小木棍像莫扎特小时候那样扒拉木板障子发出的有节奏的声音也是音乐……那时的哈尔滨，从民宅院落，到街头、江畔，到处是拉着琴、唱着歌的人们，人们把音乐视为生命。娱乐时弹琴唱歌，节日时弹琴唱歌，聚餐时在歌声中结束。那时的哈尔滨学校，音乐教育写进教学大纲，中学生必须会弹奏一种乐器，还要会作曲、写歌，中学生还演话剧，音乐是哈尔滨人生活中不可缺少的一部分。城市的音乐传统不仅培养了大批优秀的音乐家，也培养了大批普通观众，没有音乐，就没有哈尔滨。

从人文教育方面看，黑龙江是全国解放最早的省份，哈尔滨是全国解放最早的城市。解放后，在哈尔滨和黑龙江就聚集了全国的优秀人才，从工业、科研、教育到文化音乐，他们来自延安，来自老解放区，来自全国各地。当中国还在解放战争的硝烟炮火中时，哈尔滨和黑龙江的一些大城市已经走在了工业建设的前列。新中国成立后，尤其是50年代，在黑龙江云集了国家众多优秀音乐人才，他们当中有来自延安鲁艺的艺术家们，有北大荒十万转业官兵中的部队文工团员（如《我爱你塞北的雪》词作者王德），有在历届运动中下放到黑龙江的北京、上海的音乐家，如张权、李书年，还有被聘请到黑龙江来支援文化教育事业的各地音乐专家。他们来到哈尔滨艺术学院、哈尔滨歌剧院、省歌舞团，他们来到这片黑土地，把自己的青春才华贡献给了这里，也提高了哈尔滨的音乐文化整体水平。

在哈尔滨优秀的音乐文化的培养和熏陶下，50年代末60年代初，哈尔滨群众音乐活动高潮迭起，歌咏比赛异常活跃，仅1960年，参加歌咏比赛活动的人就达到22万人。工厂、机关、学校、街道，到处是歌的海洋。也正是在这样的群众音乐文化的基础上，从北京下放到哈尔滨歌剧院的著名歌唱家张权提出了举办"哈尔滨之夏"大型音乐会的建议，从此，"哈尔滨之夏"唱响哈尔滨，唱响全国，唱响世界。而许多脍炙人口的歌曲也从"哈尔滨之夏"飞向了全国，如《太阳岛上》，人们踏着歌声的节奏慕名来哈尔滨真情寻觅。

然而，几十年过去了，如今哈尔滨的江畔、街头再难寻觅琴声和歌声，各单位也无暇组织歌咏比赛，传统的音乐已离普通百姓的生活越来越远，只剩下了KTV包房中酒后的狂吼和音像店中一遍遍播放的流行歌。余秋雨说："经济有可能暴发，文化不可能暴发。"音乐文化尤其如此。一个城市和地区的音乐文化的构建需要长期积淀，它一旦失落就很难复原。面对如今的功利文化、娱乐文化等对传统的音乐文化的冲击，如何保卫和弘扬哈尔滨传统音乐文化，重振哈尔滨音乐城的雄风，我们任重而道远。

（原载于《黑龙江广播电视报》
2006 年 1 月 30 日第 1358 期第 17 版）

第九章　哈尔滨——中国芭蕾舞的摇篮

芭蕾舞为欧洲古典舞蹈，起源于意大利文艺复兴时期，兴盛于 17 世纪后半叶的法国，至 19 世纪末，芭蕾舞在俄罗斯进入最繁荣时期。如果说 1581 年法国《皇后喜剧芭蕾》的上演被视为芭蕾舞剧之雏形，芭蕾舞在中国的传播几乎晚了三个世纪。芭蕾舞作为舶来艺术，最早进入中国人的视野是在 19 世纪中后期，见证者是清政府的外交人员和极少数出国游历人员。有关芭蕾舞的文字记载最早见于 1867 年上海人王韬在英伦三岛游历时目睹西洋舞会的情景①。1879 年，曾任清光绪帝英文教师的张德彝在出使俄国时留下的文字详尽地记述了观赏俄国芭蕾舞演出时的所见所感："是晚（正月十九日）舞而不歌，名曰巴蕾塔，义亦跳舞也。伶人皆幼女，服五彩衣，有百数十名。景致尤觉奇异，一望千里，真假非目所能辨。……时值冬令，幼女跳舞，衣履皆白。忽而入春，和风暖日，景象一新，幼女跳舞，衣履皆绿。继而入夏，赤日烘云，花芳树密，幼女跳舞，衣履皆红。继而入秋，风吹木落，千里寥廓，幼女跳舞，衣履皆黄。忽又入冬，山寒水冻，烟雾苍茫，幼女跳舞，衣履皆黑。正跳舞间，大雪狂风，天地严肃，海浮冻块，山作冰楼，大船遭险，四面触冰，桅折旗裂，人呼拯救，观者为之惊骇咋舌。末则灯烛复明，通场作一大花园，花明柳媚，水秀山清。幼女改装跳

---

① 王韬：《漫游随录》，《走向世界丛书》，岳麓书社，1985 年版，第 142—143 页。

舞，依乐移步，随式转躯，又换一番景象也。"① 尽管从这段文字的描述很难知晓这场演出的具体剧目，但它却给来自中国的观者带来了强烈的视觉冲击。1901 年，清政府外交官裕庚出任法国公使，女儿裕容龄随之前往巴黎，并进入法兰西国立歌剧院和巴黎音乐舞蹈学校学习芭蕾舞，裕容龄可以说是中国学习芭蕾舞第一人，但她在芭蕾的道路上并未走远，次年就改投美国舞蹈家邓肯的门下学习现代舞。1903 年，裕容龄随父亲裕庚回国。裕容龄回国后曾在宫廷举行舞蹈晚会，并一生从事舞蹈教育，但她并未将芭蕾带回中国。芭蕾舞真正进入中国，是随着中东铁路的建成通车和大批俄侨进入中国后，从哈尔滨开始了在中国的传播。

第一节　芭蕾艺术最早从俄罗斯传入哈尔滨

"中国芭蕾的生母是俄国的一批流亡者"，这已是中国芭蕾舞史研究者的共识，而芭蕾舞从俄罗斯传入中国则是从哈尔滨开始的。

从 1898 年中东铁路动工至 1903 年正式通车，作为中东铁路枢纽的哈尔滨吸引了一批俄侨，尤其是俄国十月革命爆发以后，更使大批俄国贵族和中产阶级流亡到哈尔滨，至 1922 年，哈尔滨的俄侨人数已达 15.5 万人，哈尔滨也成为俄侨聚居最多的城市。除俄侨外，还有犹太人及欧洲许多国家的侨民。中东铁路的建成通车带来了哈尔滨经济的飞速发展，大批外侨的聚居则带来了西方文化，芭蕾艺术也随之进入中国人的视野，并在中国几个大城市传播。

俄罗斯的芭蕾艺术在世界的地位举足轻重。俄国芭蕾舞艺术家来到哈尔滨后，以哈尔滨为第二故乡，或登台演出，或开办舞蹈学校，为哈尔滨培养了一批优秀的芭蕾舞人才，为日后中国芭蕾舞的发展积蓄了

---

① 张德彝：《随使英俄记》，《走向世界丛书》，岳麓书社，1985 年版，第 660 页。

力量。

中国最早的芭蕾舞团诞生在哈尔滨。早在 20 世纪 20 年代初，俄国圣彼得堡帝国马林斯基歌剧院芭蕾舞团导演弗拉基米尔·康斯坦丁诺维奇·伊热夫斯基（圣彼得堡皇家芭蕾舞学校的毕业生）、莫斯科歌剧院芭蕾舞导演伊丽莎白·瓦西里耶芙娜·克维亚特科夫斯卡娅、莫斯科皇家芭蕾舞剧院演员尼基福尔·伊万诺维奇·费奥克基斯托夫就来到哈尔滨演出，他们导演了世界著名的《天鹅湖》《睡美人》《胡桃夹子》《堂吉诃德》等经典芭蕾舞剧。当时他们演出的芭蕾舞在商务俱乐部（今道里区上游街科学宫，建于 1902 年）、哈铁俱乐部（今哈铁文化宫，建于 1911 年）、马迭尔剧场（建于 1913 年）等地演出。20 世纪 20 年代，哈尔滨芭蕾舞舞台曾有过五对著名的演员，他们是福金和克拉夫琴科，格里亚兹诺娃和斯维特兰诺夫，罗戈夫斯卡娅和卡赞特日，奥格涅娃和达维多夫，谢罗夫和曼热莱①。而著名女演员雅娜维尔在《遮阳伞》中的独舞曾倾倒了无数观众。

进入 20 世纪 30 年代，哈尔滨芭蕾舞艺术进入成熟期，由安德烈耶娃、克维亚特科夫斯卡娅、舍夫柳金、福金等著名演员和导演组成了哈尔滨芭蕾舞团。1935 年，在马迭尔剧场上演的芭蕾舞剧《卡列利亚》和《睡美人》以精美的舞台布景、华丽的服装、优美的舞蹈轰动全城。哈尔滨芭蕾舞团不仅演过舞剧《小丑的爱情》《胡桃夹子》《诺只一夏》《公猫母猫》等大型剧目，还可以演出独舞、双人舞、三人舞、群舞等节目。哈尔滨芭蕾舞团曾多次赴北京、上海、天津以及印度、菲律宾、新加坡、爪哇、朝鲜和日本演出。

第二节　哈尔滨——中国芭蕾艺术人才的摇篮

这些来中国演出的俄罗斯著名芭蕾舞演员和导演在哈尔滨定居后，

① 刘欣欣、刘学清：《哈尔滨西洋音乐史》，人民音乐出版社，2002 年版，第 95 页。

雅娜维尔在《遮阳伞》中的独舞

尼娜·科热夫尼科娃（安德烈耶娃舞蹈学校毕业的芭蕾舞新星）（以上图片选自孟烈、李述笑、张会群主编《画说哈尔滨》）

天才芭蕾舞演员尼娜·安塔列斯（图片选自孟烈、李述笑、张会群主编《画说哈尔滨》）

他们不但演出，还办学教授芭蕾舞，为哈尔滨乃至中国培养了第一代芭蕾舞人才。其中办学知名度最高的有三所学校。

1920年，俄罗斯皇家大剧院著名芭蕾舞演员伊丽莎白·瓦西里耶芙娜·科维亚特科夫斯卡娅来到哈尔滨，1921年她在哈尔滨创办了科维亚特科夫斯卡娅芭蕾舞学校，这是中国第一家芭蕾舞学校；1930年9月1日，安娜·尼古拉耶夫娜·安德烈耶娃创办了安德烈耶娃芭蕾舞学校；莫斯科皇家芭蕾舞剧院演员费奥克基斯托夫也创办了芭蕾舞艺术学校。这些学校大多是20世纪20年代末30年代初在哈尔滨开办的，尤其是安德烈耶娃芭蕾舞学校闻名遐迩，仅仅这所学校就培养出了400多名芭蕾舞演员。

安德烈耶娃学校培养出的演员中，尼娜·安塔列斯就是当时中国芭蕾舞舞台上一颗璀璨的明星，曾红遍哈尔滨和上海。尼娜出生于俄国萨马拉，父亲是一名随军医生，"一战"时随军来到哈尔滨。1921年，尼娜和母亲也来到哈尔滨与父亲相聚。尼娜来哈尔滨后，先是在一所私立女子中学读书，她即将毕业时，这所学校聘请了著名芭蕾舞舞蹈家安德烈耶娃来校教古典舞，安德烈耶娃很看好尼娜，推荐她去安德烈耶娃芭蕾舞学校学习，1931年，她被邀请到中东铁路俱乐部跳群舞。从此，尼娜走上芭蕾舞舞台，在哈尔滨的芭蕾舞舞台上大放异彩。1941年，她受聘到上海演出，遂在上海迅速走红，成为著名的芭蕾舞红星，直到她1954年离开中国，移居澳大利亚。

俄侨芭蕾舞蹈家恩·沃·科日夫尼科娃在回忆自己在哈尔滨学习与演出芭蕾舞的一篇文章中说："对于我选择演艺事业具有决定性的时刻，是我在盖涅罗卓盛中学高年级读书的时候，当时阿·恩·安德烈耶娃教舞蹈。她最初教我们芭蕾舞，根据教程，她决定教我们初级芭蕾和技巧动作。我非常喜欢这些课程，很明显，因此我成了被特别关照的学生之一。这种状况持续了六七年的样子，这时阿·恩·安德烈耶娃开办了自己的剧场。

"1931年，中东铁路俱乐部歌剧的旺季到来了。歌剧、话剧及芭蕾

203

舞教师耶·沃·柯瓦特柯夫斯卡娅当时主持芭蕾舞部分的演出剧目，邀请我参加芭蕾舞演出，这样一来，我的芭蕾舞巡回演出也就开始了。可以这样讲，自始至终，演出进行得非常成功，到最后一场演出结束，我已经成了主角，甚至台柱。

"我还记得我初次参加演出的芭蕾舞剧组，在该剧组中担任领衔主演的是沃·伊热夫斯基、耶·普日索布卡娅和极有天赋的两姊妹莫申科娃、阿威娜里乌斯卡娅，普申娜等人也同台演出。我记得的男演员有日·阿斯托尔、莫·达维多夫等。在铁路俱乐部巡回演出期间，首席小提琴手是阿普捷卡林娃，还有演奏风格活泼的戈鲁比亚特妮果娃。美轮美奂的舞台设计出自天才画家谢苗尔诺夫、阿林、萨弗拉诺夫之手。经验丰富的音乐指挥家如泡金、卡普龙·弗拉基米尔斯基、斯鲁茨金等人，他们的加盟演出，更为富有魅力的演出锦上添花。虽然哈尔滨与欧美文化中心相比还有很大差距，但铁路俱乐部的文艺力量正成为一个极为重要的艺术团体。他们的演出，可以称为远东地区的俄罗斯奥林匹克盛会。

"20世纪30年代，哈尔滨还没有一个真正的芭蕾舞组织机构，但这方面人才济济，还出现一些芭蕾舞活动群体，如双人舞小组、三人舞小组等，这些小组在历次演出中均有节目。此时芭蕾舞编导克维亚果夫斯卡娅、达罗包夫、舍夫柳金、福基及男演员伊热夫斯基、舒士林，女演员罗果夫斯卡娅、辛加果娃、柯拉夫琴果、拉杜申果等都是芭蕾舞的生力军。还有在上海成立俄罗斯芭蕾舞组织的消息也传到了哈尔滨。这个组织像磁石一样吸引了大批芭蕾舞人员。俄罗斯演员在没有自己组织的情况下，把力量集中到演出中，并把演出推向了极致。演出热情充满了所有演出场所，使其拥有更多观众，更具现代化和商业性质。"[1]

恩·沃·科日夫尼科娃完成在日本、朝鲜、印度、斯里兰卡等国巡

① ［俄］恩·沃·科日夫尼科娃：《30年代哈尔滨舞台》，《名人眼中的哈尔滨》，哈尔滨出版社，2016年版，第10—12页。

回演出后，在上海创立了自己的芭蕾舞学校，在上海教学八年，培养了中国一大批芭蕾舞演员。

哈尔滨的芭蕾舞学校每年都定期举行学生汇报演出，有时演名著，有时自编自导，总之，这三所芭蕾舞学校和在哈尔滨生活的著名的芭蕾舞艺术家为中国培养了大批芭蕾舞演员，他们的学生遍及中国，尤其是上海的芭蕾舞艺术史，更离不开哈尔滨。随着三四十年代上海国际化大都市的确立，许多哈尔滨的芭蕾舞人才前往上海发展，使上海的芭蕾舞迅速发展起来。在上海俄国歌剧团演出的四位芭蕾舞主要男演员中，就有三位是从哈尔滨来的。芭蕾舞导演索科里斯基 1929 年在哈尔滨曾导演过芭蕾舞剧《葛蓓莉娅》，后来到上海开办芭蕾舞学校。1934 年，五岁的胡蓉蓉开始进入索科里斯基的舞蹈学校学习芭蕾舞，1947 年担纲芭蕾舞剧《葛蓓莉娅》女主角，并成为上海芭蕾舞的代表人物。此外，游惠海、丁宁、曲皓等中国芭蕾舞界的大师都曾跟随索科里斯基学习过芭蕾舞。索科里斯基说过："哈尔滨连续多年来是上海芭蕾舞力量的供应地，上海芭蕾舞的很多'星'们都在哈尔滨学习过，并开始自己的专业。"正因如此，在当时的中国才形成了北方有哈尔滨芭蕾舞团，南方有上海芭蕾舞团，哈尔滨和上海共同成为中国芭蕾舞的两大基地的局面①。

此外，哈尔滨也为东亚的日本、朝鲜等国培养了芭蕾舞人才，如曾任日本芭蕾舞协会副会长的小牧正英，是舞剧团中唯一的亚洲男演员。小牧正英 1934 年在哈尔滨学习芭蕾舞，1936 年毕业于哈尔滨科维业特科夫卡娅艺术学校，1940 年加入上海俄罗斯芭蕾舞团，1943 年成为舞蹈团首席男演员。他除了供职于舞剧团外，还教授古典舞蹈。1946 年，小牧正英回到日本，他因在芭蕾舞方面的建树而多次获得大奖。

新中国成立后，哈尔滨的俄侨芭蕾舞演员有的加入各地文工团，有

---

① 刘欣欣、刘学清：《哈尔滨西洋音乐史》，人民音乐出版社，2002 年版，第223 页。

的转行做教师。如生长于哈尔滨的哈尔滨芭蕾舞团演员尼娜·季米洛夫娜1949年随团并入哈铁文工团，1953年后加入中国人民解放军总政文工团，后又回到哈尔滨歌舞剧院工作，她一直从事教学工作。虽然她于1965年离开哈尔滨去了澳大利亚，但她培养出来的学生在1970年全国大演芭蕾舞剧《白毛女》《红色娘子军》时大显身手，使黑龙江歌舞剧院排演的芭蕾舞在1970年代中国的芭蕾舞舞台上占有一席之地。

第十章　哈尔滨与中国现代体育之滥觞

　　体育是一种文化形态，与城市的发展息息相关。近代体育活动于19世纪中叶传入中国，首先在上海租界兴起。20世纪初，随着中东铁路的开通，哈尔滨开埠通商，大批俄罗斯等西方侨民进入哈尔滨，他们带来了西方的现代体育文化。1907年，哈尔滨举办了首次滑冰比赛和自行车比赛，并相继成立了滑冰协会、自行车运动协会、网球协会和水上体育会与游艇俱乐部。在俄侨体育活动的影响下，从20世纪20年代开始至30年代初，不仅哈尔滨的现代竞技体育和学校体育迅速发展，哈尔滨的城市体育文化也形成了自己的特点，滑冰、滑雪、冰球、篮球、田径等竞技项目在国内名列前茅，尤其是田径项目在全国运动会中多次创全国纪录，哈尔滨运动员也多次入选中国体育代表团参加远东运动会，其中哈尔滨撑竿跳运动员符保卢在1936年德国柏林举行的第十一届奥运会上成为第一位进入奥运决赛的中国运动员。同时，划船、游泳、网球、沙滩排球、赛马、赛艇等群众性体育活动也蔚为大观，为哈尔滨城市文化增添了勃勃生机。

　　体育是一种健身手段和娱乐方式，也是一种集体狂欢和精神释放，更是一种文化。在近现代，随着人们对城市本质和体育功能认识的不断加深，体育的发展与城市文化更加紧密，体育成为城市文化和城市精神的一部分。在哈尔滨城市现代化的历史进程中，独具特色和勃勃生机的现代体育文化始终走在全国的前列，并为哈尔滨城市现代化做出了重要贡献。

第一节　俄侨体育娱乐和哈尔滨近代体育活动

"哈尔滨现代意义体育活动之滥觞始于中东铁路修筑后的俄国侨民。"[①] 从 1898 年中东铁路修建伊始，大批俄侨进入哈尔滨，1910 年"哈尔滨外侨 32320 人，其中俄侨 31269 人，犹太人 452 人，德国人 166 人，希腊人 92 人"[②]。至 1922 年 5 月，"哈尔滨俄侨人口统计，新市街 148042 人，埠头区 36251 人，两区共 185042 人。如果加上老哈尔滨、马家沟、沙曼屯、正阳河等地，哈尔滨俄侨总人数超过 20 万人"[③]。短短 20 年间，俄侨人数已占哈尔滨人口的一半以上。体育运动是俄侨的娱乐休闲方式之一，俄侨来到哈尔滨后，把西方现代体育带到了哈尔滨，田径、球类、拳击、赛马、滑冰、游泳、自行车等项目，无所不包。可以说，俄侨的体育活动开启了哈尔滨现代体育的序幕，并为哈尔滨城市体育文化的形成奠定了基础。

1903 年，清朝颁布的《癸卯学制》规定，哈尔滨国人的初高等小学各学年体操课每周 3 学时，中学、初级师范各学年每周 2 学时。哈尔滨学校教育首次开展现代体育活动。1907 年出任呼兰知府的黄维翰在其 1915 年出版的《呼兰府志·学务略》中，言道"体操一门尤为乡俗所骇怪"。

1905 年，哈尔滨赛马场在马家沟落成，同时，俄国赛马协会成立，规定从 1906 年开始，每年举办春秋两季赛马会。加入赛马会的成员众

---

① 石方：《20 世纪一二十年代哈尔滨多元文化研究》，黑龙江人民出版社，2012 年版，第 212 页。

② 李述笑：《哈尔滨历史编年（1763—1949）》，黑龙江人民出版社，2013 年版，第 93 页。

③ 李述笑：《哈尔滨历史编年（1763—1949）》，黑龙江人民出版社，2013 年版，第 236 页。

多，赛马会举办之初，仅仅是竞技比赛，每年春秋两季举行。后来加入了博彩内容，每周必有一次赛马，发行彩票。1918 年转入美国资本家桑顿手中之后，向中外人士开放，并于天津、北京、上海、汉口、香港等地发行彩票，使买彩者皆有大彩之望①，引得各界观者如云。

1907 年，俄侨在哈尔滨成立了哈尔滨运动员协会，主席由俄侨弗门科担任。1909 年 6 月 30 日，哈尔滨铁路局成立了哈尔滨体育体操协会，协会创始人为中东铁路管理人之一卡兹·基雷，该体育协会替代了 1907 年的运动员协会。铁路局给该协会在新城（南岗）提供了一块场地（北京街和中央街中间），修建了网球场和体育馆。

1907 年，哈尔滨举行滑冰运动会。1909 年 7 月 13 日，哈尔滨滑冰协会和网球协会成立，时有网球比赛。1910 年，在埠头区修建了体育场（即红星体育场），冬季浇成滑冰场。南岗俄人还开办"扎牙斯"（音译滑冰场），对社会开放。此后，哈尔滨铁路局、哈尔滨中俄工业学校（哈尔滨工业大学前身）等单位入冬即浇自用冰场，滑冰运动日渐兴起。

1907 年 6 月 28 日，哈尔滨自行车运动协会在埠头区炮队街、药铺街、哥萨克街和商市街中间原达尼洛夫剧场处修建环形自行车赛车场，开始举行办自行车比赛②。纪实电影先驱科勃采夫记录了当时的比赛盛况："运动员在弧形道上，骑自行车的技术熟练，动作敏捷，忽前忽后，变化多样，惊险动人，引人入胜，使观众流连忘返。"

"1911 年 7 月 23 日，哈尔滨自行车比赛冠军班克拉托夫发起自行车环球旅行倡议。本日班克拉托夫一行三人从哈出发，途经西伯利亚、德国、匈牙利、瑞士、北意大利、奥地利、希腊、保加利亚、土耳其、南意大利、西班牙、巴黎、纽约、芝加哥、旧金山、日本、汉城、大

---

① 《远东报》1918 年 4 月 9 日。转引自石方《哈尔滨俄侨史》，黑龙江人民出版社，2003 年版，第 285 页。

② 李述笑：《哈尔滨历史编年（1763—1949）》，黑龙江人民出版社，2013 年版，第 65 页。

连、北京、沈阳，1913 年 8 月 10 日回到哈尔滨。全程历时两年十八天。"①

"1911 年 6 月 16 日，哈尔滨游艇俱乐部首次在松花江上举行摩托艇、划艇、小船比赛。"②

"1912 年，哈尔滨游艇俱乐部（亚赫特-克鲁珀）在九站落成（今哈尔滨铁路江上俱乐部），建筑设计师 A. A. 米亚科夫斯基。"③

"1911 年 9 月 21 日，俄国飞毛腿卡列特尼科夫从哈尔滨出发徒步环球行，1912 年 4 月抵达莫斯科，日行 50 俄里破世界纪录。"④

1912 年秋，俄国飞行家 A. A. 库兹明斯基来哈进行飞行表演。

1916 年 6 月 9 日《远东报》载："道里俄国商务学校定于俄历五月二十六日（华历六月八日）在秦家岗开运动大会，所有全体男女学生到莅会场。并闻已通知吉江两省交涉局总办，请其入会参观，以志盛况。"

1916 年 9 月 26 日《远东报》载："本月二十四日，道立中学举行第一次运动会，会场即假该校操场为之，北边扎彩棚十余间，左为男宾席，右为女宾席，中间为评判席及地方长官席。棚间悬有各界赠联及万国旗，西与南为各校参观席。上午九点钟开会，长官莅会者为李道尹及刘左长，各学校则皆整队齐至，即俄人所设之商务学校亦与焉。"

1918 年，滨江道立中学与俄人学校举办篮球赛。在其影响下，1918 年 4 月 16 日，同记工厂工人与东华中学学生举行篮球比赛。从 1923 年起，篮球运动在学校发展迅速。扶轮中等技校，许公学校，东

---

① 李述笑：《哈尔滨历史编年（1763—1949）》，黑龙江人民出版社，2013 年版，第 99 页。

② 李述笑：《哈尔滨历史编年（1763—1949）》，黑龙江人民出版社，2013 年版，第 98 页。

③ 李述笑：《哈尔滨历史编年（1763—1949）》，黑龙江人民出版社，2013 年版，第 108 页。

④ 李述笑：《哈尔滨历史编年（1763—1949）》，黑龙江人民出版社，2013 年版，第 100 页。

铁中学，东省特别区第一中学、第二中学，三育中学，省立六中，普育中学，商船学校，私立职业学校，第一女子中学，师范专科学校，医科专门学校，哈工大，政法大学，俄人青年会等篮球队经常比赛。大专组哈工大最强，中学组六中最强。1923 年 9 月 14 日，省立第六中学篮球队与俄人学生篮球队交锋，击败了身高占优势的俄人学生篮球队。1920年代末，哈尔滨师范专科学校篮球队异军突起，屡次战胜俄人青年队。1930 年代初期，哈尔滨篮球运动已在全国大都市中拥有较强实力。1930 年，哈工大队员平均身高 1.89 米，技术精湛，实力雄厚，经常与由俄侨各队精英组成的"燕子篮球队"较量，曾以56∶56逼和。从哈尔滨走出的诗人、画家、翻译家高莽在一篇文章回忆 1930 年代在哈尔滨读中学时："我们的学校在花园街，是一栋三层的楼房，顶层是大礼堂兼室内体育场，地下室是图书馆和存衣处。据说篮球作为室内运动，是由基督教青年会开创的。青年会很重视学生们的体育健康，会徽上就刻有'健康的精神寓于健康的体魄之中'的字样。也许正因为如此，哈尔滨青年会建筑校舍时，便有了全市第一个也是唯一的室内体育场，在这里举行过全校的甚至全市的篮球比赛。"[1] 由此可见，当时哈尔滨学校体育教育的重视程度和教学水平。

1920 年代，哈尔滨排球和足球运动兴起。中东铁路局和哈工大，政法大学，东省特别区一中、二中都有自己的排球队和足球队。1930年代初，抚顺小学等也组织有自己的排球队。1920 年代初，滨江道立中学修建足球场。1924 年，省立通俗教育馆举办了中等学校排球比赛。1928 年 5 月，由东省特别区第一公共体育场（红星体育场）牵头，集中哈埠各校 10 余名擅长足球的教师组建滨华足球队（兼篮球），与俄侨足球队、日侨足球队、朝鲜侨民足球队经常比赛。1930 年代初，医专、政法大学等也组建了足球队。1932 年，以滨华主力队员为主，又

---

① 高莽：《哈尔滨——多么动听的声音》，《名人眼中的哈尔滨》，哈尔滨出版社，2016 年版，第218 页。

邀请南开大学队员和大连球员组成的"锋队"与日本早稻田大学足球队比赛，以2∶2踢平，大长了华人的志气。①

1909年，中东铁路局建立网球协会，时有网球比赛。1920年至1927年，叶夫根尼亚·伊万诺娃·布劳恩连续获得网球冠军，引起轰动。1920年9月21日，为迎接东北三省学校联合运动会，东省特别区教育厅在东铁网球场进行选拔赛，政法大学徐玉亭获男子单打冠军，哈工大武建庚、纪延岭获男子双打冠军。赛后三人代表东省特别区赴奉天参赛。1924年6月，在道外公园建一网球场，正式对外开放。嗣后，哈工大、中东铁路局等相继修建网球场，参加活动的人逐渐增多。1934年，由哈尔滨部分学校和社会网球爱好者组成的网球队与日本东京大学网球队在南岗大直街国际俱乐部进行了比赛。②

1925年，哈尔滨举行首次学校联合运动会。同年，黄树芳从上海两江女子体专毕业，应聘到从德女子中学（后改称东省特别区第一女子中学）任教，成为哈尔滨第一个女体育教师，培养出了孙桂云等一批全国知名的田径女运动员。1927年毕业于北师大的哈三中教师王立疆培养了百米短跑吴耀景，中跑王铭坤、王绍业，长跑刘古学，铅球、铁饼李学章、关宏达等运动员。1929年，在第14届华北运动会上，来自25省市136所大中学校的1650名运动员参赛。由东省特别区第一女子中学孙桂云、吴梅仙、刘静贞，第三中学符保卢，第一中学刘古学等学校选手组成的哈尔滨队获团体总分第一名和中级组男、女团体第一名。

1930年，在第四届全国运动会上，东省特别区女一中学生孙桂云等5名田径运动员首创4项全国纪录，被大会誉为哈尔滨女子"五虎将"，孙桂云以13.8秒的成绩破百米全国纪录，大会将西湖一座桥更名为桂云桥以示表彰。运动会上，其他地区的女运动员还用线衣裤把身体

---

① 哈尔滨市地方志编纂委员会：《哈尔滨市志·卫生体育》，黑龙江人民出版社，1998年版，第401、406页。

② 哈尔滨市地方志编纂委员会：《哈尔滨市志·卫生体育》，黑龙江人民出版社，1998年版，第415页。

包裹起来，而哈尔滨女运动员则身穿短袖白衣、黑短裤，疾跑如飞。对此，《大公报》记者称赞哈尔滨女运动员："哈尔滨女士，俄国化，乳峰突起，露着白而黄的腿肚，英勇可爱。"① 会后，孙桂云、刘静贞、吴梅仙入选中国历史上第一支由 6 人组成的中华女子田径队，黄树芳被选为教练，符保卢入选男队，作为中国体育代表团成员参加在日本举行的第九届远东运动会。

　　这里值得一提的是第三中学学生符保卢，被称为撑竿跳大王。他1913 年出生于哈尔滨，父亲是中国人，母亲是俄罗斯人，符保卢具有卓越的运动天赋。1930 年，在杭州举行的全运会上，他以 3.28 米的成绩获得冠军，那时他年仅 17 岁。在此后的运动会撑竿跳上，他多次刷新自己保持的纪录，并以 4.15 米的最好成绩创全国运动会最高纪录，这个纪录在中国保持了 20 年之久。1936 年，第十一届奥运会在德国柏林举行，这是中国第二次派运动员参赛。在这次奥运会上，由于各种原因，符保卢仅仅跳出了 3.85 米的成绩，获得了第 14 名，但他却成为中国奥运史上第一个进入决赛的运动员。1936 年上海勤奋书局出版的《全国男子田坛名将》中记载符保卢时有这样的评论："吾国田径项目中，成绩之能步入世界林囿者，唯有符保卢一人而已。符君不仅善跳，且于各项运动无不娴熟，如十项、球类、滑冰等均为其所擅长。"民国时期曾与符保卢有过交往、后移居香港的无锡学者薛学海在其论著《薛学海体育论文集》中，曾对符保卢的撑竿跳高技术大加赞赏："民国二十三年时，符保卢就已经是国内撑竿跳的头牌，他的握竿和过竿技术国内无可匹敌。由于身体素质良好，加上非常好的弹跳能力，他具备了先进选手所需要的基本素质。但那时国内的训练条件很恶劣，器材和好的场地都无法保证。如果他生在欧美，以其条件，他应该是一名世界级的

---

　　① 王立疆：《回忆哈尔滨体育》，转引自石方《20 世纪一二十年代哈尔滨多元文化研究》，黑龙江人民出版社，2012 年版，第 214 页。

撑竿跳运动员。"①

第二节　俄侨体育对哈尔滨城市体育文化的影响

一、冰雪体育

哈尔滨的气候对冰雪体育来说得天独厚，20 世纪初，一些俄侨和在哈尔滨居住的外国滑冰爱好者，自发组织滑冰活动，有速度滑冰，也有花样滑冰。早在"1907 年，哈尔滨即举行了滑冰运动会"②。"1909年 7 月 13 日，俄侨成立了哈尔滨网球协会和滑冰协会。"③ 1910 年，在埠头区药铺街修建了体育场（即红星体育场），成为俄侨开展体育活动的中心。场地一周为 218 米，跑道平坦松软，适于运动员训练和比赛，四周用水泥铺就平而光的坡道，供自行车比赛使用。场地中央设有排球场、篮球场及拳击台等设施。北侧有木制看台，可纳观众千余人，看台后面还有网球场。"体育会"在每个星期日都要在这里举行为期半天的运动会，或周六下午的周末运动会，项目有田径、自行车、排球、篮球、网球等，深受侨民的欢迎。冬季则浇成滑冰场，分成速滑跑道和花样滑冰场地，每天分早晚两场向俄侨开放，早场 9 点至 12 点，晚场 6点至 9 点。每天晚场，整个体育场灯火通明，人头攒动，花样滑冰还配有教练，最吸引人的是男女花样双人滑，优美的舞姿吸引了无数休闲的人们驻足观看。④

南岗俄侨还开办"扎牙斯"，对社会开放。此后，哈尔滨铁路局、

---

① 《民国时代中国已有田坛名将，撑竿跳选手颇具异域色彩》，《竞报》2007年 12 月 17 日。

② 李述笑：《哈尔滨历史编年（1763—1949）》，黑龙江人民出版社，2013 年版，第 70 页。

③ 李述笑：《哈尔滨历史编年（1763—1949）》，黑龙江人民出版社，2013 年版，第 83 页。

④ 石方、刘爽、高凌：《哈尔滨俄侨史》，黑龙江人民出版社，2003 年版，第439 页。

第十一届奥运会中国体育代表团（前排右一为符保卢）

1950 年代末的南岗滑冰场

　　1920年代花样滑冰爱好者冰上起舞（图片选自孟烈、李述笑、张会群主编《画说哈尔滨》）

1950年代帆船比赛

哈尔滨中俄工业学校（哈尔滨工业大学前身）等单位入冬即浇自用冰场，吸引了众多哈尔滨中外滑冰爱好者，滑冰运动日渐兴起。曾在哈尔滨邮政局工作并兼《国际协报》文学副刊《蓓蕾》编辑的哈尔滨本土作家罗苏，在哈尔滨沦陷后以第一人称的口吻在一篇小说中写道："我相信你们最会留念的是冬天里的滑冰，那真是奇异啊！在冰场里冻红着鼻尖、耳朵、两颊，而心里却冒着汗，两片光亮的冰刀拴在鞋上，好像生了翅膀，它可以使你在那坚固而透明的冰上飞舞起来，可以一对一地在上面婆娑起舞，比起那光滑的舞厅里面的地板要更为使人满意。整个下午可以使我们在冰场里消磨过去——那些日子，我们真像是荒唐神话里面的仙子，好像一切烦恼都远离了我们。"①

萧红与萧军20世纪30年代初在哈尔滨生活时，尽管经常穷得食不果腹，但热爱体育的萧军还经常带着萧红去滑冰。"郎华（萧军）肩着冰鞋回来，汪林大概在院中也看到了他，所以也跟着进来。这屋子就热闹了！……又过几天，郎华（萧军）为我借一双冰鞋来，我也到冰场上去。程女士常到我们这里来，她是来借冰鞋，有时我们就一起去……"②"我们送走了他，就到公园走走。冰池上小孩们在上面滑着冰，日本孩子，俄国孩子……中国孩子……"③ 由此可见，至20世纪二三十年代，滑冰已不再是俄侨等少数外国人的运动，大批中国青年参与其中，成为哈尔滨年轻人普遍热爱的冬季体育娱乐活动。哈工大、滨江省立哈尔滨第二国民高等学校（哈一中）等学校还出现了韩辉、郑荣庭、陶德魁等一些具有较高水平的花样滑冰、速度滑冰爱好者。

1935年，在吉林举行的滑冰大会上，哈尔滨滑冰运动员郑亚兰、董跃廷分别以1分36秒、10分54秒的成绩获女子500米和男子5000

① 罗苏：《未发的书简——怀友人T君》，《抗战时期黑土作家丛书·罗苏集》，黑龙江大学出版社，2011年版，第49页。

② 萧红：《萧红全集·一个南方姑娘》，哈尔滨出版社，1991年版，第1033页。

③ 萧红：《萧红全集·门前的黑影》，哈尔滨出版社，1991年版，第1029页。

米第一名，首创速滑纪录。在这届滑冰大会上，哈尔滨花样滑冰选手许允莘、迟禹昌分获描型滑第二、第三名。

哈尔滨解放以后，1948年，苏联侨民会在南岗尼古拉教堂广场（今华融饭店双塔建筑处）修建红军体育场，1954年更名为南岗体育场。内设网球、足球和田径跑道，可容纳3000名观众。1965年，将网球场夏季改为灯光篮球场，冬天浇成冰场，开展滑冰和冰球运动。对社会全面开放，吸引了无数青少年。20世纪60年代，每逢冬季，南岗滑冰场都人头攒动，热闹非凡，作为哈尔滨城市中心与连接哈尔滨火车站的必经之地，它已成为哈尔滨城市冰雪文化的一张名片。

1952年，为迎接全国首届冰上运动会，哈尔滨又在八区修建了容纳2万观众的大型滑冰场。1953年和1955年，在这里接连举办了第一届和第二届全国冰上运动会，哈尔滨运动员林振坤获首届全国冰上运动会男子总分第一名，并有14人进入前三名，创多项全国纪录。在第二届全国冰上运动会上，哈尔滨运动员获全部冠军，多项第二、第三名，创10项全国纪录。花样滑冰发展迅速，1953年至1965年，哈尔滨市共参加13次全国性花样滑冰比赛，共获男子冠军11人次，女子冠军11人次，男子亚军5人次，女子亚军10人次，男子季军6人次，女子季军7人次。正因为有了20世纪前半叶冰雪体育的深厚积淀，才有了改革开放后哈尔滨冰雪体育以及中国冰雪体育在世界上的辉煌。

冰球运动起源于19世纪中叶的加拿大，并传入欧洲。1910年，欧洲举行了第一届冰球比赛。20世纪初，冰球随着俄侨进入哈尔滨，俄侨冰球队曾闻名世界。"当时，在亚洲和远东地区没有能和哈尔滨俄罗斯冰球队匹敌的冰球队，哈埠最好的冰球队是哈尔滨新体育协会冰球队"[1]，他们曾战胜过当时世界冰球劲旅美国队。在俄侨冰球运动的影响下，1928年，哈尔滨工业大学学生韩孝彰，教师郑荣庭、李翰平等

---

[1] 贺颖主编，赵喜罡、郭秋萍编译：《俄罗斯人回忆哈尔滨——他乡亦故乡》，黑龙江人民出版社，2010年版，第238页。

组成"爱好者"冰球队，与俄侨冰球队进行了比赛，这是中国历史上有记载的最早的民间冰球赛事。1935年，哈尔滨市冰球代表队参加了第十九届华北运动会冰球比赛，成为中国体育史上第一次冰球竞技活动①。哈尔滨解放后，哈尔滨俄侨组成的火车头、秋林公司、红星三个俱乐部的冰球队，常在道里商务俱乐部、道里体育场、南岗"扎牙斯"冰球场一带活动。1949年，哈尔滨第一中学学生杨奎武、邓君海与六中学生孙树隆，哈尔滨制革厂医务所医生卢春霖，毛织厂医务所医生邹绍衍，秋林毛皮部部长修福喜、文具部营业员修福禄等人自发组成"雪冰"冰球队。1951年元旦，哈尔滨市体育分会在南岗体育场组织雪冰队与俄侨联队公开表演比赛，观众上千人，雪冰队以9:4战胜俄侨联队。此后，以雪冰队队员为主组成的哈尔滨冰球队和东北区冰球队，出战1953年全国冰上运动会，大胜解放军队、西北队、铁路队、华北队等，获全国冠军。1956年，以哈尔滨队员为主组成的中国冰球队参加了第十一届世界大学生冬季运动会。冰球运动是小众体育活动，它传入哈尔滨初期仅仅是少数俄侨的体育活动，但很快受到哈尔滨年轻人的喜爱，并发展成为群众性体育活动，直到20世纪七八十年代，哈尔滨一些企业都有自己的业余冰球队。从1953年至1990年，哈尔滨男子冰球一队参加全国比赛42次，获34次冠军，为中国冰球输送了一批批人才，可以说，中国冰球运动始于哈尔滨，发展壮大于哈尔滨。

哈尔滨冬天的松花江还是天然的溜冰场，滑冰、打冰爬犁和玩一种叫作"拉普塔（俄罗斯棒球）"的运动成为孩子和年轻人冬季热爱的体育娱乐活动。每逢冬季，俄侨"体育会"都在松花江南岸江上俱乐部旁修建高高的冰台，也就是冰滑梯，供年轻人和孩子们玩耍，这种娱乐经过一个多世纪一直延续到今天。

二、水上运动

20世纪初期，风景怡人的松花江成了俄侨夏季的水上运动场。

---

① 哈尔滨市地方志编纂委员会：《哈尔滨市志·卫生体育》，黑龙江人民出版社，1998年版，第352页。

1911 年 6 月 16 日，哈尔滨游艇俱乐部首次在松花江上举行摩托艇、划艇、小船比赛。1912 年，游艇俱乐部（哈尔滨铁路江上俱乐部）在九站落成，俄侨还成立了"水上体育会"，并在水上体育娱乐设施上投入了大量资金。在太阳岛开设深浅水游泳场和跳水台，浅水游泳场在水底设有木槽，并配有教练，以保障初学者的安全。"水上体育会"每年夏季都举办水上游泳运动会，进行顺松花江长游和短距离比赛，参赛者达百人，围观者数千人。这一游泳比赛的传统一直保持到解放后，从 1948 年为纪念抗战胜利三周年举行的顺水 1500 米自由泳比赛大会，到 50 年代初建立哈尔滨游泳运动协会和在九站建立江上运动站，畅游松花江一直是哈尔滨人夏季热爱的体育活动之一。

　　哈尔滨夏日的太阳岛还有一道亮丽的风景，就是身着各色泳装的俄侨妇女。"1935 年尼龙发明之前，女式泳衣的材料是用普通棉布制作而成的，哈尔滨的俄侨女子穿着裁剪合体的由胸罩和短裤配成的两件一套的游泳衣，畅游在松花江的碧波之中，没有法律去阻止她们，这也使当时哈尔滨女泳装的款式居于世界潮流领先位置。"[1] 而同时代广州等一些大都市却禁止女性穿着泳衣和男子同泳。"1934 年禁止男女同泳，由广州开始，认为泳场之内男女肌肤接触有伤风化。此后各公共游泳场所，均须划分男游泳场和女游泳场，并在两场间施以间隔，使不可逾，亦不可望。亦禁止男女穿暴露的泳衣。北戴河奉省府令实行新生活，无论男女，除入海游泳外，不准赤足短裤在路中行走，露背短襟之新式游泳衣亦禁女子穿着，以维风化。"[2] 杭州、北平甚至出现"摩登破坏团"，专门毁损摩登女性的衣服，禁止穿着时髦的女性进入戏园等公共场所[3]。相比之下，哈尔滨城市的文明和开放程度要远远领先于其他

---

　　① 宋潞等：《哈尔滨城市历史服饰形态研究》，黑龙江美术出版社，2014 年版，第 78 页。

　　② 《男女同池有伤风化》，《论语》（上海）半月刊第 44 期，1934 年 7 月 1日。

　　③ 曾迭：《摩登破坏的重演》，《人言》第 2 卷第 23 期，1935 年 8 月 17 日。

城市。

　　太阳岛不仅设有游泳场，还在沙滩上设有沙滩排球场、高低杠、双杠、秋千等，还有小舢板、划艇、帆船等，且配有教练，每年6月至8月开班办学，使划艇和帆船运动迅速成为俄侨以及哈尔滨市民极为喜爱的一项群众性体育运动。建国后，哈尔滨市总工会在松花江建有工人业余划船俱乐部，设有机艇库，哈尔滨车辆厂、哈尔滨建成机械厂、哈尔滨电机厂、哈尔滨锅炉厂等30多家企业单位都有自己的划船队，经常开展比赛活动，还组成哈尔滨队参加全国的比赛且成绩斐然。从20世纪初至70年代，每逢夏季，松花江上碧波荡漾，千帆竞秀，百舸争流，已成为哈尔滨一道独特而亮丽的风景。

　　一些体育史料认为，划艇运动首次传入中国是1913年英国人在上海建立的划船总会，划船总会使黄浦江上出现了赛艇。笔者认为，划艇最早进入中国应是1911年的哈尔滨。据哈尔滨历史专家李述笑先生考证："1911年6月16日，哈尔滨游艇俱乐部首次在松花江举行了摩托艇、快艇及各种小船比赛。"[①]

三、爬山、郊游、野餐等休闲运动

　　俄侨春夏季郊游、爬山、划船、垂钓，冬季冬泳的休闲体育习惯，也对哈尔滨人产生深远影响。每逢春夏节假日，俄侨都会呼朋唤友，带上冷食，来到郊外登山亲水，郊游野餐，亲近自然，放松身心。那时太阳岛、帽儿山、亚布力等地是俄侨常去的地方，有的富裕人家在太阳岛、帽儿山等地还建有度假别墅或房屋。在俄侨的影响下，郊游、野餐也成为哈尔滨人保持了一个世纪的休闲文化传统。

　　俄侨 B. H. 热尔纳科夫回忆："夏日，松花江的妩媚吸引了无数的哈尔滨人前往。即使是平日，从傍晚四五点钟开始，人们纷纷涌来划船、玩快艇，纳凉消暑。如果是星期日、节假日，哈尔滨有几乎一半俄

---

① 李述笑：《哈尔滨历史编年（1763—1949）》，黑龙江人民出版社，2013年版，第98页。

罗斯人，从清晨便来到江北平静的水面被摩托快艇、赛艇、小船、桦皮小舟劈开层层波浪；江边金色的沙滩上，处处是遮阳伞，从远处看仿佛是雨后的鲜蘑；女人们彩色艳丽的泳装，仿佛像流动的宝石，那美丽的身影，为江边抹上一道亮丽的景色。俄罗斯人最爱光顾的是'帆船俱乐部''哈尔滨青年人协会'在沙滩上开辟的体育场地。年轻人在这里打秋千，比赛排球，角力比赛和晒日光浴。在太阳岛上的凉亭里呷冰镇格瓦斯、鲜奶，而喝啤酒更是惬意。"①

笔者曾采访过多名俄侨，在回忆他们在哈尔滨的生活时，都曾对童年随家人去太阳岛、帽儿山等地野游或度假记忆深刻。

俄侨科利亚："记得除了去松花江玩，最难忘的是坐着火车去帽儿山，因为去帽儿山不仅坐火车，还买一些好吃的，黄瓜、红肠、汽水，我们坐在火车上，一边唱着歌，一边看车窗外掠过的青山绿水，可以慢慢地享用美食，简直太美了。那时的帽儿山漫山遍野的野花……"②

澳大利亚俄侨伊戈尔："我还随父亲去帽儿山和太阳岛避暑、度假，太阳岛到处开满野花。"③

原居哈尔滨犹太人高佳丽："我的父亲在铁路局医院工作，有时也到齐齐哈尔、富拉尔基的铁路医院工作。小时候，每逢夏天，我和姐姐经常随母亲到富拉尔基、扎兰屯去看爸爸，到那里过夏天。那里的夏天非常美。有时也随全家到亚布力、帽儿山去玩。在我的记忆里，这些地方到处都开满了漂亮的野花。"④

原居哈尔滨犹太人拜因："每年夏天七八月份，我们家都会去太阳

① 贺颖主编，赵喜罡、郭秋萍编译：《俄罗斯人回忆哈尔滨——他乡亦故乡》，黑龙江人民出版社，2010年版，第89—90页。

② 庄鸿雁：《哈尔滨，我永远的家》，《黑龙江广播电视报》2006年1月9日第1355期，第6版。

③ 庄鸿雁：《老俄侨组团哈尔滨寻根》，《黑龙江广播电视报》2005年7月18日第1330期，第21版。

④ 庄鸿雁：《哈尔滨：犹太人心中的梦》，《黑龙江广播电视报》2004年9月6日第1285期，第21版。

岛度假，在我童年的记忆里，太阳岛非常美。我的叔叔还常带着他的孩子和我们一起去参加皮划艇比赛，我们都是皮划艇俱乐部的成员。有时叔叔也会带我们去看足球比赛，叔叔是个超级球迷。但我们这些孩子却是不同球队的支持者，每次比赛后，肯定会有一个哭得很伤心。"①

俄侨的这种喜爱郊游野餐的休闲习惯深深地影响了哈尔滨人，直到今天，这种习惯一直延续着，只不过野游的内容有所改变。过去都是带着面包、香肠、啤酒、汽水等冷食，找一处树荫草地，铺上凉席，席地而坐，餐后则载歌载舞，直到夕阳西下，快乐而归。如今则增加了烧烤，食物也更加丰富。

郊游、野餐的习惯也不仅仅限于家庭、亲友之间，学校、单位也常常组织集体郊游。1960 年代曾任苏联中学教师的吕占林老师回忆："1960 年夏天，苏联中学全校师生到帽儿山去爬山野游，当时我带着200 多名学生爬帽儿山，现在帽儿山我已经很多年没有去过了。"② 与笔者同时代的人不会忘记，从小学直到大学，那时学校几乎每年都组织学生集体郊游，太阳岛、帽儿山、二龙山等，曾留下几代人的记忆。

第三节　哈尔滨早期体育文化的特点及对城市文化的影响

一、哈尔滨体育文化特征

20 世纪初，在俄侨体育的影响下，哈尔滨开启了城市现代体育的序幕。现代体育的兴起是文明社会的重要标志之一。

哈尔滨城市之兴得益于中东铁路的修建，这座崛起于远东的现代都市从它诞生之日起，就以开放与包容的胸怀接纳吸收了欧洲文化，俄侨所带来的以身体运动为载体，以体育锻炼、竞技比赛和体育休闲为主要

---

① 庄鸿雁：《哈尔滨犹太人回乡记》，《黑龙江广播电视报》2006 年 6 月 19 日第 1378 期，第 6 版。

② 庄鸿雁：《本报搭桥，中俄师生重逢》，《黑龙江广播电视报》2006 年 2 月 13 日第 1360 期，第 17 版。

方式的现代体育运动，传播了增强人的体质、促进人的全面发展、丰富社会生活的现代体育理念，开启了哈尔滨现代体育之门。在哈尔滨城市现代化的进程中，体育作为一种现代文化形态，亦构成了其城市文化的一部分，不论在体育观念上，还是在体育实践上，都得风气之先，在全国处于领先地位。回首总结哈尔滨的近现代体育文化，归纳其具有以下特征：

1. 开放性与兼容性。哈尔滨这座新兴的移民城市，少有传统文化的束缚，在欧风东渐影响下，哈尔滨以开放的胸襟，兼收并蓄，快速接纳吸收了西方近代体育文化，不论是体育观念、竞赛制度、运动项目、场馆建设、体育社团组织，还是女子体育的开展，都走在时代和地域的前列。可以说，除了上海外，哈尔滨是近代体育在中国传播的另一个滥觞之地，它促进了城市体育的现代化转型，同时，也为城市文化注入新鲜的活力。

2. 多样性与群众性。哈尔滨近代体育，不论是竞技体育还是学校体育，不论是体育比赛组织的频率和层次还是体育社团的数量与规模，不论是民众参与的体育项目种类还是呈现出的竞技水平，都精彩纷呈，具有广泛多样性与群众性。其时哈尔滨的体育参与者没有专业运动员，均来自学校和社会各行各业，但体现出的较高的专业素质和竞技水平，却领全国之先。

3. 创新性与开拓性。哈尔滨近代体育在许多方面领全国之先，具有创新与开拓精神，如女子体育活动的开展充分体现了这一点。女子参与体育的程度，是现代体育的一个重要内容。它既是女性解放的标志，也是社会文明和城市现代化的标志。20世纪初，在世界范围内，女性参与体育运动的比例并不高，女性体育普遍受到排斥。在1900年第二届奥运会上设立的女子高尔夫和网球，是女子项目第一次出现在奥运会上。1928年第九届奥运会，女子田径首次被列为比赛项目，从本届至1936年的第十一届奥运会，女子项目只有田径、击剑、体操和游泳4个比赛项目。直到"二战"后，随着女权运动的发展，这种情况才得到改观。在世界女性体育运动的背景下，20 世纪初期至 30 年代，哈尔滨女性积极参与游泳、滑冰、网球、田径等运动项目，并出现了一批优秀的运动员，在华北和全国运动会上独占鳌头，闻名全国，并代表中国参加远东运动会。哈尔滨女性参与体育运动的范围、深度以及产生的影响，远远高于其他大城市。这说明，哈尔滨作为当时东北亚国际化大都市，其文明和开放程度也远远高于其他城市。

二、现代体育对哈尔滨人精神世界的影响

体育精神是体育的灵魂。国际上一般将现代体育分成两部分，一是以奥运会为核心的竞技体育，一是普通民众的大众体育。随着对现代体育运动形式的接受，哈尔滨人同时较早地接触到了现代体育观念和奥运精神。体育不仅是强身健体的娱乐活动，而且可以"增精强国"，增强民族自豪感，摘掉东亚病夫的帽子。以哈尔滨学生为主体的各种运动爱好者，在与外侨的比赛中，尤其是哈尔滨沦陷后在与日本来访的运动队进行比赛时，长中国人志气已成为哈尔滨队员的动力。如 1931 年 6 月 9 日举行的哈尔滨田径运动员与俄侨运动员对抗赛，第一中学郭景盛 100 米以 11 秒 9 的成绩战胜俄侨运动员谢立节耶夫。6 月 10 日《滨江时报》以大字标题进行报道"郭景盛超出俄人"，一时轰动全城。1930 年代初，哈尔滨足球"锋队"，"对在哈逞雄一时的俄侨队、日侨队进行冲击，打击了藐视华人的气焰。1932 年春，'锋队'迎战来访的日本早稻田大学队，以 2∶2 踢成平局，大长华人志气"①。即使是在哈尔滨沦陷后，1935 年，流亡北平的哈尔滨大学生冰球爱好者仍组成冰球队，打着"白山黑水"的图徽，参加了第十九届华北运动会。多次蝉联全国撑竿跳纪录并远征奥运赛场的"撑竿跳大王"符保卢，1936 年参加完奥运会后回国。1937 年抗战全面爆发后，符保卢毅然放弃大学学业，参加中国空军，成为飞行员。在抗战中，他曾击落三架日寇战机。1943

---

① 哈尔滨市地方志编纂委员会：《哈尔滨市志·卫生体育》，黑龙江人民出版社，1998 年版，第 406 页。

年，在一次试飞中以身殉职，年仅 29 岁。

回顾哈尔滨百年城市体育的来时路，它之所以能领时代之先，领全国之先，这与哈尔滨的城市文化和城市精神的开放性及包容性是分不开的。城市建设与体育发展相互作用，城市的建设为体育的发展提供条件，体育也在城市文化中孕育，为城市形象和城市精神的确立注入活力。传承哈尔滨城市历史文脉，弘扬哈尔滨城市体育精神，走体育社会化和体育生活化之路，充分体现体育的全民性，才能实现现代体育与城市发展的良性互动。

第十一章 穿越时空的文化记忆
——哈尔滨外侨访谈录

本章内容为笔者 2007 年以前任《黑龙江广播电视报》记者时对哈尔滨俄侨和原居哈尔滨犹太人的采访，时间多集中在 2002 年至 2006 年之间，至今已十几年过去了。他们当中的一些人已离世，但作为一个曾经浸润在哈尔滨城市文化中的个体，尽管他们的记忆可能是碎片化的、具有特殊性的，也没有谁的记忆可以原封不动地保存过去，沉淀下来的记忆中的"影像"只能是"每个时代的社会在其当代的参照框架中能够重构的东西"①，但他们通过重构，形成了哈尔滨这座城市的集体文化记忆。"就像所有的回忆，永远是不完整的，既可能无限接近目标，也可能渐行渐远——正是在这遗忘（误解）与记忆（再创造）的巨大张力中，人类精神得以不断向前延伸。"②

第一节 哈尔滨，俄侨永远怀恋的理想城市

哈尔滨俄侨系列访谈之一

采访人：庄鸿雁　翻译：刘岩

---

① Jan Assmann：Collective Memory and Cultural Identity，New German Critique，No. 65，Cultural History/Cultural Studies.（Spring – Summer，1995），p. 131.

② 陈平原：《北京记忆与记忆北京》，《北京：都市想象与文化记忆》，北京大学出版社，2005 年版，第 8 页。

采访对象：澳大利亚哈尔滨俄侨切尔诺乌斯·伊达

时　　间：2003 年 5 月 22 日

地　　点：哈尔滨市巴陵街 129 号《黑龙江广播电视报》编辑部办公室

采访方式：越洋电话

离开 40 年难舍故土情
老俄侨思念故乡哈尔滨

20 世纪前半叶，在哈尔滨曾生活着十几万俄罗斯侨民，这些侨民离开哈尔滨后，其中一部分移民到了澳大利亚，虽然他们离开了哈尔滨，但对哈尔滨这个他们生活过的城市仍充满眷恋，他们都把哈尔滨称为故乡。随着岁月的流逝，许多移民或者已经故去，或者已进入白发苍苍的暮年。上周四，本报记者通过越洋电话采访了一位在哈尔滨生活了 40 多年的俄罗斯侨民、哈工大 1952 届毕业生——切尔诺乌斯·伊达。如今老人已 86 岁高龄，一个人生活在悉尼。当与她聊起在哈尔滨度过的近半个世纪的时光时，老人的声音透着激动，听得出来，她仿佛回到了自己的童年和青年时代。

童年的记忆

伊达 1917 年出生在中俄边境上中东铁路的最后一站的那个小镇，父亲是车站上检查边境过货工作的检查员，相当于现在的海关检验员，母亲做家务。伊达有一个哥哥，但很小的时候就夭折了，家里只有伊达一个孩子。伊达 4 岁那一年，父亲调到了哈尔滨铁路局工作。

在伊达的记忆中，刚刚搬来哈尔滨时，她的家在南岗大直街上，离大教堂（圣·尼古拉大教堂）不远，家的门前有一个大街心花园，经过一个大学后就到教堂了。小时候，除了去教堂做礼拜，她最喜欢去教堂看婚礼，看漂亮的新娘子。她常去的教堂有圣·尼古拉教堂、圣·伊维尔教堂，还有圣·索菲亚教堂。

伊达说，那时大直街两边绿树成荫，并且都有花坛，还有供行人休息的长椅，夏天，总是有很多人或者坐在长椅上读报，或者牵着小狗休息。后来，伊达的家又搬了几次，一次是搬到莫斯科大商场（现博物馆）附近，那里非常热闹，能买到蔬菜、水果，后来又搬回了大直街。她还经常跟着母亲到秋林洋行买面包、糖果和漂亮的新衣服。当时哈尔滨有三个秋林，她都去过，那里卖的东西最时尚。

伊达告诉记者，她是在铁路局附属学校读的小学和中学（10 年制学校），那里都是俄国孩子，大多是铁路局员工的子女。学校很漂亮，墙壁刷着粉红色，孩子们都叫它粉红色的学校。1938 年的时候，不知道什么原因，学校被日本人查封了，但老师领着孩子们又转移到了其他地方，继续教孩子们读书。伊达近年回国时，还回到了学校，学校的建筑没有变，仍然是原来的样子。

哈工大：知识和爱情的摇篮

1946 年，伊达考入了哈尔滨工业大学机电系学习，毕业前一年曾在铁路局当了一年秘书，后又回到学校继续学习，1952 年毕业。伊达说，哈工大不仅是她的母校，也是她爱情的摇篮，因为她是在这里与她的丈夫相识相爱结婚的，她的丈夫也是俄罗斯人，是机械系的。毕业后，他们分配到了一个设计院，并一同为齐齐哈尔附近一个叫拉哈的小镇建一座大糖厂做设计，后来又到工地施工，在那个地方他们为建设糖厂共同洒下了自己的汗水。

回忆起在哈工大读书时的情景，老人很高兴。她说，那时学校的生活丰富多彩，同学们不论是中国人还是外国侨民，相处都非常好，每逢周末，学校都有篝火晚会，同学们在一起拉手风琴、唱歌、跳舞，非常快乐。夏天有时候也去松花江划船，去太阳岛野餐，那时自己还会说汉语，但不会写，可以正常与中国同学交流，现在离开中国时间太久了，汉语已经忘了，不过还能记住几个词，说着老人在电话那端用汉语说"谢谢""吃饭"，并用汉语数数"1、2、3、4……"。老人告诉记者，来澳大利亚的一些俄罗斯人，直到现在还有会说汉语的，因为当时他们是与中国孩子一起在中国老师教的学校读书的。

哈尔滨永远是故乡

伊达与丈夫、父母及公婆是 1957 年离开哈尔滨去澳大利亚的，当时离开哈尔滨时真是有些恋恋不舍。刚到澳大利亚时生活很不习惯，首先是语言，所以到澳大利亚后她先是学习语言，后来在设计院绘图，并先后在几家工厂做工程师。她和丈夫没有孩子，丈夫去世后她独自一人生活。伊达说，虽然现在年岁大了，但她并不觉得孤独，她有许多社会工作要做，也常与世界各地的朋友联系。生活中除了修理花园需要请人外，其他的家务活儿都自己做。

伊达说，离开哈尔滨后，1984 年她第一次回哈尔滨，以后她又先后回来过几次，每次回来都有不同的感受。第一次回来时，虽然教堂剩下的不多了，但街道和建筑变化还不是很大，石头马路、有轨电车、大直街的俄罗斯老房子还都在，但是 1990 年哈工大 70 年校庆时和以后再回来，感到变化就大了，有轨电车没了，石头马路没有了，马路宽了，高楼大厦多了，虽然很多怀旧的东西都没了，但更像一个大都市了。记得哈工大 70 年校庆时，世界各地很多校友都回来了，当年的姑娘小伙子都成了老头老太太，但大家对母校的感情没有变，不论多远，都千里迢迢地赶回母校。去年夏天伊达再次回到哈尔滨，她说，趁现在身体还行，能多回来一次是一次，以后走不动了，想回来也回不来了。说到这里，老人有些伤感。

伊达告诉记者，在澳大利亚有许多从哈尔滨移民过去的俄侨，他们中的一些人已经故去，剩下的也都到了暮年，他们的后代离开哈尔滨时

230

还是几岁的小孩子，现在也年近半百。他们经常聚会，共同回忆在哈尔滨度过的美好时光。尽管时光过去这么久了，但大家都把哈尔滨当成故乡。伊达说："在哈尔滨，那里有我的童年、青春，我在那里读书、恋爱、结婚，我熟悉中国的历史（读书时老师给他们讲中国的历史），熟悉那里的一切，那一切已深深地印在了我的记忆里，留在了我的梦里，我怎么能忘记呢？"

伊达还告诉记者，在哈尔滨她还有两位朋友，都是年过八旬的老人，一位是哈工大当年的校友，朝鲜人，一位是俄罗斯人，她们经常通信，偶尔也打电话互相问候。

伊达说，自1984年她第一次回哈尔滨，她一共回来过五次，在有生之年，她还希望能常回哈尔滨看看，为哈尔滨做点事情，因为这里永远是她的故乡，这里有她记忆中最美好的时光。

（原载《黑龙江广播电视报》
2003年5月26日第1218期第7版）

哈尔滨俄侨系列访谈之二

采 访 人：庄鸿雁　翻译：刘岩　摄影：庄鸿雁
采访对象：叶伏罗尼西娅·安德烈耶夫娜·尼基伏洛娃
时　　间：2003年6月17日
地　　点：哈尔滨市道里区西十五道街叶伏罗尼西娅·安德烈耶夫娜·尼基伏洛娃的家
采访方式：面对面

奋斗药店老店员尼基伏洛娃
哈尔滨最后的老俄侨

20世纪前半叶，哈尔滨可以说是一个国际化的大都市，在哈尔滨生活的以俄罗斯为主的各国侨民有十几万人。60 年代，侨民逐渐迁移，哈尔滨的俄侨所剩无几。如今，他们已进入耄耋之年，哈尔滨还有多少俄侨呢？通过一位老年朋友瓦莉亚·韩的介绍，本报记者得知，在道里区西十五道街还住着一位 93 岁的老俄侨叶伏罗尼西娅·安德烈耶夫娜·尼基伏洛娃，她可以说是哈尔滨最后的老俄侨。

6 月 17 日，本报记者和黑龙江电视台《你好，俄罗斯!》节目记者刘岩一起来到西十五道街老俄侨尼基伏洛娃的家。

对于尼基伏洛娃这个名字人们也许会很陌生，但 40 岁以上的哈尔滨人对奋斗药店的一个"俄国老太太"药剂师可能还会有很深的印象。这个俄国老太太就是尼基伏洛娃，她从 1962 年开始在奋斗药店一直工作到 1978 年才离休。

尼基伏洛娃的家在西十五道街一幢三层小楼的二楼的一间 18 平方米的屋子里，这是一间没有暖气没有煤气没有电话和电视的屋子。一进门是一个小厨房，里间是卧室，屋子里靠火墙的地方放着一张小床，靠窗的一边是一件看不出是沙发还是长椅的家具，另两边墙边摆着五斗橱和衣柜，屋子中央放着俄罗斯人必备的拉桌。整个屋子几乎没有其他人可以站立的地方。

我们走进屋，满头银发的尼基伏洛娃老人坐在拉桌前的椅子上正在看俄文书，她见有人来，很诧异。当她得知是记者来采访她时，热情地招呼大家坐，并幽默地说，现在老了不好看了，90 岁以后，腿脚也不灵便了。

老人虽然腿脚不灵，眼睛也不太好，但听力和思维仍很敏捷，老人很健谈，而且语言非常幽默。

对于哈尔滨，尼基伏洛娃有很深的感情。许多记忆的碎片已深深地印在了她的心里，成为她生命中的最美好的回忆。

青春岁月

尼基伏洛娃告诉本报记者，她 1910 年出生在俄罗斯西伯利亚的一个城市。伯父和姑姑 1902 年随着中东铁路的修建来到哈尔滨定居。1923 年尼基伏洛娃 13 岁那年，她随父母也来到哈尔滨投奔亲戚。父亲先是在铁路工作，后来在中央大街上的远东银行任总会计师，母亲做家务。尼基伏洛娃告诉记者，她还有两个弟弟。

来到哈尔滨后，尼基伏洛娃在南岗大直街上的一所私立中学读书，1929 年高中毕业后进入哈尔滨特别市药房学习做药剂师。药剂师学习两年期满后，先是在一家俄国人开的药店工作，这家药店的房子特别漂亮，可惜现在连一块砖都没留下。1936 年，她又到南岗马家沟比利时街（今比乐街）上俄罗斯人开的一家俄侨医院任药剂师，她说，这是一家以俄罗斯医生卡赞·贝克的名字命名的医院，卡赞·贝克医生非常善良，很多穷人来看病他都不收钱。后来卡赞·贝克医生因用嘴给一个呼吸困难的孩子吸痰被传染身亡。他死后，许多哈尔滨市民都来为他送葬，以后，这个楼上还挂了一个小木牌纪念他。

在这个医院，尼基伏洛娃工作了 26 年，度过了她生命中最宝贵的时光。她说，在这里，有我的病人，为我的病人服务，我感到我活得很有价值。

1962 年，随着俄罗斯人的离去，这家医院被药店接管，她也随之来到奋斗药店工作。奋斗药店原为普希金大药房，是一对犹太兄弟开设的。在这家药店，她一直工作了 17 年。

尼基伏洛娃说，由于做药剂师工作，她长期腕部用力把药末做成药片，日积月累，她的手和腕落下了病根，现在手腕子总是痛，攥不住东西。

留在心底的记忆

尼基伏洛娃说，当年她 13 岁来哈尔滨时，一路上她看到的都是原始森林。来到哈尔滨后，那时，哈尔滨已是一个很漂亮的城市。在她的记忆中，松花江的水特别大、特别美，江中跑着大轮船，大轮船从哈尔滨一直开到哈巴罗夫斯克。年轻时，她还经常到松花江游泳、洗衣服。她幽默地说，现在松花江水生气了，就走了。

尼基伏洛娃刚来哈尔滨时不懂汉语。那时，很多中国人都会讲俄语。她说，那时在道里十二道街有许多店铺，有外国人开的，也有中国人开的，但无论是中国人还是外国人，店员都会讲俄语，许多中国孩子也在俄国人开的学校读书，都会讲俄语，所以无论走到哪里，语言都不是障碍。那时候，她有许多中国同学和朋友。

那时哈尔滨还有到莫斯科和到巴黎的国际列车，那趟火车特别漂亮，每逢这趟火车进站后，许多人都进火车站去看，因为那时的火车站没有栅栏。那时哈尔滨有许多教堂，大教堂（指圣·尼古拉教堂）、圣·伊维尔教堂、圣·索菲亚教堂，也有许多郊区的小教堂，如在马家沟就有小教堂，人们不用上市里就可以做祷告。哈尔滨的教堂多，这是世界上不多见的。可惜的是现在这些教堂只剩下几座，其他的都被毁了。如果这些教堂被保留下来，哈尔滨就会来更多的游客。现在没有了，很可惜。而且现在哈尔滨剩下的教堂还没有神父，没有钟声，已经不像教堂了。

离不开你，哈尔滨

1936 年尼基伏洛娃的父亲就去世了，母亲带着她与两个弟弟一起生活。1946 年和 1954 年，她的两个弟弟也相继离开哈尔滨，回到苏联哈萨克斯坦。在哈尔滨只剩下了她和妈妈相依为命。1976 年，妈妈也去世了，只剩下她一个人在哈尔滨生活。

问尼基伏洛娃为什么没有离开哈尔滨，她说，当时母亲生病了，我要照顾母亲。再说，国外也不是天堂，那里也不会天上掉馅饼。况且我不会讲英语，到那里找不到好工作。最重要的是我喜欢哈尔滨，我喜欢这里的工作和这里的病人，我离不开他们，所以我就没有走。后来，她的弟弟和侄子也曾劝她离开哈尔滨回苏联，但她觉得在哈尔滨生活已经习惯了，她不想走。1995年，她的最后一个弟弟也去世了。2000年，侄子伊戈尔来哈尔滨看望她，侄子曾劝她一起离开，但老人说，我的爸爸妈妈都睡在这里，我不能离开他们，我死后要与他们住在一起。

尼基伏洛娃终身未婚，记者小心翼翼地问她为什么，老人幽默地说，因为工作，没有时间出去散步。

晚年生活

尼基伏洛娃退休后，她的生活圈子越来越小，朋友仅限于生活在哈尔滨的几个俄侨。身体硬朗时，每逢星期天，他们都要结伴到皇山俄侨墓地去祭扫，为他们的亲人和每一座墓碑拂去尘埃。现在，这几位老朋友也都相继离开了人世，到天国相会去了，只留下尼基伏洛娃一个人孤独地生活着。说到这里，老人的眼角有些湿润了。

尼基伏洛娃告诉记者，她原来住在安心街，那时她的房子有24平方米。70年代末动迁到这里，动迁的人答应给她换一套32平方米有暖气和上下水的房子，但他们没有兑现承诺，把老人迁移到这个只有18平方米没有暖气的老房子里。对此，老人心里很难过。

4年前，老人得了乳腺癌，医生让她做手术，她因心脏不好，不想做。现在病灶处有一些化脓，用厚厚的纱布包着。每周有一名药店为她请的护士来给她换一两次药。她告诉记者，生活上还有一个保姆照顾她。老人说，80年来，她一直保持着俄罗斯人的生活习惯，她每天吃两顿饭，主要是面包、牛奶和香肠，还吃一些西红柿、洋葱、香蕉等蔬菜和水果。

老人每月有800多元的退休金，药店的工会主席也常来看她。每次来都带来她爱吃的水果、面包和火腿。去年药店的经理还带她去医大一院看病，这让她感到很温暖。

现在，除了保姆每天按时来给她做饭买东西外，老人一个人生活仍感到孤独。她说，过去的同事退休了，有的也不在了；原来的邻居也都搬走了，老俄侨朋友也相继去了天国。现在一个星期也少有人来敲门。去年还出去两次，今年到现在还没有出过门。如果在一个大家庭里生活，有人照顾就好了。

尼基伏洛娃告诉记者，她今天说了很多话，很久没有说过这么多话了，她很高兴。原本每天下午是她休息的时间，但因我们的到来打破了老人的规矩。虽然还有许多话要说，但我们实在不忍心再占用一个93岁病人的休息时间，我们准备告辞。临别，尼基伏洛娃从果盘里掰下几只香蕉，让我们吃。为了表示对老人的尊重，我们吃着她的香蕉，却为老人孤寂的生活感到心酸。

（原载《黑龙江广播电视报》
2003 年 6 月 23 日第 1222 期第 2 版）

注：尼基伏洛娃 2006 年 9 月 22 日在哈尔滨第一医院辞世，享年 96 岁，葬于哈尔滨皇山俄侨公墓。

哈尔滨俄侨系列访谈之三

采 访 人：庄鸿雁　摄影：庄鸿雁

采访对象：韩明禧（俄文名瓦莲京娜·巴甫洛夫娜·韩，爱称瓦莉亚）

时　　间：2003 年 8 月 8 日

地　　点：哈尔滨市南岗区巴山街韩明禧的家

采访方式：面对面

八旬朝鲜老太精通六种语言
余热献给哈尔滨的孩子

今年 5 月，因采访澳大利亚老俄侨伊达与瓦莉亚相识，她的中文名字叫韩明禧，俄文名字叫瓦莲京娜·巴甫洛夫娜·韩，瓦莉亚是她的俄文爱称。今年 80 岁的她是一位在哈尔滨长大并生活了一辈子的朝鲜人，但令人敬佩的是这位 80 岁孑然一身的老人从 20 多年前起开始教孩子们学外语，先是俄语，后是英语，在这 20 多年的时光中，她把自己的余热都奉献给了哈尔滨的孩子们。

韩明禧的家在南岗区巴山街，这是一套老式格局的两屋一厨，一间为卧室，一间为客厅，客厅中墙的四周除了一架钢琴就是摆满了外文书籍的书橱，小屋子里书香四溢。而最显眼的是地中央的俄式大拉桌上总是摆着一瓶鲜花和一盘糖果，糖果是为来上课的孩子们准备的。和韩明禧聊天，她的思维很敏捷，而且声音非常清脆好听，丝毫听不出一个 80 岁老人的沧桑。

哈尔滨的童年往事

韩明禧的父母都是朝鲜人，他的父亲从小生活在符拉迪沃斯托克，自幼家贫，后来靠自己的努力成为一名富商，并于 20 世纪初来到哈尔滨。韩明禧出生于 1923 年，她是在两岁时和母亲来哈尔滨与父亲团聚的，那时，她的父亲在哈尔滨和长春已有了很大的产业。当时她的家在道里中央大街，同时在江北太阳岛上也有自己的别墅。

韩明禧 6 岁开始上小学，是在俄罗斯 10 年制的学校读书的，因此，她从小受到俄罗斯文化的影响，并且信奉东正教。中学毕业后，她又在北满学院读书，学的是商业经济。哈尔滨解放后，她又来到哈工大东方经济系继续学习。她说："我从小学到大学的同学、老师都是俄罗斯人，所以，从小除了在家里讲朝鲜语，接触的人用的语言都是俄语，后来是日语。在白俄学校上学时，每天要祈祷，祈祷时用的语言是斯拉夫语。所以，俄语、日语对我来说，都超过了我的母语。而英语则是我读书时学习的外语，同时，我还跟一位英国老太太学习英语。当时的俄罗斯学校都要求学生要掌握三四种语言。"

尽管如此，韩明禧说，当时的学生仍比现在的孩子轻松。那时，每

237

天早晨上学，下午两三点就放学了，回家写完作业，吃完晚饭就没事了，大多是吃完晚饭或者出去看电影，或者滑冰、打球，那时，学生的运动很多。

韩明禧告诉记者，当时她不仅喜欢跳舞（三步、华尔兹，她都跳得很好），她更喜欢运动，排球、篮球、游泳、滑冰，尤其是冰上舞蹈，她曾多次在冰上运动会上表演冰上舞蹈并获奖。那时，每逢夏天她都到松花江游泳。即使在哈工大工作以后，也是常常与学生一同参加比赛。她说："如果没有那时的运动，我现在身体不会这样好。2000年哈工大校庆时，很多当年的校友看到我都感叹：'你还活着呢！'相比之下，现在的孩子学习太苦，没有运动的时间。那时的学生运动项目很丰富，不像现在有的学校只是一味地让孩子跑步，其实跑步并非适合所有的孩子。"

从哈工大东方经济系毕业后，1953年韩明禧参加了工作，她先在哈工大校长办公室工作。1956年，哈工大来了60名苏联专家，她就被派到专家组当翻译，直到1961年专家组撤走。

韩明禧的一生很坎坷，在1964年的时候，因她在1961年和1963年三次去苏联领事馆和大使馆申请往苏联移民的事，被误认为是去替苏联送情报，因此被打成"苏修"特务关进了监狱，直到70年代中期才获得自由，1982年得到平反。对此，老人并没有抱怨，她说，这都过去了，是历史了。

生命中的两次爱情

韩明禧一生中只有一次短暂的婚姻，那是她被打成"苏修"特务后，被迫与一农民结婚，并很快就离了婚。此后，她一直与母亲生活在一起，直到母亲去世。但是她告诉记者，其实在她的生命中有过两次爱情。而其中的初恋，纯真而美好，让她永远难忘。

那是1943年，她正在北满学院读书，他是她的同学，是一名俄罗斯青年。他非常非常地爱她，每天放学都送她回家。周末，他们一同到松花江边散步、游玩。他的个子很高，很帅，有很多女孩追求他，但他从不为之所动。他对她很忠诚，但却是一位谦谦君子，非常尊重她。但是1945年，苏联红军来了以后，他被红军带走了，回到苏联当日俄文翻译（他作为翻译曾参加了日本战犯的审判），从此他们天各一方。直到1954年，他才不得不在苏联结了婚。

1990年，韩明禧给中国的一家外贸公司当翻译，结识了哈巴罗夫斯克民航驻哈办事处主任的妻子，闲谈中她问韩明禧为什么不结婚，她就给她讲了自己的爱情故事。恰巧韩明禧初恋的男友正是她的朋友，而且在哈巴罗夫斯克大家都叫他贵族。

1991年，韩明禧随公司去哈巴罗夫斯克，当她来到初恋男友的家时，他的妻子说："我认识你，你是我丈夫爱过的第一个姑娘。"韩明禧没想到他的妻子非常热情，还招待她一起吃饭。席间，他们都哭了。韩明禧说："是我们命不好，但现在看到你有这么好的妻子，我也就放心了。"后来，她又去哈巴罗夫斯克看过他两次，还为他的妻子买了红色的毛衣。

2001年，韩明禧的俄罗斯的一位犹太老同学来信告诉她，他死了。说起这段恋情，韩明禧感慨万千。

韩明禧还告诉记者，她的第二次恋情发生在1954年，当时她正在哈工大工作。他是哈工大的一位体育教授，曾是冰球和篮球运动员，中俄混血。他们是在一次运动会时认识的。他对韩明禧说，早在10年前，韩明禧经常在江北的别墅看书时，他就被她的优雅的气质所打动，那时他就悄悄地爱上了她。

他对韩明禧很好，每天下班都主动送她回家。但韩明禧知道他是有妻子的人，他的妻子也是朝鲜人，很漂亮，就劝他不要这样。但他仍执着地追求她，并表示要与妻子离婚。在哈工大，他追求韩明禧的事已是公开的秘密。因为这件事，他在"文革"期间也受了不少苦，因为他与"特务"来往。

晚年：和孩子们共享快乐

韩明禧掌握了六种语言：俄语、日语、英语、斯拉夫语、朝鲜语和汉语。其中俄语最精通。1977年，她刚出狱不久，院子里的一个女孩请她教俄语，当时她还不敢。她说："孩子，我还戴着'反革命'的帽子呢，怎么敢教你俄语呢？"女孩说："教我们外语也是为人民服务嘛。"经过与派出所所长汇报，韩明禧开始免费教院子里的孩子们学俄语，后来在派出所所长的要求下，她才每个孩子收3元钱学费。到80年代初，她最多时教过30多个孩子。现在她的这些学生已有很多成为出色的外事人员。本报前不久刊登的《老俄侨思念哈尔滨》一文因配的照片中有韩明禧，一位20年前她教过的学生打电话向记者寻找她，他说，他与妻子现在都是俄语翻译，当年就是跟韩老师学的俄语。

80年代初，韩明禧还为哈电工学院和林大的研究生班开过俄语。后来因一次冬夜路滑跌倒得了脑震荡之后，就不再出去上课了，只在家里教孩子，有时也为一些公司当翻译。

近年，学俄语的孩子少了，韩明禧就改教英语。如今已80岁高龄的她仍耳聪目明，记忆力很好。现在她有十几个学生，每人每月只收50元，下岗职工的孩子还免收学费。她教的学生在学校都很出色。今年初，俄罗斯莫斯科电视一台还来采访过她。韩明禧说，每天和孩子们在一起，我很快乐。我也很高兴，老了还能做一些对社会有用的事情。

母亲去世后，韩明禧一直一个人生活。她的两个弟弟都娶了俄罗斯姑娘，分别在50年代末和60年代初离开中国去了苏联，定居在哈萨克斯坦。改革开放后，他们经常带着子女回中国来看她，她也几次到哈萨克斯坦看望他们。现在她的大弟弟还健在，已77岁，小弟弟已于去年春天去世了。

一个80岁的老人独自一人生活，问她是否孤独，她说："不，我的生活很充实，和孩子们在一起很快乐。另外，在世界各地，我还有许多朋友。"现在韩明禧每周除了教孩子们英语和钢琴外，每个周日上午去大直街上东正教教堂做礼拜。剩下的时间，看书，看俄文报纸，回复各国朋友们的信件。她告诉记者，童年时的一位好朋友后来嫁到了美国，因为小时候她的家里很穷，经常得到韩明禧父亲的资助，她移居美国后对韩明禧念念不忘，几十年来，她们一直保持着联系。直到她死后，她的丈夫仍常给韩明禧寄钱寄物。

（本文原载《黑龙江广播电视报》

2003 年 8 月 11 日 1229 期第 21 版）

注：此文是笔者 2003 年 8 月 8 日对瓦莉亚·韩的采访，此后，笔者曾几次带着水果到瓦莉亚·韩家里看望她，她总是拿出小点心招待笔者，还送笔者的孩子几件小礼物。2005 年 11 月 9 日下午，笔者得知瓦莉亚·韩走了，疑似心梗发作，靠在床上，走得很安详。

哈尔滨俄侨系列访谈之四

采 访 人：庄鸿雁　摄影：庄鸿雁

采访对象：尼古拉·扎伊卡

时　　间：2006 年 1 月 5 日

地　　点：哈尔滨市道里区红专街阿尔巴特西餐厅

采访方式：面对面

哈尔滨：我永远的家

——澳大利亚俄侨尼古拉·扎伊卡自述

20 世纪上半叶，在哈尔滨曾经生活着十几万以俄罗斯人为主的外国侨民，许多人在哈尔滨出生，在哈尔滨长大，甚至死后安葬在这里。20 世纪 60 年代，他们离开哈尔滨后，半个世纪过去，许多当年的俄侨仍对哈尔滨魂牵梦绕，他们把哈尔滨当作自己的故乡。他们怀念哈尔滨，他们带着下一代回哈尔滨寻根，而澳大利亚哈尔滨俄侨尼古拉·扎伊卡却选择了回到哈尔滨生活。

上周末，在道里区红专街上有着浓郁怀旧色彩、墙上挂满哈尔滨老照片的阿尔巴特西餐厅，本报记者见到了尼古拉·扎伊卡。他是这里的常客，不仅因为这家餐厅的老板是他的朋友，还因为他的家族曾在红专街上居住过。

尼古拉·扎伊卡是一位慈祥的老人，人们都叫他的爱称科利亚。他的目光与他的年龄相比，显得格外单纯。他带来一只小木箱，里面装着他家族的历史文件和他各个时期的照片。我们用汉语交流，他虽然汉语说得不很流利，有时因为找不到一个恰当的词显得很着急，但他回忆起童年往事时，他愉快的神情和目光像孩子一样纯净。

哈尔滨就是我的家

我的爷爷奶奶、姥姥姥爷都是乌克兰人，他们都是随着中东铁路的修建来哈尔滨的。我的父母都是哈尔滨出生长大的，我也是哈尔滨出生长大的。我们家族在哈尔滨生活了半个世纪。

我的姥爷来哈尔滨后，开始时做中俄贸易，后来他有了自己的商店。但姥爷死后，他的商店就关门了。

姥爷是1945年被日本特务打死的。由于姥爷为苏联和抗联帮忙，被人告了密。1945年的一天，他刚刚下班走出商店，就被日本宪兵抓到现在的颐园街3号的那座小楼——日本特务机关，几天后，就被他们打死了。当时我还小，不明白是怎么回事。记得姥爷葬礼时，妈妈抱着我让我看姥爷最后一眼，我看到姥爷的头被子弹打了一个洞。日本人在中国、在哈尔滨干尽了坏事，我现在正在写一本揭露"731"的书，让世界看看

242

日本人在哈尔滨干了多少坏事。

我的爷爷来哈尔滨后，先在铁路工作。1905 年，爷爷在道里买卖街开办了一家灌肠肉制品厂，当时秋林公司还没有自己的灌肠厂，都是从我的爷爷的灌肠厂上货。直到 1919 年，秋林才有了自己的灌肠厂。（科利亚至今还保留着爷爷工厂的执照和工厂的照片。）

我 1939 年出生，在南岗大直街上的东正教堂（这座教堂现在仍保留着）接受洗礼。这座教堂也是我父母结婚的地方。回到哈尔滨后，我每个星期天都会去那里做礼拜。

我上学后，分别在南岗区现在的省外办那座楼和道里上游街今科学宫处的俄侨学校读书。我读书的学校有俄罗斯孩子，也有中国孩子，有俄国老师，也有中国老师。中学毕业后，我参加了工作，是电影放映员。（说着，科利亚打开小木箱，把他保留的当时哈尔滨文化局签发的电影放映员工作证给记者看。）那时，我们放的许多电影是苏联电影，每周还要到和平路上的一家敬老院，给老人们免费放电影。

1961 年，我们全家离开哈尔滨，到澳大利亚悉尼定居。当我来到一个完全陌生的国度和语言环境后，更加想念哈尔滨。最初，我在一家汽车厂工作，后来一边学习，一边工作，在一家电器厂当技术员。

我是在澳大利亚结婚的，妻子是上海出生长大的俄侨。我们有两个儿子，大儿子是教师，小儿子在银行工作。大儿子还在北京学习过。我现在每年在哈尔滨住十个月左右，回澳大利亚住一两个月。我妻子也先后四次来哈尔滨，但现在她在家为儿子看小孩，不能跟我一起来哈尔滨。

哈尔滨的童年往事——弹溜溜（玻璃球）、踢毽子、打冰滑梯、扇拍（音 pia）几

小时候我有许多好朋友，有俄罗斯的，也有中国的。那时各家的院子和大街就是我们玩耍的乐园。当时我们常玩的游戏是弹溜溜、扇拍几，冬天就踢毽子、打冰滑儿。记得冬天的天很冷，我们到松花江去打冰滑梯，滑梯很高，我们坐在冰滑梯上，一滑滑得很远，浑身是雪。玩完了回家，狼狈不堪，衣服刮破了，纽扣玩丢了，常常挨妈妈的批评，但我们还是乐此不疲。而冬天最好吃的是冰糖葫芦。

那时，我很淘气。虽然家家都有院子，院子里都栽着果树，有苹果、沙果、李子、葡萄，但总觉得自家的果儿不好吃，别人家的果儿好吃。晚上，小伙伴们就成群结队到别人家的院子里偷苹果。

那时，我们小孩子没有钱，去太阳岛玩买不起好吃的，只能带一些自家院子里的水果，最好的也就是买一瓶汽水。记得除了去松花江玩，最难忘的是坐着火车去帽儿山，因为去帽儿山不仅坐火车，还买一些好吃的，黄瓜、红肠、汽水。我们坐在火车上，一边唱着歌，一边看车窗外掠过的青山绿水，可以慢慢地享用美食，简直太美了。

那时的帽儿山漫山遍野的野花。记得那时我用两个小时就爬上帽儿山，最近我又去帽儿山，爬了四个小时才能爬上去。

我最喜欢横道河子，那里曾经是中东铁路最重要的一个枢纽，很有历史。那里还有老虎和"红胡子"博物馆（指威虎山博物馆），还有英雄杨子荣的墓，我看过杨子荣的电影，了解他的历史，我去瞻仰过杨子荣墓，我很崇敬他。

魂牵梦萦哈尔滨

我到澳大利亚后常常梦见哈尔滨，哈尔滨的家，哈尔滨的街道，哈尔滨的学校，哈尔滨的朋友……我常常从梦中醒来，与妻子和孩子说起哈尔滨，但妻子是上海人，没来过哈尔滨，我们一个说哈尔滨好，一个说上海好，为此常常争论起来。

1985 年，离开哈尔滨 24 年后，我终于回到了梦中的故乡。当我走下飞机，呼吸着这熟悉的空气，我一下子哭了。我说：哈尔滨，我的家，我的妈妈，我回来了。

这之后，差不多每年，我都会回哈尔滨。我的妻子也先后四次同我一起回哈尔滨。当我妻子真正来到哈尔滨之后，她理解了我对哈尔滨的感情。她也喜欢上了哈尔滨，尤其是哈尔滨的冬天。一天晚上在悉尼的家里吃饭，又说起了哈尔滨的故事。我的小儿子沙萨问我："爸爸，你为什么那么喜欢哈尔滨？"我说："因为我有中国血，孩子们，你们也别忘了，我身上流着中国血，你们俩身上也流着中国血。"

我 10 岁的时候，站在汽车上玩耍，不小心掉了下来，摔坏了腿。在哈医大一院做手术时我输了中国人的血。这让我刻骨铭心，也让我对哈医大一院怀着深深的感情。

在哈医大住院期间，我还与同病房的中国小朋友马长令结成了兄弟般的友情。当时我家住在铁路街，他家也住在南岗。出院后，他常到我家里玩，妈妈给他取了俄文名字叫瓦尼亚，我们就像亲人一样。后来，他考上了外专，现在是英语老师。当我们失去联系以后再次见面时，我们都哭了。现在，我们还常常通电话唠嗑。

科利亚还告诉本报记者，在澳大利亚时他的后背生病了，在澳大利亚住了五天医院，澳大利亚的教授对他说对不起，对他的病无能为力。这时，他想到了哈尔滨，想到了曾为他治病的哈医大一院，于是，他又回到了哈尔滨，来到了哈医大一院。哈医大一院针灸科于澎教授为他做了三个星期的针灸治疗，他的病就痊愈了。科利亚很感动，他说别的国家的大夫帮忙不了，中国大夫什么都行。

哈尔滨老百姓最善良

50多年过去了，哈尔滨永远是我心中的第一，哈尔滨老百姓是最善良的老百姓。记得小时候，家里秋天买秋菜，比如土豆什么的，那时也是农村人赶着大车到城里来卖。记得那时有时家里没有钱，但卖菜的农民说，没有钱没关系，先把菜拿去，等有钱了再给。然后，他把账随便写在我们家的门框上，不用留任何欠条就走了。过两三个月，他再来问有没有钱，有钱就把钱取走。这样，我的家人很高兴，没钱也能吃到菜，这是其他地方和国家的人做不到的。

为世界各地俄侨搭桥

去年我去了大连旅游，大连很干净，很漂亮，但三天以后回到哈尔滨，还是感觉哈尔滨好，因为哈尔滨是我的家。

在哈尔滨，我整理哈尔滨的历史，写故事。我在买卖街住了两年多了，各国的电视台有23家来采访过我。我是活的故事，活的历史。我要让这些电视台认识哈尔滨，认识中国老百姓。现在许多俄罗斯人都认识我的脸，因为他们都看过我介绍哈尔滨的节目。去年6月，我的一位美国朋友，也是哈尔滨俄侨，他打电话告诉我："我现在正在看电视，在电视上看到你了。"一个小时以后，以色列的一位哈尔滨老朋友也打电话告诉我，在电视上看到了我。他们对哈尔滨都很关心，向我问哈尔滨的情况和变化。我对他们说，百闻不如一见，还是回来看看吧。

去年澳大利亚悉尼的电台电话采访我，让我介绍哈尔滨，我把我在哈尔滨的所见所闻都讲给他们。我告诉他们哈尔滨什么样，有什么商店，有什么公司，还向他们介绍哈医大和中国的大夫。我还告诉他们，哈尔滨的老百姓生活很幸福，姑娘穿得很漂亮。过去哈尔滨人坐马车，现在哈尔滨人开汽车。今年10月，一个澳大利亚的孩子生病了，在当地治不了。当他听了电台里我介绍哈尔滨的节目后，托我去哈医大打听能不能治，要来哈尔滨看病。两周前，一个符拉迪沃斯托克的孩子生病了，让我帮忙找中国大夫。过几天，他们就把片子寄过来，我请哈医大的大夫帮忙会诊。

我回到哈尔滨以后，居住在世界各地的哈尔滨老俄侨都与我联系，向我打听哈尔滨的情况。元旦前的 31 日，一位不认识的巴西俄侨给我打电话，我告诉他回哈尔滨来看看吧，我帮助你安排，还请你喝二两。

最后，科利亚还告诉本报记者，一位从海拉尔移居澳大利亚的俄侨，把家中珍藏了半个多世纪的一双离开海拉尔时定做的靴子送给他，让他回哈尔滨时穿。科利亚没有穿，他把它珍藏起来。科利亚说，他已收集了许多关于老哈尔滨的东西，现在他家几乎成了一个小博物馆。

最后，科利亚嘱咐本报记者一定要写上："中国老百姓，我谢谢你们！过去，你们帮助了我，现在仍然帮助我。我谢谢你们！"（感谢阿尔巴特西餐厅李良先生协助采访。）

（原载《黑龙江广播电视报》2006 年 1 月 9 日第 1355 期第 6 版）

哈尔滨俄侨系列访谈之五
采 访 人：庄鸿雁　摄影：庄鸿雁
采访对象：科利亚、吕占林
时　　间：2006 年 2 月 9 日
地　　点：哈尔滨市道里区通江街吕占林老师的家

本报搭桥　中俄师生重逢

本报第 1355 期曾刊登了对回哈定居的澳大利亚俄侨科利亚的专访，文中还配发了科利亚在哈尔滨苏联中学读书时与他的老师和同学在教室中的合影。令人没想到的是，本报配发的这张合影竟使分别了 48 年的这对师生再次相见。

本报搭桥　师生相聚

吕老师的家住在道里通江街与红霞街交口的一座老楼里，当年风华正茂的吕老师如今已满头银发，昔日恰同学少年的科利亚也当了爷爷，师生相见，热烈相拥，科利亚还给老师送来了元宵节吃的汤圆。

吕老师告诉本报记者："1 月 9 日，我的一位在十八中工作的老同事给我打电话，告诉我说在《黑龙江广播电视报》看到一篇文章，文章配的照片上的老师特别像我。开始我还不相信，就赶紧下楼到街口买了一张《黑龙江广播电视报》，一看，果然是我在苏联中学当中文老师时和学生在课间拍的照片。而且我还清楚地记得，这张照片是在中央大街搞摄影的徐师傅给我们拍的，当时我刚刚给八年级的学生上完中文课，徐师傅就来了，我的学生科利亚和尤拉要我和他们一起照相，我由于长得不好看不喜欢照相，我不想照，淘气的尤拉就把我按到椅子上坐下，他和科利亚坐在我后面照了这张相。科利亚是一个性情忠厚温和的学生，学习也特别好，而尤拉则比较调皮淘气。可惜的是我这张照片在

'文革'时，老伴害怕给烧了。"

吕老师接着说："我在《黑龙江广播电视报》看到，记者是在阿尔巴特西餐厅的老板李良那里找到科利亚的，我就去阿尔巴特西餐厅找李良，李良很快联系上科利亚，随后，我们在阿尔巴特西餐厅见面。科利亚见到我就拥抱我，左看右看，我当年还是刚刚工作的年轻人，现在已是个白头发小老头了，变化太大了。科利亚当年是一个十六七岁的小伙子，现在虽然也有白头发了，但脸型和笑容一点没变，他的笑还是那么单纯。哎呀，咋的也没想到，分别48年后还能在哈尔滨见到科利亚！那次见面后，大年初三，科利亚还来我家给我拜年。"

吕老师的老伴也告诉本报记者，吕老师在外侨苏联中学教俄侨学生中文时，她和吕老师刚结婚，家就安在道里，那时，她常能看到科利亚，对科利亚印象也很深。

科利亚告诉本报记者："当年的吕老师个子不高，刚刚毕业，他性格温和，我们都很喜欢他、尊重他。因为我们当时都很淘气，有时犯一些小错误，别的老师常批评我们，有的老师还向校长告状，而吕老师则不然，他不但不批评我们，还总是和颜悦色地给我们讲道理，所以我们都不怕他，把他看成是'我们的人'。今天看到老师，老师头发全白了，我感到当时的我们太不懂事了，让老师替我们操心，我们很对不起老师。"

科利亚指着照片中的几位同学——向吕老师汇报："尤拉去了苏联，左边的那个女孩卡琳娜去了加拿大，右边的那个女孩季拉是混血，她的妈妈是俄罗斯人，父亲是中国人，姓郑，曾在道里秋林工作，音乐很好。1961年，她去了苏联，现在是俄罗斯一所学校的校长，她弟弟现在做中俄贸易。咱们见面后，我一回家，就把见到您的消息打电话告诉我们班能联系到的同学，其中在悉尼的维加说，今年4月份她就要来哈尔滨，她来哈尔滨一定来看您。"

48年前的往事

吕老师告诉本报记者，他今年73岁，1958年从哈尔滨外语学院

（黑龙江大学的前身）俄语系毕业，毕业后分配到当时位于道里上游街科学宫处的苏联中学任汉语教师，教七年级和八年级的汉语，当时科利亚是八年级的学生。在苏联中学共有四名中国老师，其余的都是外侨老师。"在我教的七八年级学生中，除了科利亚和尤拉，还有几个学生印象特别深。其中有一个中文名叫王国良的学生，他是从二十八中转来的，他母亲是俄罗斯人，父亲是中国人，他的俄语和汉语都特别好。他是 1959 年 11 月回的苏联，他回苏联时，是我送他上的火车。1963 年，我收到了他从苏联写给我的信，他在信中告诉我，他考上了莫斯科国立大学中文系。'文革'当中，我又收到他的来信，信中告诉我，他大学毕业了，分配到莫斯科广播电台对华广播。但后来因众所周知的原因，我们就失去联系了。"

吕老师说："我印象很深的还有一位女生，汉语学得很好，1959 年建国 10 周年大庆时，苏联中学与兆麟小学友谊联欢，校长、大队辅导员都去了，我们这个女孩用中文朗诵了两首毛主席的诗词，一首是《沁园春·雪》，一首是《长征》，朗诵得特别好，全场都为她鼓掌，我也感到很骄傲。后来，她也去了澳大利亚。我们班上还有一位女生，叫韩·瓦列京娜（韩明禧，爱称瓦莉亚·韩），前些年被黑大俄语系聘为外教。一次我去黑大俄语系参加高考批卷，她看到了我就给我行礼，并把我介绍给她的同事和学生……遗憾的是，我教的这些苏联中学的学生，后来都走了，大部分去了澳大利亚，一部分回了苏联，小部分去了美国等国家。我也结束了在苏联中学的工作，到继红小学去搞小学外语教学试点，后来又去了六十中和十五中，直到退休。我就是一个普通的中学俄语老师，当年教这些外侨孩子时，我也刚刚走出大学校门，比他们大不了几岁，所以能和他们打成一片，互相也能留下深刻的记忆。时间可真快，一晃快 50 年了，都老了。在这 48 年中，我常常想起这些可爱、调皮的孩子，但是怎么也没想到能再见到他们。真是谢谢《黑龙江广播电视报》，让我们师生又见面了。"

科利亚和吕老师又回忆起 1960 年夏天，苏联中学全校师生到帽儿山去爬山野游的情景。吕老师说，当时我带着 200 多学生爬帽儿山，现在帽儿山我已经很多年没有去过了。

喜欢在中国过年

谈到过年，科利亚告诉吕老师，他已经连续几年在中国过年。他非常喜欢中国春节，他喜欢吃饺子、放鞭炮，每逢过春节时，他都在一个中国亲戚家过，过年午夜吃饺子，他还吃到了钱。说着，他把珍藏的代表幸运的那枚 5 角硬币从钱包中拿出来，硬币用纸巾包着，还写着 2005 年 2 月 8 日，这是他去年过年时吃到的，他说这是他的福。

科利亚说，他在家平时用餐时大多用筷子，只有来外宾时才用刀叉。从哈尔滨到澳大利亚的俄侨每家都有筷子，也都会用筷子，有时他们都把从哈尔滨带去的筷子珍藏几十年。他们都怀念在哈尔滨的日子，想念哈尔滨的糖葫芦、灶糖、菇娘。最近，他在满洲里街发现了一个小饭馆，那里做的菜都是过去的味儿。每次从国外回哈尔滨的朋友来了，科利亚都带他们到那家小饭馆喝二两，吃个老味儿的熘肉段。

科利亚告诉本报记者，去年他回澳大利亚，给澳大利亚俄侨俱乐部的 200 多人讲哈尔滨的见闻，把他在哈尔滨拍的录像给他们看。尽管他们当中许多人怀念哈尔滨，但他们不了解现在的哈尔滨，他们对哈尔滨的印象还停留在 40 多年前。科利亚说，他们当中已经有 50 多人打算明年春节回哈尔滨过年。这其中就有自己的同学，也是吕老师的学生。他们说，等回哈尔滨，一定要来看老师。现在，他们委托科利亚代表他们给老师问好。

（原载《黑龙江广播电视报》
2006 年 2 月 13 日第 1360 期第 17 版）

注：近年由于身体原因，科利亚回到了澳大利亚的家，不能再来哈尔滨。

哈尔滨俄侨系列访谈之六

采 访 人：庄鸿雁　摄影：庄鸿雁

采访对象：澳大利亚悉尼俄侨巴拉莱卡乐团成员

时　　间：2005 年 7 月 12 日

地　　点：黑龙江省革命博物馆

老俄侨组团　哈尔滨寻根

7 月 12 日，与哈尔滨息息相关的澳大利亚悉尼巴拉莱卡乐团在哈尔滨音乐厅进行了访问演出，演出现场气氛异常热烈，因为这个乐团的大多数成员是哈尔滨俄侨及其后代。乐团成员年龄最大的 79 岁，最小的 16 岁，他们怀着对第二故乡的深情从澳大利亚回到哈尔滨寻根，有的人是离开哈尔滨 50 年后第一次回来，年轻人则是受父辈的委托，代他们回来看看。本报记者对他们进行了跟踪采访。

伊戈尔·萨维斯基：我敲过尼古拉大教堂的钟

伊戈尔是这次来哈演出乐团的组织者，也是澳大利亚澳俄商会会长。他告诉本报记者，他 1938 年出生在哈尔滨。他的父亲是一位铁路建筑工程师，所以小时候他的全家都随着父亲工作的变换而不断迁移。他曾随父母迁居安达、北安、牡丹江和齐齐哈尔，1950 年又回到哈尔滨，1957 年离开中国去澳大利亚。

伊戈尔的祖父于 1904 年日俄战争时期来到哈尔滨，他们家的老房子在现在的邮政街向北走一条街上，现在他家住的老房子没有了。但是，当他来到火车站后面的圣·伊维尔大教堂时，他告诉本报记者，这就是他出生时接受洗礼的地方。

伊戈尔告诉本报记者，他记忆中的哈尔滨很大、很美，有许多好玩的地方。夏天他常到松花江和马家沟河钓鱼、玩耍，当时在老飞机场有许多湖，那里鱼很多。冬天，在他家附近有一个大冰场，他冬天常到那里滑冰，夏天则在那里踢足球。夏天他还随父亲去帽儿山和太阳岛避暑、度假，太阳岛到处开满野花。

7月14日，当伊戈尔参观在黑龙江省革命博物馆展出的"黑龙江百年音乐展"时，在门口意外地看到圣·尼古拉教堂的大钟，他兴奋地告诉本报记者，他5岁时曾敲过这口大钟。当时因为他的母亲是圣·尼古拉教堂唱诗班成员，他们家在当时俄罗斯人中还算有地位，所以，小时候他和妈妈到教堂，他被特许爬到钟楼上敲过这口大钟。因此，他看到这口大钟感到特别亲切。50年后，当他再次敲响这口大钟时，更是感慨万千。但他遗憾地说："可惜尼古拉教堂不在了。"

伊戈尔告诉本报记者，他的父亲是一位优秀的工程师，会英语、德语、日语和中文，安达至齐齐哈尔昂昂溪段的铁路就是他父亲设计修建的。他在牡丹江还建了伐木场，在牡丹江时他的家就住在离镜泊湖不远的地方。

伊戈尔告诉记者，他小时候会讲汉语，但时间久了，现在许多词都忘了。这次回哈尔滨，听到熟悉的中文，让他又想起许多词。伊戈尔是一个性格开朗的人，在澳大利亚，哈尔滨俄侨常常聚会，他们一起回忆哈尔滨的往事。这次来哈尔滨演出、寻根，就得到了澳大利亚哈尔滨俄侨的资助。谈到哈尔滨的变化，伊戈尔感慨地说，那时哈尔滨只有70万人口，现在哈尔滨已经是一个现代化的大城市了，可惜的是记忆中的哈尔滨的一些老建筑拆掉了。他认为，城市要发展，但也要保存这个城市的历史，老建筑作为历史的见证，就应该保留下来，虽然历史有好的历史和不好的历史，但历史就是历史。

哈尔滨作为第二故乡，自1987年第一次回来后，这已是伊戈尔第三次回来了。这次回来受到这么多关注，让他很感动。他要把在哈尔滨的见闻带回去，告诉下一代。这次回来忙于乐团的演出，没时间去牡丹江等地，以后他还要专程回来，到他生活过的那几个城市去看一看。

维克多·谢尔盖：我找到了音乐启蒙的地方

维克多是巴拉莱卡乐团的创始人和指挥，他是一个性格幽默开朗的人。他和夫人柳德米拉都出生在哈尔滨，这次他们一起回哈尔滨寻根。

维克多告诉本报记者，他 1945 年出生在哈尔滨太阳岛，1956 年离开哈尔滨。他的家在南岗博物馆附近的一座三层楼（今颐园街），他的父亲是一个皮匠。他说，在他的记忆里，印象最深的是松花江、尼古拉教堂、秋林、滑冰场和他小时候读书学琴的学校。他曾多次梦回故里。他兴奋地告诉本报记者，昨天（7 月 13 日），他终于回到了小时候学琴的地方——哈尔滨苏联高等音乐学校（今南岗果戈理大街的省外办），尽管街道变了，但他的学校还在。在这里，他又重新拾起许多儿时的记忆。他告诉记者，他 6 岁开始学习小提琴，在这里他接受了音乐启蒙。当时他在哈尔滨还有许多中国小伙伴，他们在一起弹玻璃球、推铁环，他和中国小伙伴玩时说中文，尽管 50 年过去了，维克多还能说一些中文。

7 月 14 日，维克多来到"黑龙江百年音乐展"参观，当他看到他的小提琴老师 B. Л. 特拉赫金贝尔格的照片时，他激动地向同行的年轻人介绍他的老师——这位培养了许多优秀小提琴演奏家的大师。在这里，他还看到苗笛先生收集到的当年俄侨音乐学校的学生档案和许多俄罗斯民族乐器，于是，他高兴地和一位哈尔滨俄罗斯音乐爱好者一起即兴地演奏起了俄罗斯传统音乐。

维克多告诉本报记者，拉琴是他的业余爱好，他的职业是金融工作者。这次回哈尔滨是他离开哈尔滨 50 年后第一次回来，他感叹哈尔滨的巨大变化是他没有预料到的。

柳德米拉·谢尔盖：我在母校找到了我当年的座位

柳德米拉是维克多的妻子，她也是哈尔滨人。她 1946 年出生在哈尔滨，在哈尔滨生活了 9 年。她告诉本报记者，她已经 50 年没回哈尔滨了。她离开哈尔滨时太小，许多东西都忘记了，但她读书的学校永远不会忘记。7 月 13 日上午，当她回到她读书的俄侨学校——玫瑰学校（现道里区上游街第十三职业高中）时，一下车，柳德米拉就兴奋地告诉大家，这是她小时候和姐姐一起读书的学校。学校的楼房没变，操场也没有变。她走进教学楼，找到了她当年读书的教室和自己的座位，她感慨万千。当学校的老师把这所学校的招生简章送给她做纪念时，她如获至宝。柳德米拉说："哈尔滨变化太大了，50 年后我还能找到玫瑰学校和我当年的教室、当年的座位，我很激动。感谢哈尔滨保留了这座老建筑，让我们重新找回了许多童年的记忆。今天参观'哈尔滨百年音乐展'也很有意义，很感谢哈尔滨整理这些历史。"

柳德米拉还告诉本报记者，她和她丈夫都喜欢吃中国菜，在他们家厨房里，就有专门炒中国菜的大勺，维克多还喜欢吃中国的猪肉馅饺子。

符拉基米尔·萨维斯基：哈尔滨变得不认识了

符拉基米尔 1935 年出生在哈尔滨，在哈尔滨生活了 21 年。他的家在道里买卖街附近。他也是在玫瑰学校读书。这次回哈尔滨是他离开哈尔滨 50 年后第一次回来。他说哈尔滨变化太大了，变得像另外一个城市，让他认不出来了。

符拉基米尔曾在澳大利亚电台工作，他是这个乐团最早的成员之一，1966 年组建乐团时他就在这里。他说，是哈尔滨的乡情把他们连在一起，又是乡情让他们不远万里重回故乡。在澳大利亚，这些来自哈尔滨的俄罗斯人常相聚，大家一起回忆在哈尔滨的日子，每次回忆都让他们感到那么美好。50年了，这次终于回来了，这也是他50年来最大的愿望。

乐团三姐妹带着父母的愿望回到哈尔滨

这个乐团里有在哈尔滨出生和生活过的老人，也有哈尔滨俄侨的后代，比如，这个乐团的三姐妹歌手塔尼亚·马尔克夫切夫、索尼亚·马尔克夫切夫和伊卡·马尔克夫切夫，她们的父母都是在哈尔滨出生的。她们虽然对哈尔滨没有印象，但她们是带着父母的愿望回来的。她们在音乐会上演唱的歌曲《哈尔滨华尔兹》意义深刻，这是一位哈尔滨俄侨委托澳大利亚作曲家专门创作的回忆美丽的哈尔滨、怀念哈尔滨的歌，它代表了几万澳大利亚哈尔滨俄侨共同的心声。演出第一天，正赶上她们的叔叔过生日，曾生活在哈尔滨的俄侨都到她叔叔家里聚会。通过电话，他们听到了哈尔滨演出的乐声，他们都很激动。索尼亚说，这次到哈尔滨演出，回到父辈生活过的地方，让她们感到非常有意义。这次哈尔滨之行，给她们留下了非常难忘的印象。她们回去后会把这里的所见所闻讲给自己的家人。她们还买了许多纪念品回去送给亲人。说到激动处，她还流下了热泪。

据有关专家介绍，当年从哈尔滨移民澳大利亚的俄侨有几万人，千山万水隔不断哈尔滨老俄侨对第二故乡的思念，对于如今开放的哈尔滨来说，他们无疑是重要的沟通桥梁。（感谢胡淑玲、郭子健、张亚巍协助翻译采访。）

（原文载于《黑龙江广播电视报》

2005年7月18日第1330期第21版）

　　俄侨伊达（后排左三）与哈尔滨俄侨相聚，前排左一
是瓦莉亚·韩（图片由韩明禧本人生前提供）

　　中学时代的尼基伏洛娃（后排中）（图片由尼基伏洛
娃本人生前提供）

少女时期的瓦莉亚·韩（图片由韩明禧本人生前提供）

俄侨科利亚和他的老师吕占林（庄鸿雁 摄）

第二节　原居哈尔滨犹太人访谈系列

原居哈尔滨犹太人系列访谈之一

时　　间：2004 年 8 月 31 日—9 月 2 日

地　　点：哈尔滨香格里拉酒店

采 访 人：庄鸿雁

采访对象：加利娅·卡茨·沃洛布里斯卡娅（中文名高佳丽）、茨维·褒曼（中文名包慈美）、莉莉·克里巴诺夫

哈尔滨：犹太人心中的梦

20 世纪初至 1950 年代，在哈尔滨生活着几万犹太人，他们与中国人民和睦相处，结下了深厚的友谊，一些犹太人去世后安葬在这里。8 月 31 日至 9 月 2 日（2004 年），由黑龙江省社会科学院和以中友好协会、以色列原居哈尔滨犹太人协会共同主办的"哈尔滨犹太历史文化研究国际学术研讨会"召开，来自以色列、英国、美国、澳大利亚等地的近百位学者和原居哈尔滨犹太人及其后代来到哈尔滨，故地重游。他们中许多人都已是满头银发的老人，有的是全家三代人一起来的，有的是他们的后代来完成父辈的遗愿的，有的是带着先辈的照片来寻找先人陵墓的……他们每个人和他们的家族在哈尔滨都有过一段动人的故事。

在哈尔滨短短的几天中，本报记者跟随他们一起去墓地寻根，与他们一起去犹太学校等犹太旧址参观，一同感受他们内心的激动，并对其中几位进行了采访。

高佳丽：我又可以说中文了

加利娅·卡茨·沃洛布里斯卡娅，中文名叫高佳丽，她是一位非常

慈祥的老奶奶，20 世纪 50 年代初毕业于哈工大，曾在铁路局任工程师和经济计划员。如今已年近八旬的她带着外孙一起来哈寻根。听说记者要采访，她爽快地答应了，约本报记者晚上 9 点见。

晚上，本报记者如约来到高佳丽的房间，虽然老人已经很累了，但她还是欣然接受了采访，并换好衣服，化了一个淡妆。她说："我已经 40 多年不说中文了，这次回到哈尔滨，又可以说中文了，只是有些说不好了。"

高佳丽告诉本报记者："我的父亲是一位医生，随中东铁路的修建来到哈尔滨，在铁路局医院工作，1948 年去世后安葬在哈尔滨。我本人不是出生在哈尔滨，而是出生在俄罗斯，出生一个星期后随母亲来到蒙古，两岁时来到哈尔滨，在哈尔滨读书、工作，生活了 25 年，这 25 年是我人生中最美好的时光。"

高佳丽说，她的父亲在铁路局医院工作，有时也到齐齐哈尔、富拉尔基的铁路医院工作。小时候，每逢夏天，她和姐姐经常随母亲到富拉尔基、扎兰屯去看爸爸，到那里过夏天。那里的夏天非常美。有时也随全家到亚布力、帽儿山去玩。在她的记忆里，这些地方到处都开满了漂亮的野花。

高佳丽小学和中学分别是在哈尔滨的英国学校、德国学校和俄国中学学习，她通晓 8 种语言——希伯来语、英文、法文、德文、意大利文、俄文、中文等。中学毕业后，日本结束了对中国的占领，东北解放，这时铁路运输开始恢复。17 岁的高佳丽通过考试进入铁路局工作，最初做秘书和翻译，负责联络中苏行政部门，她说，当时在铁路局有许多中国和苏联专家。

高佳丽回忆说："日本占领哈尔滨时，剥夺了我们学习的权利。当时哈工大被关闭。'8·15'以后，哈工大恢复招生，我就又考入了哈工大。我一边工作，一边读书，每天从早晨 6 点一直到晚上 9 点。后来，我从哈工大毕业，又应聘到铁路局经济计划组工作，当时只有一个职位，许多人去应聘。记得当时我的考试题目是'铁路与铁矿石的运输'，我有幸成为当时唯一的录取者。我进入经济计划组，负责统计运货量和车皮，与许多中国同事共事。他们都很有才能，工作很勤奋。我在经济计划组工作时，得到了上级的奖励，还得到了奖章。总之，在铁路局工作时，很充实，也为我以后回到以色列工作奠定了基础。"

1952 年，高佳丽的全家与大多数犹太人离开了哈尔滨，前往以色列。她说："离开哈尔滨，我很难受，因为在这里我们生活得很好，而且已经习惯了。在这里我有许多中国朋友和同事，我们在一起工作很愉快。回到以色列后，最初生活得很不好，没有房子，没有工作，没有饭吃，但是以色列是我们的国家，我们要努力工作去建设她。与我同期回到以色列的哈工大毕业生很多，40 多年来，以色列发展成先进的国家，哈工大毕业生做出了很大的贡献。"

这次回哈尔滨，高佳丽去了中央大街和当年她家住的中央大街旁的西二道街。她说："中国大街和以前差不多，秋林（道里）也与以前的差不多，但是我们家的老房子早已不在了，姑姑家住的三层楼房也不见了，都变成了高楼。虽然我心里很难受，我很爱从前的哈尔滨，但城市需要高楼，这次回来看到哈尔滨变得越来越漂亮，看到哈尔滨发展很快，人们生活得很好，我心里很高兴。"

这次回哈尔滨，高佳丽回到了母校哈工大。她说："看到哈工大现在很大，是哈尔滨最好的大学，我心里很高兴。当年，我的姐姐也是哈工大毕业的，毕业后在哈工大任人事科长，做了许多工作，直到离开哈尔滨。"

高佳丽告诉本报记者，她有两个女儿、六个外孙和外孙女。他们都是在以色列出生的，他们都没有来过哈尔滨，但高佳丽经常与他们讲哈尔滨，她还教他们说一些中国的俗语，如"一寸光阴一寸金，寸金难买寸光阴""活到老学到老"等，他们尽管不会中文，但这些俗语都会说。这次她带着外孙来哈尔滨，就是让他能亲身感受中国。高佳丽的外孙今年 20 岁，在以色列读书。最初他对中国没有什么概念，这次来哈尔滨后就喜欢上了哈尔滨。他告诉姥姥，他想学习中文，还希望能来哈尔滨读书，还要带着他的朋友们再来哈尔滨。高佳丽说："我也希望他能来中国读书，能来中国居住。"

9月1日，高佳丽在大会上发言，她先是用汉语表达自己对故乡哈尔滨的深情。她说："四年前我曾回过哈尔滨，如今我又回到了美丽的哈尔滨——我的故乡。如今，我的故乡天蓝了，草绿了，风景美了，姑娘漂亮了，我家乡的父老乡亲们更健康了。

"哈尔滨是生我养我的地方。俗话说，美不美，家乡水；亲不亲，故乡人。半个世纪过去了，路途漫漫阻挡不住我的思乡情。我虽然是以色列人，但我的心更是中国人、哈尔滨人。这次，我带着我的外孙来到哈尔滨，把年青一代带来，让他们继往开来。"

茨维·褒曼：我是犹太人和中国人的后代

两年前本报记者写的一篇文章中曾提到过茨维·褒曼，她是英国伦敦大学教授。当时她是作为犹太文化研究学者来哈尔滨的，当时记者就奇怪：她长得有些像中国人。

当记者采访褒曼时，她第一句话就说："你知道我为什么长得像中国人吗？你知道我为什么会说汉语吗？"记者摇头，她笑着说："我爸爸是犹太人，而我的妈妈是中国人。在犹太人中，很少有人与外族人通婚，即使有也是与俄罗斯人通婚，与中国人结婚的凤毛麟角，我父亲就是一个特例。"

褒曼告诉本报记者，她的父亲是哈尔滨犹太人。1904年日俄战争爆发以后，大批犹太人在俄国遭到迫害，使10万犹太人离开俄罗斯到英、美等国，也有许多人来到中国。她的祖父母于1906年来到哈尔滨，祖父是一名聪明的犹太商人，每年往返于中国和俄罗斯之间做买卖。她的祖母15岁嫁给了祖父，祖母是一个很会做衣服的妇女，在哈尔滨开了一家服装铺子。

褒曼的父亲1909年出生在哈尔滨道里马街（今东风街）15号，在哈尔滨犹太小学读书，最喜欢到松花江游泳。他读中学时，被祖母派到天津基督教法国学校读书，在那里他学习英文、法文、德文，还自己学习汉语。当他中学毕业时已能讲一口流利的英、法、德语和汉语。当时，他很想再读医科大学，但由于家里穷，只好工作，给一家皮货商打工。为此，他常回哈尔滨，也去河北、山东、上海等地出差，因此，他还会说山东话和上海话。

1930年，褒曼的父亲又回到了哈尔滨，他在哈尔滨参加了犹太复国组织"贝塔"。当时在哈尔滨俄罗斯青年人常常欺负犹太人，他就组织犹太青年和他们对着干。褒曼说，父亲去世后，我们还找到了他当年的贝塔制服。

褒曼说："犹太人很少学说普通话的，更不允许与外族人结婚，但有与俄罗斯人结婚的，而我的父亲却娶了中国人为妻。我母亲是广东人，在北京辅仁大学读书。我的外祖父是大学教授，母亲的家族大多在中国香港和英国读书，后来多移居在美国和加拿大。母亲读大学时正值抗战时期，她非常想去重庆和延安，但她是家中的老大，父母坚决不同意她走，所以她大学毕业后就工作了。当时，我父亲已不再给人打工，自己在北京开了一家贸易公司，我母亲经朋友介绍到我父亲的公司做秘书和会计，后来他们相爱，1945年结婚。但他们的婚姻遭到了双方父母的反对。"

褒曼的父母结婚后，母亲改信犹太教。褒曼告诉本报记者，他们一家在中国一直生活到1967年才去以色列。去以色列后，她的母亲在希伯来大学做教授，教了20年中文。她是希伯来大学的第一个中文教授。

褒曼说，到以色列以后，父亲非常想念中国，他经常和孩子们一起回忆哈尔滨，而且越老越想小时候在哈尔滨的往事。但遗憾的是，直到1988年他去世，也没有机会再回到哈尔滨。褒曼说："5年前，我回到哈尔滨寻访父亲的故居，完成了父亲的遗愿。也正因为受父亲的影响，我在16年前开始了哈尔滨犹太人历史的研究。"

彼得·伯尔顿：14 岁时曾在哈尔滨举行小提琴独奏音乐会

彼得·伯尔顿是南加州大学终身教授。他是哈尔滨犹太人，曾在哈尔滨生活了 13 年，并在哈尔滨打下了深厚的音乐基础。他告诉记者：

"1928 年，我 6 岁时随母亲从波兰来到哈尔滨，我当时的名字叫彼得·贝尔施泰因。我的母亲是个酷爱音乐的人，她一生都梦想成为职业音乐家，并在世界巡回演出，但这一梦想她一直未能如愿，所以，她把希望寄托在我身上，为我找到了哈尔滨最好的小提琴老师。

"我从小和犹太小提琴家 B. Л. 特拉赫金贝尔格学琴，他是一位杰出的小提琴家，也是哈尔滨交响乐团的负责人，第一音乐学校的艺术委员会主席。1936 年至 1941 年期间，我还是个小学生，我们几乎每隔一两个月就会有一个学生演奏会，1941 年，我是学生中演奏水平最高的。

"我第一次参加演出是 14 岁，在马迭尔音乐厅举办了独奏音乐会，引起轰动，这对少年的我来说，无疑是一个非常大的荣誉。在哈尔滨生活期间，我一共参加了 25 场音乐会的演出，那时的哈尔滨是个音乐气氛浓郁的城市，可以说是一个音乐城。

"我离开哈尔滨前，我的家在大坑街（现大安街 28 号），我家房子的阳台对着的就是犹太人梅金开的面包房。我在英语中学读书时的同桌就是双合盛老板的儿子，他也是一位小提琴家，现在居住在波兰。太平洋战争爆发后，我去了日本早稻田大学读书，后来又来到美国哥伦比亚大学东亚学院学习历史，获得了博士学位，并一直在美国生活至今。但离开哈尔滨后的几十年中，我一直都很怀念在哈尔滨的日子，所以在相隔 57 年后的 1998 年第一次回到哈尔滨，第二次回哈尔滨是在去年。但无论哪一次回哈尔滨，我都会'回家'看看，我家的老房子还在，那里曾留下了我童年的美好回忆。"

莉莉·克里巴诺夫：马迭尔宾馆经理的女儿

莉莉·克里巴诺夫是马迭尔宾馆最后一任经理的女儿，她说："我出生在上海，生活在纽约，我从未在哈尔滨生活过，但我从小就听父母讲哈尔滨的故事，我从小就对哈尔滨充满向往。"

莉莉告诉本报记者，她的外祖父母是移民哈尔滨的先锋，在那个动荡的年代，他们从俄罗斯来到哈尔滨，在这里他们找到了生活的港湾。1903 年，莉莉的外祖父来到哈尔滨开办了一家乐器店，主要卖德国的钢琴等乐器。后来他又回到俄罗斯娶了莉莉的外祖母。莉莉的外祖父不仅是一位成功的商人，还是小提琴家。莉莉的母亲会拉小提琴，舅舅是小提琴家，经常在马迭尔音乐俱乐部演出。

莉莉说："我的母亲 1906 年出生在哈尔滨，舅舅 1908 年出生。母亲毕业于医学院，但由于政治的原因，她不能从事医疗工作。特别高兴的是，昨天我见到了我妈妈当年在哈尔滨的两位朋友。"

莉莉说："由于日本人的占领，外祖父的商店被日本人没收，1941年，外祖父在哈尔滨去世。1979 年，我来到哈尔滨，来到了外祖父的墓地纪念他，我相信他在这里很安详。

"我父亲的家庭比母亲的家庭难得多，祖父是 1908 年来到哈尔滨的，在一个煤矿工作。祖父去世后，祖母带着 6 个孩子生活，所以，孩子们很早就工作了。后来一个叔叔去了上海工作，支持我父亲上大学，我父亲大学毕业后，在马迭尔工作，后来他成为马迭尔宾馆的经理。他很为他的工作感到骄傲。

"后来，我母亲家族的人回到了苏联，但他们在那里生活得并不好，我的父母移民到了美国，并都在美国去世。在我的记忆中，他们经常给我讲哈尔滨的生活，在我的想象中哈尔滨是一座美丽的城市，我非常向往，所以，当 1979 年我第一次回到父母生活的地方时，我就爱上了这座城市。以后，我还会带着我的孩子来哈尔滨。"

半年前本报曾报道过的以中友协会长考夫曼夫妇、以色列科学院院长塔德莫尔、犹太企业家贝尔纳德等也来到了哈尔滨，还有 90 岁高龄的坐着轮椅的中国人民的老朋友爱泼斯坦也回到了故乡。他们都表示，回到哈尔滨就像回到了自己的家一样温暖，一些原居哈尔滨犹太人说，虽然他们是以色列人，但他们都把哈尔滨看成自己的故乡。

（本文原载《黑龙江广播电视报》
2004 年 9 月 6 日第 1285 期第 21 版）

原居哈尔滨犹太人系列访谈之二：

采 访 人：庄鸿雁 摄影：庄鸿雁

采访对象：欧慕然、尤迪特·拜因

时　　间：2006 年 6 月 17 日

地　　点：哈尔滨犹太新会堂展馆

哈尔滨犹太人回乡记

两年一届的哈尔滨犹太历史文化国际论坛于上周六（2006 年 6 月 17 日至 19 日）举行，这届论坛上，来自以色列、美国、法国、俄罗斯等国家以及原居哈尔滨犹太人和专家学者近百人参加了会议。17 日，论坛在位于经纬街已修缮一新的犹太新会堂举行了揭幕仪式，以色列驻中国大使海逸达，以中友好协会会长考夫曼，前以色列驻中国大使馆农业参赞、以色列总理的哥哥欧慕然等与省领导一起为揭幕仪式剪彩，并参观了新教堂举办的原居哈尔滨犹太人展览。剪彩仪式后，本报记者采访了欧慕然先生和以色列女学者尤迪特·拜因女士。

欧慕然：我已五次来哈尔滨

众所周知，刚刚当选以色列总理的埃胡德·奥尔默特的父母都是在哈尔滨出生的原居哈尔滨犹太人，他的祖父母和许多亲戚都安葬在哈尔滨皇山公墓。他们对哈尔滨有着深厚的感情。这次哈尔滨犹太历史文化国际论坛的召开，奥尔默特总理早在 4 月 5 日——中国的清明节那天就亲自给黑龙江省社会科学院院长曲伟发来了贺信。在论坛上，奥尔默特的哥哥欧慕然先生代表弟弟宣读了贺信。奥尔默特在信中说："我感到很荣幸在以色列特殊的历史时期当选国家领导人，将尽我所能来保障以色列人民在这一地区能有一个更加美好和安全的未来。两年前我到哈尔滨，那是感人而难忘的一次经历，今天在你们传统佳节之时，我很想念你们，我感到由衷的亲切和温暖。我热切希望再有机会到哈尔滨看望你们，那对我和我的家庭都具有特殊的意义。"

欧慕然是一位非常和蔼的长者，他对本报记者的提问热情作答，还和本报记者一起照相。他说，我已是第五次来哈尔滨。哈尔滨对我们家族来说有着特殊的意义，很重要。因为，我的父母在这里成长，在这里接受教育，而且我的祖父母和许多亲人都长眠在这里。在我们小时候，父母常常提起哈尔滨，在哈尔滨有他们许多美好的回忆。我父亲直到去世前还在讲中文，他最大的遗憾是没有再回哈尔滨看一看。所以，对我和我弟弟来说，从小就有一个梦想，就是能去父母生活过的哈尔滨看看，同时为祖父母扫墓。

第一次回哈尔滨还是几年前，我在以色列驻中国使馆工作时，而印象最深的一次则是两年前我和弟弟一起来哈尔滨为祖父母和亲人们扫墓，那也是在 6 月。那时我的弟弟还是以色列副总理，我和我的弟弟都非常感激哈尔滨市政府和人民对修缮新教堂、墓地和犹太人遗址遗迹做出的努力。

我每次来哈尔滨的感受都不一样，哈尔滨和中国的其他大城市一样，近几年发展很快，每年都有不同的变化。

拜因：我是哈尔滨孩子

我是 1940 年在哈尔滨出生的，我的母亲是 1910 从乌克兰来到哈尔滨的。她和她的妈妈及两个哥哥来哈尔滨时在路上走了 18 天，当时妈妈只有两岁。

妈妈来哈尔滨后，在哈尔滨上学读书结婚。我父亲的家族来哈尔滨稍晚一些，我的爷爷当时在哈尔滨制皮业做得非常出色，很有名气。

我在哈尔滨出生，在哈尔滨度过童年，我 10 岁时离开哈尔滨，随家人去了以色列。作为以色列年青的一代，我还记得许多哈尔滨的童年往事，我们这些十一二岁的孩子在以色列被叫作哈尔滨孩子。当年，欧洲正处于战争时期，我们在哈尔滨却度过了舒适的童年和青春期的生活，哈尔滨让我们远离战争。

当年我的家在道里区，我们家住的那条街上有许多高大的树，树上还绑了许多彩条，我家居住的那幢房子是那个地方最高的，房子里还有一部电梯，电梯在那个年代可是罕见的奢侈品。这个房子住的大部分是犹太人，邻居中有一家的丈夫是当时哈尔滨德语学校的校长，还住着一位夫人，她的经历比较悲惨，我们那幢房子进门处还有一对俄罗斯夫妇负责看门。我们顶楼有一个非常小的小房间，里面有很多玻璃鱼缸，鱼缸里有许多漂亮的鱼。还有许多窗户，站在窗口，就能看到哈尔滨的全景。

小时候我家有一个保姆，她是一个很高贵很可爱的波兰人，她对我非常好，但在我 5 岁时离开了我们家。

在哈尔滨时，每年夏天七八月份，我们家都会去太阳岛度假，在我童年的记忆里，太阳岛非常美。我的叔叔还常带着他的孩子和我们一起去参加皮划艇比赛，我们都是皮划艇俱乐部的成员。叔叔也常带我们去看足球比赛，叔叔是个超级球迷。但我们这些孩子却是不同球队的支持者，每次比赛后，肯定会有一个哭得很伤心。

我的小学是在塔木德犹太学校上的，我清楚地记得，我们学校的板凳是黑色的，桌子被同学们用小刀划了许多道道，我当时的老师就住在学校旁边的一个小房子里。学校离我们家很近，我不用妈妈送就可以独自去上学。

在我童年的记忆里，印象最深的是每年结束时的晚会和过生日时的晚会。我们这些小孩都被父母带着参加聚会演出。所有女孩子都穿得很漂亮，头发上还系着铃铛，男孩则穿礼服打领带。长桌上铺着漂亮的大桌布，上面摆满了糖果和甜点，我们的身后站着我们的父母们，他们让我们表现得体，让人感到我们都是在很有教养的环境下长大的。就餐结束后，每个孩子都要展示自己的才能，没有一个孩子没有接受过音乐教育，即使是贫穷家庭的孩子，有的弹钢琴，有的拉小提琴，我则是唱俄罗斯歌曲。我现在仍能回忆起那些歌的旋律。

还有在教会聚会也是我童年生活中的一部分，长假中，哈尔滨所有的犹太人都会在犹太会堂里见面。我爸爸是我们社区中的积极成员，参加犹太新会堂的聚会，但我祖母就参加老会堂的聚会，像我们这些孩子哪个会堂都去，现在我还能记起我爸爸在会堂中坐的位置是第四排。我的妈妈就站在二楼看晚会。当时在教堂参加聚会的男人都要穿一种规定的服装，我爸爸妈妈离开哈尔滨时把这些衣服带到了以色列，今天我又把这些衣服拿回来，捐献给哈尔滨犹太历史展览馆。今天重新回到我童年记忆中的犹太新会堂，我非常高兴。在这里，我又想起了许多童年往事。我自从10岁时离开哈尔滨，这次回哈尔滨是我第二次回来，两年前回来过一次，每次回来我都很感动，很高兴，因为我在这里出生，我是哈尔滨人。

与尤迪特·拜因女士一样，今天来到犹太新会堂的许多哈尔滨犹太人都感慨万千，从85年前这座新会堂落成开始，哈尔滨犹太人在这里祈祷，在这里聚会。在这里，有他们的父辈的印记，也有他们童年的回忆。当欧慕然先生参观到二楼展出的他父亲年轻时参加"贝塔"时的照片前，他把照片中的故事讲给随行的年轻人。

（原载《黑龙江广播电视报》2006 年 6 月 19 日第 1378 期第 6 版）

原居哈尔滨犹太人系列访谈之三

采 访 人：庄鸿雁
采访对象：黑龙江省社会科学院副研究员张铁江
采访时间：2002 年 3 月 9 日
采访地点：张铁江先生位于和兴路的家

哈尔滨：犹太人难以忘怀的城市

在老哈尔滨人的记忆中，20 世纪上半叶的哈尔滨，它的街道是马蹄踏上去发出清脆的嗒嗒声的石头马路，跑在马路上的是哐当作响的有轨电车和外国老头赶着的带车灯的马车，还有那丁香树环绕的木板房和小楼以及楼里居住的穿着布拉吉神秘的黄头发蓝眼睛的小姑娘。在那个时代的哈尔滨人的记忆里，哈尔滨是一个五彩缤纷的城市，在这个城市的空气中到处飘荡的不仅是丁香花浓郁的芳香，还有那悠扬的西洋音乐。伴随着这悠扬的音乐，在道里、南岗的大街上随处可见飘着金色头发的外国侨民。但在哈尔滨人的印象中，这些外国侨民都被统称为"老毛子"（即俄罗斯人），其实在十几万的侨民中，有很大一部分是犹太人。只不过随着 20 世纪中叶的移民，这段历史也随着犹太人的迁移被尘封起来。直到 20 世纪 90 年代后期，才被一个下海做房地产的年轻的研究人员因拆迁房屋而挖掘了出来，他就是黑龙江省社会科学院副研究馆员张铁江。3 月 9 日，本报记者采访了张铁江。

第一个来哈尔滨的犹太人

张铁江说，犹太人迁居哈尔滨始于 1894 年，俄籍犹太人格利高里·鲍里索维奇·德里金的到来，为几代犹太人与哈尔滨结下了不解之缘。

格利高里·鲍里索维奇·德里金生于 1846 年。1894 年，德里金沿松花江进行经贸活动，在哈尔滨、阿什河段伯都那（今黑龙江省富裕县）一带收购粮食、牲畜，出售俄国、美国等地商品。日俄战争期间，德里金在哈尔滨傅家甸（今哈尔滨市道外区）创办了德里金面粉厂。1923 年，他在哈尔滨埠头区（今道里区）中央大街开办了犹太国民银行。德里金 1949 年去世，享年 103 岁。在哈尔滨犹太人墓地，至今仍保存着格利高里·鲍里索维奇·德里金与其妻的合葬墓。张铁江说，德里金的个人经历就是一部哈尔滨犹太史的缩影。自从德里金定居哈尔滨后，成千上万的犹太人迁居到这座美丽的城市，也为这座城市的繁荣做出了贡献。

犹太人迁居哈尔滨初期，深受一些国家反犹、排犹政策的影响，随着中东铁路的兴建，一批批犹太人来到哈尔滨，其中有工程技术人员及其家属，还有资本家、手工业者、医生等。到 1902 年，哈尔滨犹太人已逾数百人，犹太商店、企业达 10 家。1903 年，中东铁路通车后，迁往哈尔滨的犹太人迅速增加，1920 年，达到 1 万余人，成为中国境内最大的犹太社区。第二次世界大战期间，一些惨遭纳粹德国迫害的犹太人也辗转投奔哈尔滨，使哈尔滨犹太人最多时达到 2. 5 万人。从第一位犹太人德里金定居哈尔滨到 1985 年最后一位犹太人阿哥拉在哈尔滨辞世，犹太人在这里生活了 91 年。

追寻哈尔滨犹太人生活的足迹

20 世纪初，颠沛流离的犹太人在哈尔滨安居后，一展才智，迅速在这里形成了完整的社区体系，使哈尔滨成为近代犹太人在东亚最大的政治、宗教、文化、经济中心。

重视文化传统和教育事业是犹太人的一个传统。在哈尔滨，犹太人建立了包括小学、中学、专业学校在内的完整的教育体系。1907 年，哈尔滨犹太小学创立，即哈尔滨市私立犹太优级学校。1909 年，又开办了犹太侨民小学校，两校校长均为司鲁茨结尔。1918 年，在埠头区炮队街（今道里区通江街），哈尔滨犹太人创办了犹太中学，也称哈尔滨第一社会中学，这是当时全市唯一的一所犹太中学。1921 年，犹太实业家思季德尔斯基捐资修建了"塔木德"经学院，主要开设与犹太教育有关的课程。此外，犹太人在哈尔滨还建立了商业会计、音乐艺术等专业学校，为犹太社区和哈尔滨市培养了诸多人才。犹太人还在哈尔滨创办了《柴拉报》（又译《霞报》）、《曙光报》《犹太言论》《犹太生活》等多种报纸杂志。

以"音乐城"美誉声名远扬的哈尔滨，也应为犹太人记一笔功劳。随犹太人而来的西洋音乐，极大地丰富了哈尔滨的音乐舞台。20 世纪三四十年代，世界著名音乐教育家、小提琴家 B. Л. 特拉赫金贝尔格曾长期担任哈尔滨交响乐协会乐队的首席小提琴演奏家和音乐指导。在他担任哈尔滨苏联高等音乐学校校长期间，为哈尔滨和新中国培养了大批音乐人才。

犹太人对哈尔滨更多影响是在经济上。犹太人在哈尔滨定居后，创办了许多商业企业，参与哈尔滨的金融、烟草、矿业及商业贸易，成为当时较有影响的商业势力。犹太人先后创办了哈尔滨远东犹太商业银行、犹太国民银行、协和银行，开办多家面粉加工厂、油坊等工业企业。法籍犹太人约瑟·卡斯普于 1913 年创建了哈尔滨最早的高级宾馆——马迭尔宾馆。英籍犹太人 P. M. 卡巴尔金 1908 年就将中国大豆经由海参崴（今符拉迪沃斯托克）出口到欧洲，成为中国大豆出口欧洲的第一笔贸易。卡巴尔金在旧哈尔滨（今香坊区）创办的油坊日加工大豆 100 吨，产油 11 吨，成为当时哈尔滨最大的油坊。

哈尔滨保留了远东最大最完整的犹太人墓地

哈尔滨犹太人墓地始建于 1903 年，由哈尔滨犹太人宗教公会负责管理。地点位于现在太平区太安街，占地面积两万多平方米，有 2270 座墓穴，完全按希伯来教规埋葬死者。墓地周围有两米高的围墙，正门向南建有方形尖塔式高楼，被称为"犹太公墓"。

1958 年，哈市政府将犹太公墓迁到现址的皇山，现有坟墓 677 座。在这里葬着当年活跃在哈尔滨的著名企业家、音乐家、作家、演员和银行家等。这里有当时哈尔滨犹太人宗教领袖亚伦·吉塞列夫墓，当年哈尔滨犹太教公会会长亚伯拉罕·考夫曼（其子为现任以中友协会长）亲属墓群，哈尔滨最早的面包师——第一机制面包厂厂主 I. G. 梅金墓；哈尔滨秋林总会计师通科诺戈夫墓，以色列前总理拉宾亲属墓，马迭尔老板的儿子西蒙·开斯普墓等。

犹太人哈尔滨"寻根"

张铁江告诉本报记者，屡遭排斥的生活经历和犹太传统文化的深深维系，使犹太人对祖先生活过的地方和埋葬先人的墓地都寄予深深的怀念之情。中华民族博大的关爱更给哈尔滨犹太人及其后裔们积淀了浓厚的思乡情感。哈尔滨犹太人对哈尔滨都怀有很深的感情。他们在特拉维夫成立了哈尔滨犹太人协会，很多人曾到哈尔滨"寻根"。

在哈尔滨出生的以中友好协会会长特迪·考夫曼，其父亲亚伯拉罕·考夫曼当年曾是哈尔滨犹太宗教公会会长，在哈尔滨生活了 33 年，建有著名的哈尔滨犹太医院（今道里区西五道街 34 号，现为哈尔滨眼科医院）。1994 年，特迪·考夫曼曾重返故乡，为亲人扫墓。特迪·考夫曼祭拜完先人的墓地后说："这是目前亚洲规模最大保存最完整的犹太墓地。没想到中国人民对外国侨民如此宽容。在那个难忘的年代，无论是政权的更迭，还是时局的变幻，在哈尔滨的犹太人都从未受到过中国人的任何歧视。当时我们是在中华民族崇高情谊的呵护下生存发展的。"

特迪·考夫曼的父亲亚伯拉罕·考夫曼是著名的社会活动家，哈尔滨著名的医生、医学博士。他 1885 年生于俄国，1908 年毕业于瑞士伯尔尼大学。1912 年，他从俄国来到哈尔滨，积极从事犹太社会活动，创办了《犹太之声》月刊，1919 年以绝对优势当选为哈尔滨犹太宗教公会主席。1920 年，他发起成立了为哈尔滨及居住在中东铁路沿线的贫困犹太人提供免费医疗的基金会，1934 年，基金会得到捐款，创建了哈尔滨犹太医院。当时医院有 25 张病床，有内科、外科、放射线科、口腔科，拥有先进设备的化验室。犹太医院集中了当时哈尔滨最知名的医生、专家，考夫曼本人作为主治医生，在当时享有很高的声望。

以色列驻华公使兼农业与科技参赞 A. 奥梅尔特先生也是哈尔滨犹太人，他的弟弟是耶路撒冷市市长。他们的父母是哈尔滨"贝塔"（哈尔滨犹太青年组织，后发展为世界各地的犹太复国主义修正派的青年组织）创始人之一。老奥梅尔特 1933 年离开哈尔滨，后移居以色列，是一位农场主，国会议员。A. 奥梅尔特先生的祖父现在就葬在哈尔滨犹太墓地。2001 年 9 月，奥梅尔特先生向张铁江两次发出邀请，请他到北京会谈，他说，希望通过中国学者的沟通，把以色列先进的农业技术传给黑龙江。他说，为什么要主动找黑龙江？就是因为自己是哈尔滨犹太人，哈尔滨也是他的故乡。

以色列新闻局局长约西·奥尔莫特在哈尔滨也意外地发现了他祖父的墓地，激动不已。

1999 年，英国伦敦大学石美慈（中文名）博士来到哈尔滨，她也是哈尔滨犹太人。她介绍说，现散居在欧美的许多成功的犹太人都是曾在哈尔滨生活过的犹太人的后裔。据初步考证，现任以色列铁道部部长和两位副部长均为哈尔滨工业大学毕业生，他们都是哈尔滨犹太人。

而现居住在美国的原哈尔滨第一机制面包厂厂主 I. G. 梅金的儿子如今已成巨富，他在美国的高级寓所里面的家具、字画、饰物全是中国的，就像一个中国博物馆。

2000 年，澳大利亚前驻东南亚多国使馆外交参赞、犹太学者玛拉·穆斯达芬女士来到哈尔滨，她也是哈尔滨犹太人，她的童年就是在哈尔滨道里区度过的。位于现在经纬街的哈尔滨公安局俱乐部曾是当时的犹太新会堂，这里是玛拉女士童年常去的地方。

据悉，在哈尔滨犹太学者的建议下，哈尔滨市政府已经决定对哈尔滨犹太人的一些遗迹进行重新修缮，如哈尔滨犹太会堂（车辆厂招待所）、哈尔滨犹太新会堂（市公安局俱乐部）、犹太医院（现眼科医院）、犹太中学（现道里朝鲜二中）等，其中把犹太新会堂建成哈尔滨犹太人展览馆。张铁江说，犹太新会堂的价值从某种意义上说，不亚于索菲亚大教堂。

（本文原载《黑龙江广播电视报》2002 年 3 月 11 日第 23 版。因这次采访，笔者开始关注哈尔滨城市历史和文化保护研究，并对此进行了大量的采访和报道，这也是成就本书的缘由之一。）

后　记

　　写作一本关于哈尔滨文化记忆与城市变迁的书一直是我多年的心愿，不承想对这一课题的研究和写作断断续续持续了近五年。在此书即将付梓之际，心中的确有许多话想借此表达。

　　我虽不是哈尔滨人，但在我的心里，一直有一个哈尔滨情结，因为我的姥姥和姥爷曾经于1945年光复前，在哈尔滨生活了20多年，我的父亲也曾在哈尔滨服兵役。

　　姥姥1907年出生在小城呼兰，高小毕业。姥姥兄弟姐妹十人，她在八个女孩中居老五。姥姥的父亲在呼兰开了一家大车店，他是一个比较开明的人，尽管家中八个女儿，但他不仅不允许女儿缠足，且一定要女儿读书。姥姥的八个姐妹都读到高小毕业。尽管姥姥的理想也是读师范，当一名小学教员，但由于后来父亲病逝，哥嫂管家，便不再供其继续读书。

　　1920年代中期，姥姥的四姐嫁到哈尔滨一官宦人家。1930年，姥姥也嫁到哈尔滨，与当医生的姥爷结婚。姥爷是辽宁盖平人，毕业于南满医学堂（今中国医科大学的前身），能讲一口流利的日语。从1920年代中期开始，姥爷在道外开了一家西医医院，据1937年《哈尔滨特别市道外商工名录》记载，姥爷所开的"湘汕医社"地址在道外中九道街（今道外南九道街）2号。姥爷不仅医术高超，且心地善良。1946年，姥爷经不住患者家属的恳求，为一位霍乱患者出诊，不幸染病去世。几年后，姥姥带着母亲辗转来到嫩江投奔姐姐，从此，再也没有离开。

276

姥姥和姥爷在哈尔滨的家最初在道外升平街，后又搬至道外十六道街。四姨姥姥家则大部分时间居住在道里七道街，今龙电公寓处。

姥姥只有妈妈一个女儿，所以，我们一直生活在一起。小时候，常听姥姥讲她在哈尔滨时的生活，从一夜醒来日本人进城到 1932 年哈尔滨大水冲进自家的二楼；从道外自己居住的街区大火到马迭尔绑票案；从平时自己最喜爱吃的张包铺包子到年节吃一顿马迭尔西餐的奢侈；从周信芳、程砚秋的京戏到胡蝶、阮玲玉的电影；从街头因吸白面儿（毒品）冻死的流浪汉到松花江码头扛大个的老博带（俄语苦力的音译）……无所不包，因此，小时候我对哈尔滨的许多事都耳熟能详，且充满想象。

姥姥还有一只大木箱和一只大皮箱。木箱里装的是令我们感到很神秘的姥爷当年开医院时的一些医疗器具和外文医学书籍。皮箱里装的则是当年的一些旧衣物，有姥爷的西服、大衣，姥姥的旗袍、高跟皮鞋、带丝带的呢子帽儿，还有她结婚时披的淡粉色婚纱……每次姥姥打开皮箱，我都会好奇地将高跟皮鞋穿起来在炕上走几圈。后来，姥姥将这些绸缎旗袍给我改成了棉袄。改革开放后，西服送给了我的堂哥，高跟皮鞋送给了我的堂姐。如今，姥姥留下的遗物只剩下一件淡蓝底小白花的锦缎旗袍和一件毛领修身黑色大衣，还有姥爷的一个皮夹子。最遗憾的是，"文革"时她将家里所有解放前的老照片付之一炬，没留下任何影像。

姥姥家在哈尔滨的生活应算是中等市民阶层，但在她的身上表现出了许多这个城市文化赋予她的性格特点。她讲一口比较标准的普通话，语言中常带有一些满族方言词汇，这也许来自呼兰京旗文化的影响。她口中的"哈尔滨"发音为"哈儿滨"，哈发三声的儿化音，她还会说一点俄语和日语。她爱读书，不论什么书，来者不拒，只要有书，就会一口气读完，且复述能力极强。小时候，我们家常常有许多邻居大孩子缠着姥姥让她讲故事。《三国》《水浒》《红楼》《封神》《铁道游击队》《林海雪原》《红旗谱》《钢铁是怎样炼成的》，甚至 70 年代的《金光大道》《望云峰》，她什么书都读，什么故事都能讲，且讲得极有感染力。

姥姥在 70 多岁时，她读书时背过的《醉翁亭记》还能倒背如流。在我三四岁时她就教我背诵许多毛主席诗词和一些古诗词，我在上学前就已经会写很多字，虽然我并不知道"小小寰球有几个，苍蝇碰壁……"是什么意思。姥姥很重视我的教育，我上学后她会经常跑到学校找老师唠唠我的学习和表现，虽然她每次去我都会很尴尬，也很不解，但也许正因为姥姥的这种熏陶和潜移默化，使我考上了大学中文系，并走上了文字工作道路。

姥姥喜欢简洁、素雅、不俗的衣着，她不喜欢大红大绿的审美。尽管她晚年生活在小县城，但每次出门都要换上平时不穿的皮鞋和干净整洁的衣服，并把裤子的裤线熨得笔直。她刚到嫩江时，因其衣着和谈吐的与众不同，曾被视为"另类"，但因姥姥会打针（包括静脉注射），会接生，又乐于助人，很快便得到了邻里的尊敬。

姥姥喜欢新事物，不爱攒钱。我们家在 1960 年代初就有了美多牌收音机和三五牌挂钟，这在小县城是不多见的。我小时候的衣服也常是沈阳的姨姥姥给邮寄，自然穿得要比邻居家的小孩子洋气许多。

姥姥的思想中很少男尊女卑等传统观念，她不重男轻女，讲究平等。小时候，我们姐弟四人，即使一个苹果，在姥姥的主持下，也要切成四瓣，每人一块。

哈尔滨之于我，除了姥姥家曾在此居住多年外，它也是父亲当兵的城市。这个城市曾留下过父亲的青春、汗水和热血。父亲在松花江抗洪中负伤，在 211 医院接受手术治疗。家里至今仍保存着许多父亲和战友在松花江畔的照片。因此，在我小时候，哈尔滨一直是我心中充满了无限幻想的城市：姥姥住的道外、姨姥姥住的道里、姥姥养病时晒太阳的太阳岛、表姨结婚的大教堂、妈妈小时候吃的列巴圈、爸爸当兵的柞树林，还有同记商场的哈哈镜……也许正缘于此，1982 年，我考入了哈尔滨师范大学中文系，圆了一个儿时的梦。36 年弹指一挥间，如今我和我的儿子已成为新哈尔滨人。哈尔滨文化经四代人传承，潜移默化，已融入我们的血脉之中。写作此书，也算是对姥姥姥爷、父亲母亲的一个纪念和我的哈尔滨情结的一次释怀。

写作此书，还有一个原因是为我人生中曾经的一段工作作结。

1993 年至 2007 年，我曾经在《黑龙江广播电视报》工作。出于我的哈尔滨情结和作为媒体人的责任，从 2000 年开始，我采访了许多居住在海内外的哈尔滨俄侨以及原居哈尔滨犹太人，如原奋斗药店的俄侨店员尼基伏洛娃，哈工大毕业的澳大利亚俄侨伊拉，曾在哈尔滨做过电影放映员的俄侨尼古拉·扎伊卡，把余热献给哈尔滨的孩子们的瓦莉亚·韩，以色列前驻中国大使馆农业参赞、以色列前总理奥尔默特的哥哥欧慕然，英国伦敦大学教授维茨·褒曼，南加州大学的犹太学者彼得·波尔顿，马迭尔宾馆最后一任经理的女儿莉莉·克里巴诺夫等，撰写了《40 年难舍故土情　老俄侨思念故乡哈尔滨》（1218 期）、《奋斗药店老店员尼基伏洛娃　哈尔滨最后的老俄侨》（1222 期）、《八旬朝鲜老太　精通六种语言　余热献给哈尔滨的孩子》（1229 期）、《哈尔滨：我永远的家》（1355 期）、《本报搭桥　中俄师生重逢》（1360 期）、《老俄侨组团　哈尔滨寻根》（1330 期）、《哈尔滨——原居哈尔滨犹太人的第二故乡》（1285 期）、《哈尔滨犹太人回乡记》（1378 期）等人物专访，希望通过他们的回忆，留住哈尔滨的文化记忆。此外，我发表了多篇呼吁保护哈尔滨老建筑和历史文化的文章，如《哈尔滨，浪漫已成往事？》（1206 期）、《秋林，哈尔滨不该忘记》（1282 期）、《哈尔滨，美丽背后的永久遗憾》（1299 期）、《美丽之下，浪漫不再》（1302）、《儿童公园，哈尔滨老"儿童"破碎的梦》（1307 期）、《尼古拉教堂——哈尔滨永远的痛》（1332 期），《哈尔滨"开发"之痛》《再说哈尔滨"开发"之痛》（1316 期）、《别让哈尔滨之痛延续》（1337 期）等。希望通过呼吁，保护哈尔滨独有的城市文化，不要让它在现代化发展进程中失去其独特的魅力，变成千城一面的城市。尽管已经十几年过去了，当年通过我的笔发表的各界有识之士的真知灼见，对哈尔滨今天的城市文化建设，仍具有参考价值。

今日的哈尔滨日新月异，一日千里，它早已不是姥姥时代的哈尔滨，也不是爸爸时代的哈尔滨，甚至不是我读书时代的哈尔滨了。为了让我们的后代了解哈尔滨的过往——它虽然没有中原古都的悠久和厚重，却有过中原古都没有过的多元文化融合的开放、现代与浪漫，这就是哈尔滨百余年历史留给我们的珍贵文化遗产。

回望写作此书的过程，面对哈尔滨纷繁复杂的历史资料和文化记忆，以一个研究者的视角重新审视和梳理，心情并不轻松。随着时代的变迁，昔日"东方巴黎"的风光已经远去，在人口"孔雀东南飞"和现实经济的双重压力下，如何重振城市雄风，成为摆在每个哈尔滨人面前的课题。正当本书即将付梓之时，哈尔滨出现了两则新闻。一为中央大街一处老建筑外墙立面被刷成了刺眼的"荧光绿"，不仅擅自改变保护建筑的原有立面，更破坏了中央大街整体风格的协调。另一则为道外靖宇街与北十九道街交口一处老建筑的墙体坍塌，砸倒围墙并砸毁两辆私家车。前者因某商店借修缮老建筑之机，将老建筑墙体粉刷成其 logo 的颜色，遭到市民普遍诟病。后者则因这座老楼为周恩来总理 1917 年和 1920 年两次来哈尔滨为帮助好友邓洁民创办东华学校时的居住地，这是一处市级文物保护单位、三类历史建筑，其历史价值毋庸置疑。就是这样一处传播红色文化的历史保护建筑因年久失修，在有关部门冷漠的"保护"中毁掉了，这不能不令人感到遗憾和痛惜。

文化是城市的灵魂。本书对哈尔滨城市文化的梳理和对建设文化城市的探索，不论缘于我的感性的哈尔滨情结，还是缘于作为一个曾经的媒体人的责任，抑或作为一个研究者的理性思考，都希望能对我们的城市建设提供一点点帮助。在此，也不揣浅陋，希望能得到更多方家的批评与指正。

本书在酝酿与出版的过程中，得到了省人社厅省领军人才梯队后备带头人资助项目的支持，在此深表谢意。同时感谢孟烈老师、李述笑老师、张会群老师以及宋兴文先生给予的大力支持。

2018 年 7 月 5 日

图书在版编目（CIP）数据

城市文化与文化城市：哈尔滨：城市记忆与文化思
考／庄鸿雁著. — 北京：中国文史出版社，2018.8
ISBN 978 - 7 - 5205 - 0430 - 0

Ⅰ.①城… Ⅱ.①庄… Ⅲ.①城市文化 - 研究 - 哈尔
滨 Ⅳ.①G127.351

中国版本图书馆 CIP 数据核字（2018）第 166544 号

责任编辑：牟国煜

出版发行：**中国文史出版社**

社　　址：北京市西城区太平桥大街 23 号　邮编：100811
电　　话：010 - 66173572　66168268　66192736（发行部）
传　　真：010 - 66192703
印　　装：廊坊市海涛印刷有限公司
经　　销：全国新华书店
开　　本：720×1020　1/16
印　　张：18.5　　　字数：252 千字
版　　次：2018 年 8 月第 1 版
印　　次：2018 年 8 月第 1 次印刷
定　　价：59.80 元